るといいことしかない！

メシ通レシピ

監修：『メシ通』編集部

二見書房

本書はWEBマガジン『メシ通』で話題となったレシピの一部を、書籍用に加筆・修正し再編集したものです。

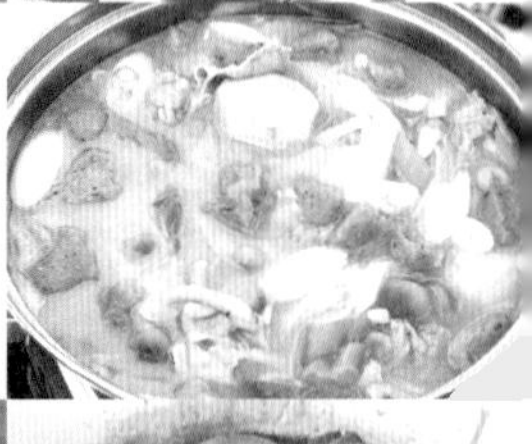

本書の見方

①から下へ、順番に読んでください

巻末に食材から記事を探す
「さくいん」を掲載

執筆者のみなさんの
プロフィールは228ページへ

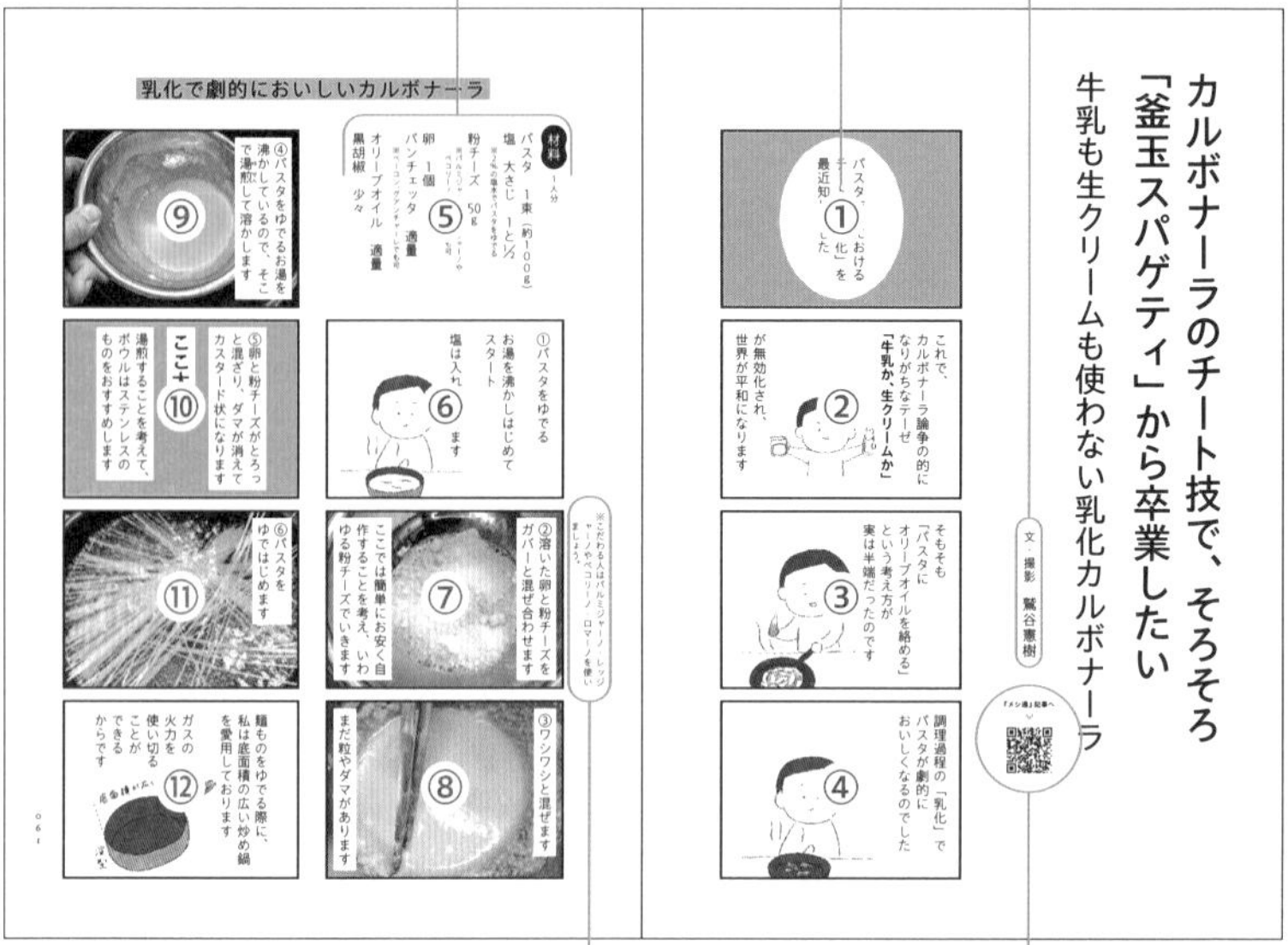

カルボナーラのチート技で、そろそろ「釜玉スパゲティ」から卒業したい
牛乳も生クリームも使わない乳化カルボナーラ
文・撮影 鷲谷憲樹
乳化で劇的においしいカルボナーラ

ポイントや注意点を
記載しているので、
チェックしてください

2018-01-11
【乳化】カルボナーラのチート技で、そろそろ「釜玉スパゲティ」から卒業したい

『メシ通』オリジナル記事を表示するQRコード

第1章 肉 編

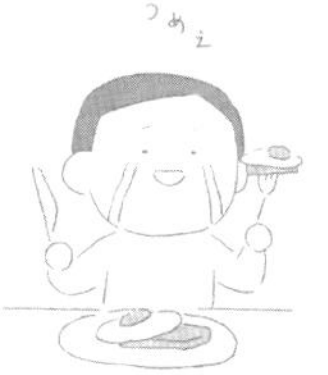

第2章 麺・飯 編

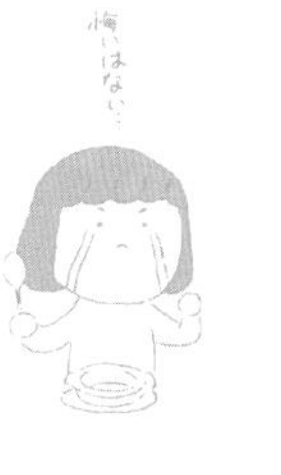

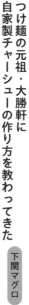

第3章 汁・鍋編

第4章 野菜編

第5章 魚編

第6章 甘味編

・本書で紹介している店舗や価格、商品などの情報は2023年3月現在のものです。

・材料の表記は大さじ1＝15cc（15㎖）、小さじ1＝5cc（5㎖）、1カップ＝200cc（200㎖）です。

・レシピには目安となる分量や調理時間を記しています。様子を見て加減してください。

・盛り付けの飾りとして使用した材料は明記していない場合があります。お好みで追加してください。

・電子レンジは基本的に600Wを使用しています。使用する電子レンジが500Wの場合、1.2倍を目安に様子を見て加熱時間を調整してください。

・野菜類については、特に指定のない場合は洗う・皮をむくなどの下処理を済ませた後の手順を記しています。

・火加減については特に指定のない場合は中火で調理しています。

第1章 肉編

【決定版】スーパーで買ったステーキ肉を自宅で完全なうまさで焼く方法
狂おしいほどの肉欲にとらわれて

文・撮影　鷲谷憲樹

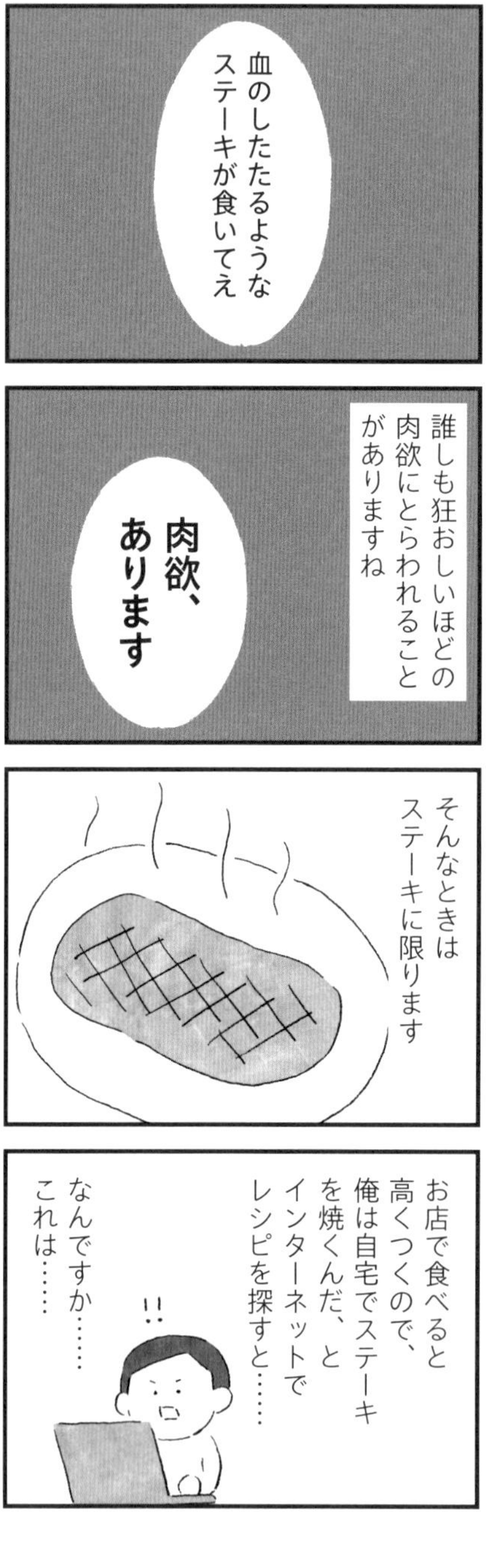
血のしたたるようなステーキが食いてえ
誰しも狂おしいほどの肉欲にとらわれることがありますね
肉欲、あります
そんなときはステーキに限ります
お店で食べると高くつくので、俺は自宅でステーキを焼くんだ、とインターネットでレシピを探すと……
!!
なんですか……これは……

『メシ通』記事へ

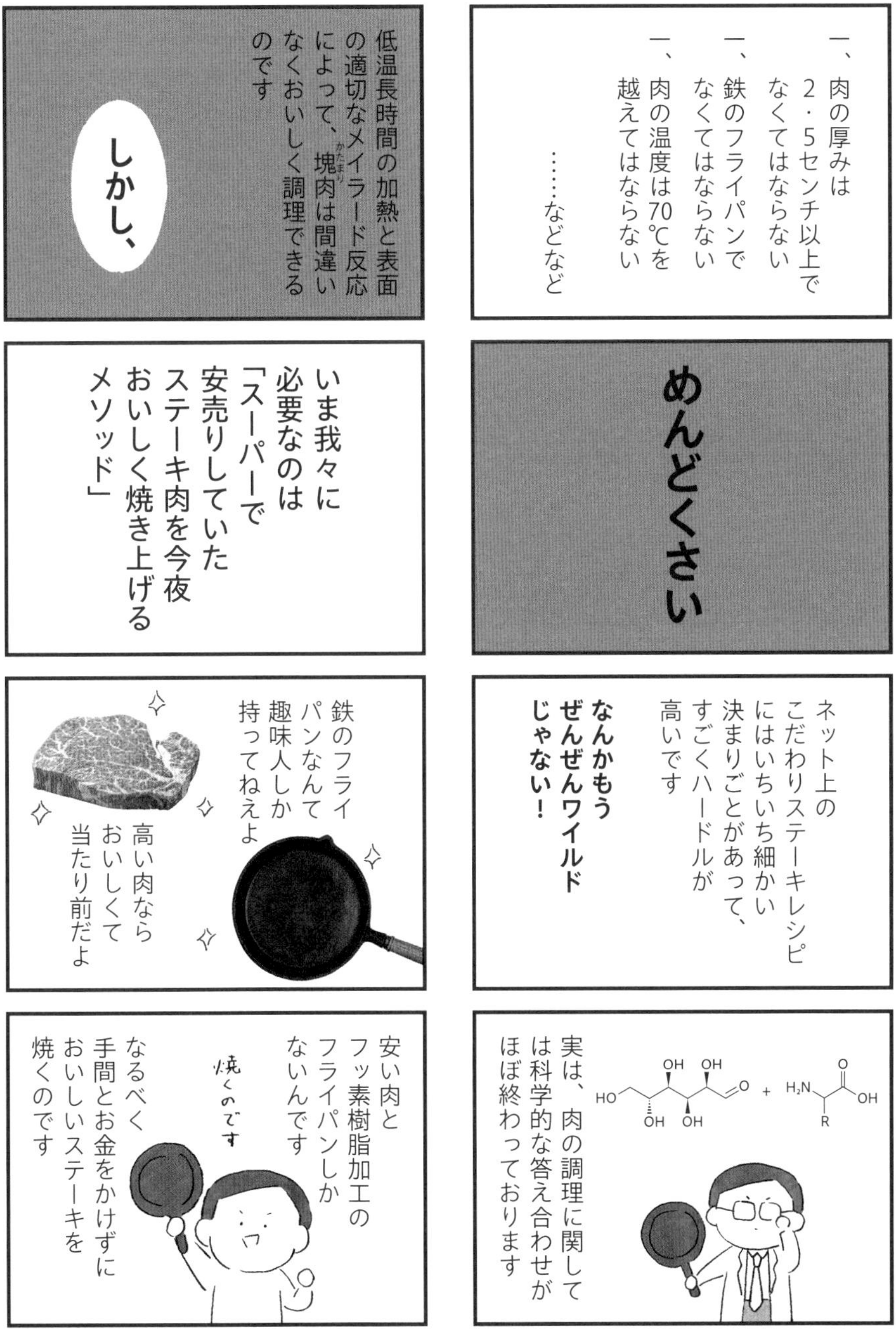
一、肉の厚みは2・5センチ以上でなくてはならない
一、鉄のフライパンでなくてはならない
一、肉の温度は70℃を越えてはならない
……などなど
低温長時間の加熱と表面の適切なメイラード反応によって、塊《かたまり》肉は間違いなくおいしく調理できるのです
しかし、
めんどくさい
いま我々に必要なのは「スーパーで安売りしていたステーキ肉を今夜おいしく焼き上げるメソッド」
ネット上のこだわりステーキレシピにはいちいち細かい決まりごとがあって、すごくハードルが高いです
なんかもうぜんぜんワイルドじゃない！
鉄のフライパンなんて趣味人しか持ってねえよ
高い肉ならおいしくて当たり前だよ
実は、肉の調理に関しては科学的な答え合わせがほぼ終わっております
OH OH
HO
OH OH
O
+
H_2N
O
OH
R
安い肉とフッ素樹脂加工のフライパンしかないんです
焼くのです
なるべく手間とお金をかけずにおいしいステーキを焼くのです

レシピ①1センチ級ステーキを完全なうまさで焼く

材料

ステーキ用牛肉　200g強
※アメリカ産牛肩ロース（188円／100g）
サラダ油　適量
塩・黒胡椒《こしょう》　適量
バター　1片
ステーキソース　1袋

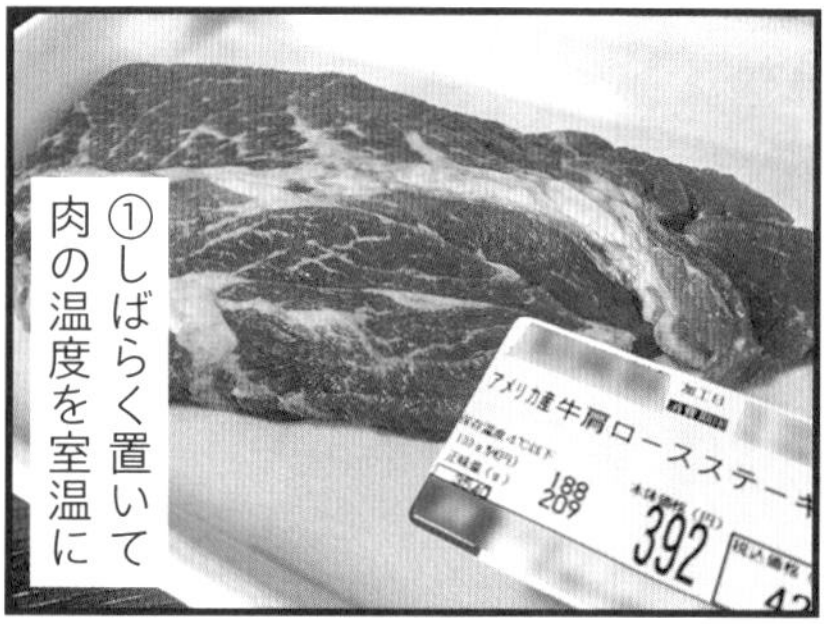

①しばらく置いて肉の温度を室温に

②赤身と脂肪の間にスジがあるのでよく切れるナイフで切っておく

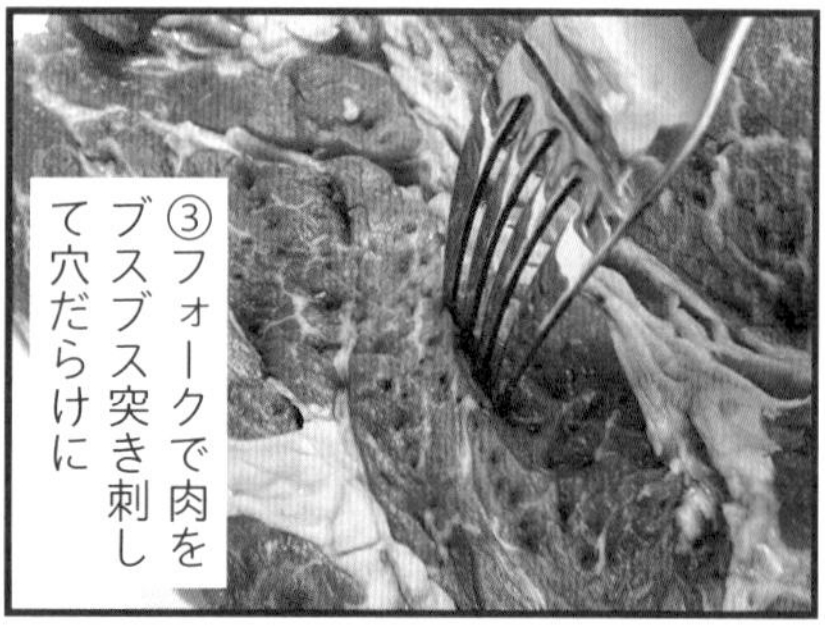

③フォークで肉をブスブス突き刺して穴だらけに

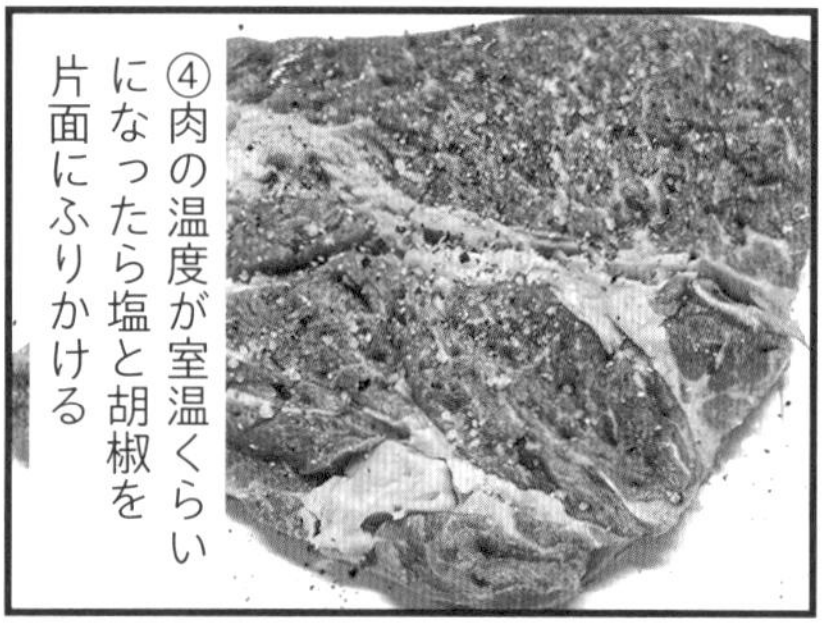

④肉の温度が室温くらいになったら塩と胡椒を片面にふりかける

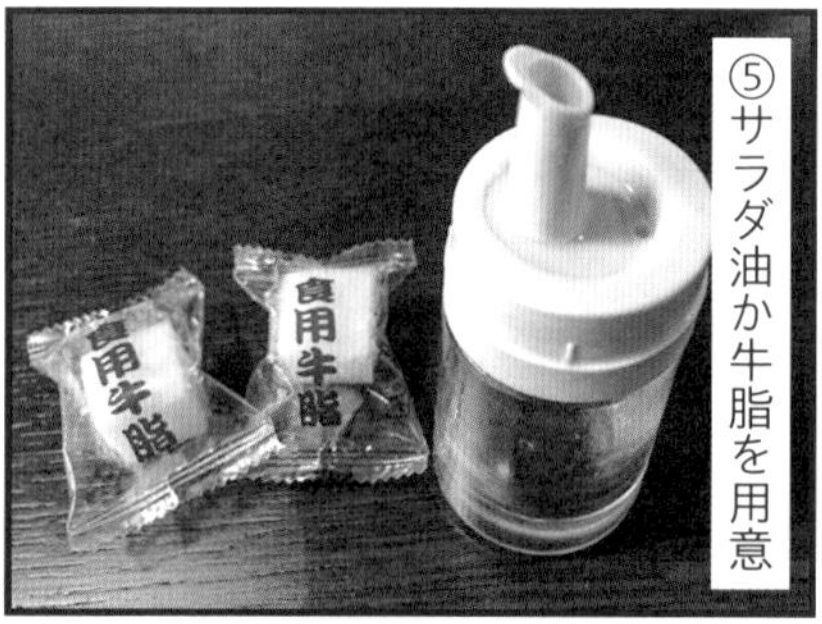

⑤サラダ油か牛脂を用意

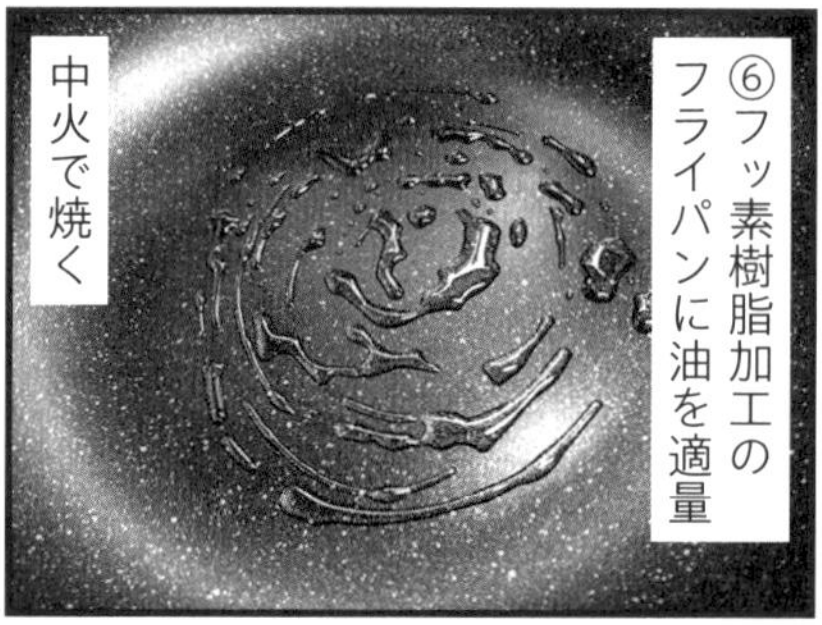

⑥フッ素樹脂加工のフライパンに油を適量

中火で焼く

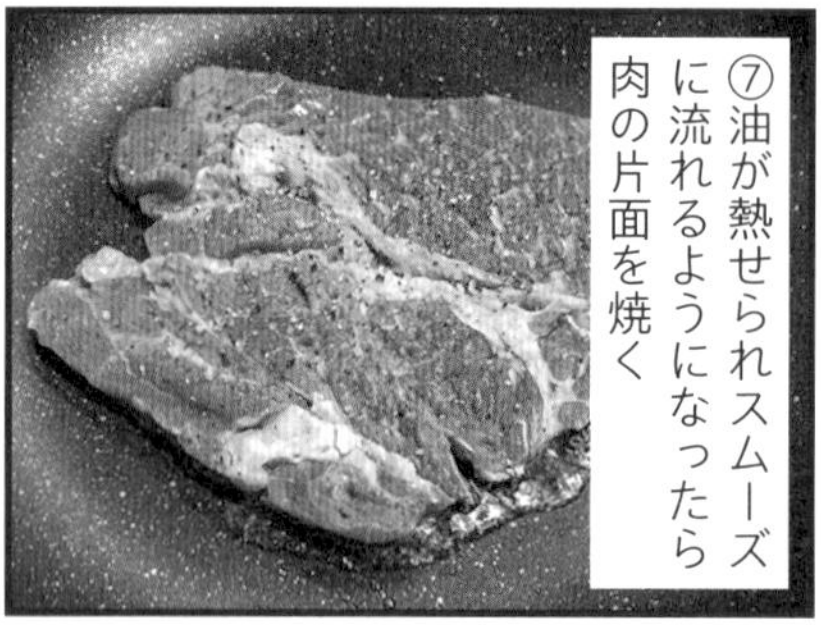

⑦油が熱せられスムーズに流れるようになったら肉の片面を焼く

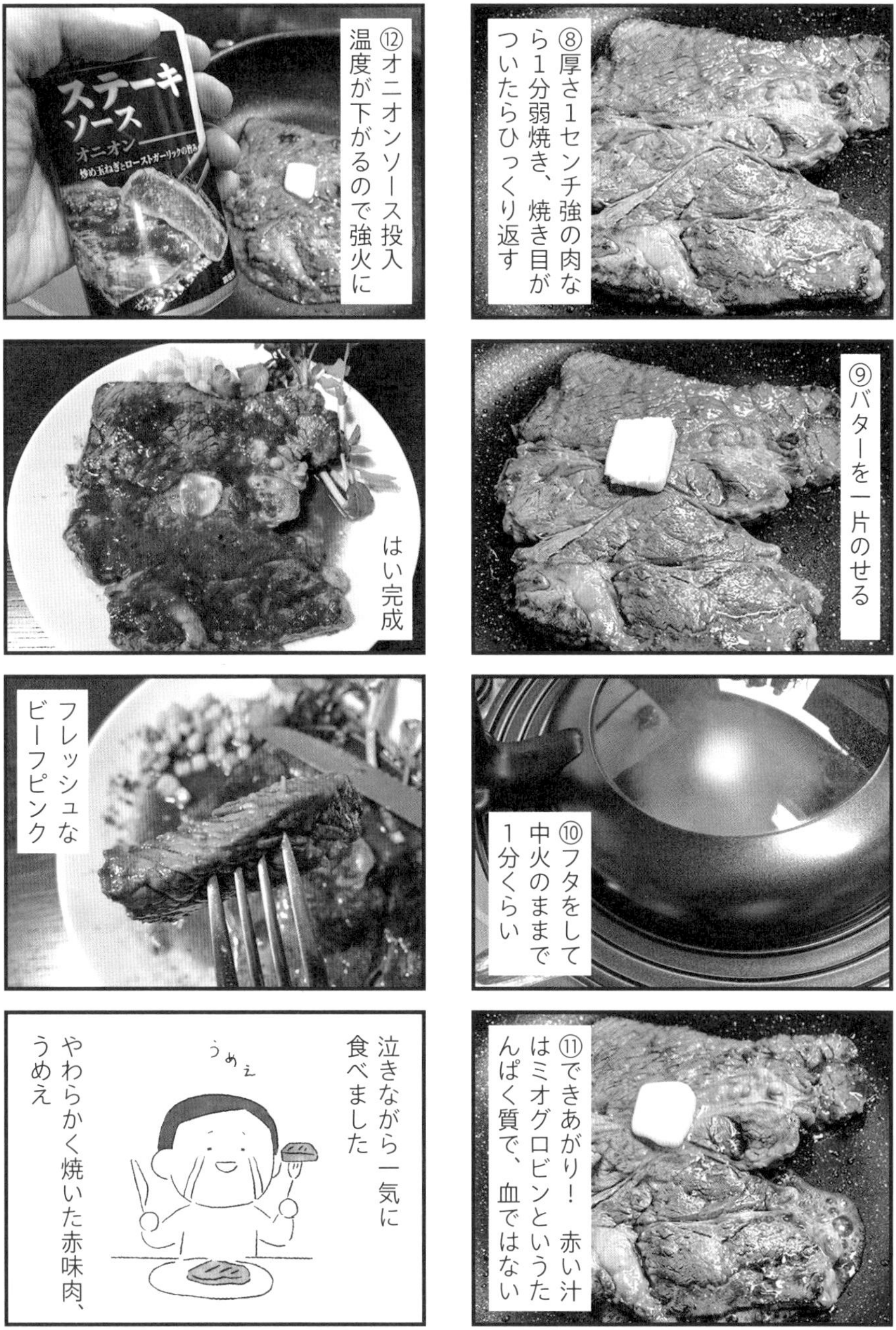
⑧厚さ1センチ強の肉なら1分弱焼き、焼き目がついたらひっくり返す
⑨バターを一片のせる
⑩フタをして中火のままで1分くらい
⑪できあがり！ 赤い汁はミオグロビンというたんぱく質で、血ではない
ステーキソース
オニオン
⑫オニオンソース投入 温度が下がるので強火に
はい完成
フレッシュなビーフピンク
泣きながら一気に食べました
うめぇ
やわらかく焼いた赤味肉、うめえ

1センチ級を完全なうまさで焼くポイント

1センチ級のステーキは焼きはじめてから完成まで3分かかりませんでした

焼く前に肉を室温に戻すのは、冷蔵庫から出してすぐの冷たい肉は火の通りが悪くなっちゃうから

ここ重要です

肉をフォークでブスブス刺したのも、スジ切りが目的ですが、赤身肉がやわらかくなりソースの味も染み込みやすくなります

大事なひと手間です

研究のために行った評判のいいステーキハウスでは、肉を刺すための剣山みたいなの（ミートテンダーという）でザクザクしておりました

油は牛脂でなくてはならない、みたいな頑固なレシピもありますが、サラダ油で充分です

牛脂はスーパーで無料でもらえるので好みで使いましょう

肉に使う胡椒は黒胡椒！
できればペッパーミルでガリガリひきましょう

加熱や熟成により糖とアミノ酸が反応して茶色くなり、香気成分が生成されることを「メイラード反応」と言います

焼き目がついたら肉はウマくなるってことです

肉が焼けたときに出る赤い汁は血液ではなく、ミオグロビンが酸素に触れて赤くなったものです

アミノ酸なのでどっちかというと、うま味成分

MEMO ミオグロビンは筋肉細胞に多く見られる赤色のたんぱく質。酸素が不足するときまで酸素を貯蔵しておく働きがあるとされる。肉を焼いたときに出る肉汁と混じって流れ出し、酸化すると鮮やかな赤色になる。さらに高い温度で加熱すると褐色になる。

おいしい肉であれば
塩と黒胡椒オンリーが
最もポテンシャルを
出せる調味料ですが、

高い肉は
買えない
1000

肉の表面は
メイラード反応で
香ばしく、
ソースは
玉ねぎのうま味と
焼いたときに出た
肉汁が混ざって
ベストコンディション

今回は安い肉でおいしい
ステーキを作るのが目的
なので、ステーキソース
の出番です

モランボン
ステーキ
ソース
オニオン

オニオン一択

ステーキハウスだと
焼いた鉄板で提供したり
しますね

ジュー
ジュー

あの演出は楽しいし
うれしいですけど、
でもでも……

玉ねぎにはプロテアーゼ
という酵素が入っていて、
たんぱく質をやわらかく
します

プロテアーゼはパイナッ
プルなどにも含まれてい
まして、「パイナップル
ジュースに肉を漬け込ん
でおくと溶けてなくな
る」という話も聞きます

いつまでも熱を通し続け
ることになる鉄板でのサ
ーブは、意図せぬウェル
ダンのリスクなんですよ

じっ

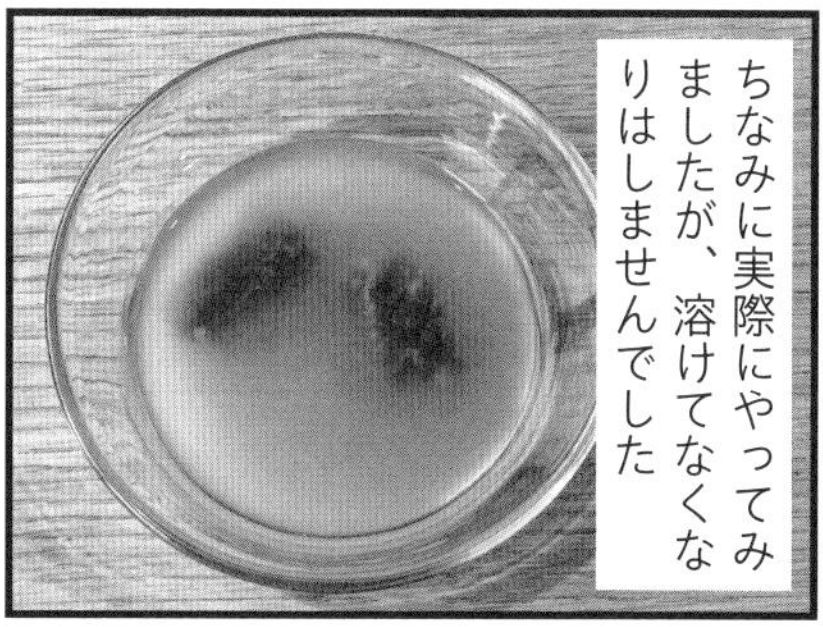

ちなみに実際にやってみ
ましたが、溶けてなくな
りはしませんでした

一、肉の温度を室温まで上げる
一、スジ切りする
一、焼きすぎない火加減で焼く

これで、勝てます

MEMO 果汁100%のパイナップルジュースに牛肉（オーストラリア産・372円／100g）を4時間漬けても肉は溶けてなくなる気配はありませんでしたが、焼いて食べてみたら繊維がとてもやわらかくなっているように感じられました。

レシピ② 3センチ級ステーキを完全なうまさで焼く

材料

ステーキ用牛肉　300g弱
※アメリカ産牛肩ロース（289円／100g）
塩・黒胡椒　適量
牛脂　適量
バター　1片

やはりステーキの醍醐味は3センチ級でしょうと
せっかくだから3センチ級ステーキにも挑戦
だってやっぱり分厚い肉を口の中にギュッと入れたいじゃないですか

ステーキの醍醐味は3センチ級

①しばらく置いて肉の温度を室温に

②裏と表の両サイドに塩と黒胡椒をガリガリ

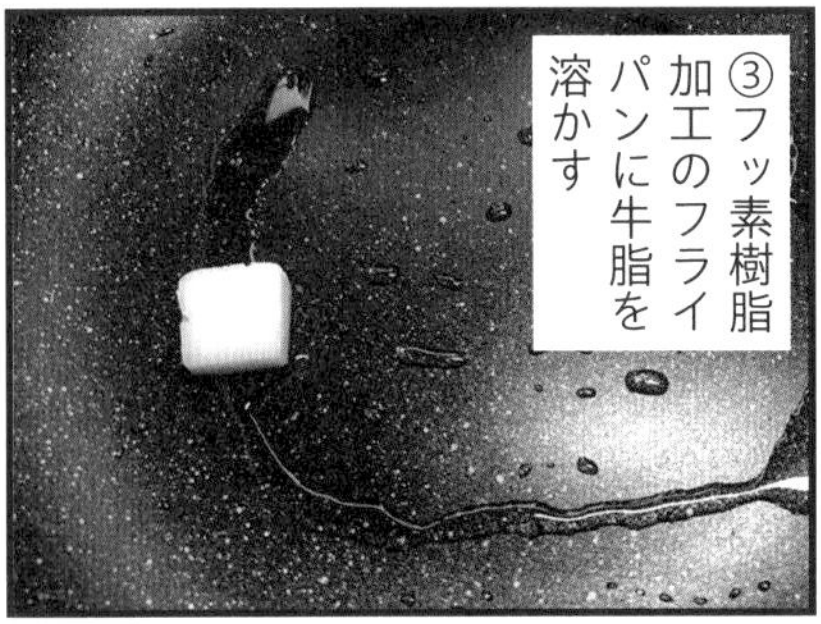
③フッ素樹脂加工のフライパンに牛脂を溶かす

④中火で焼く

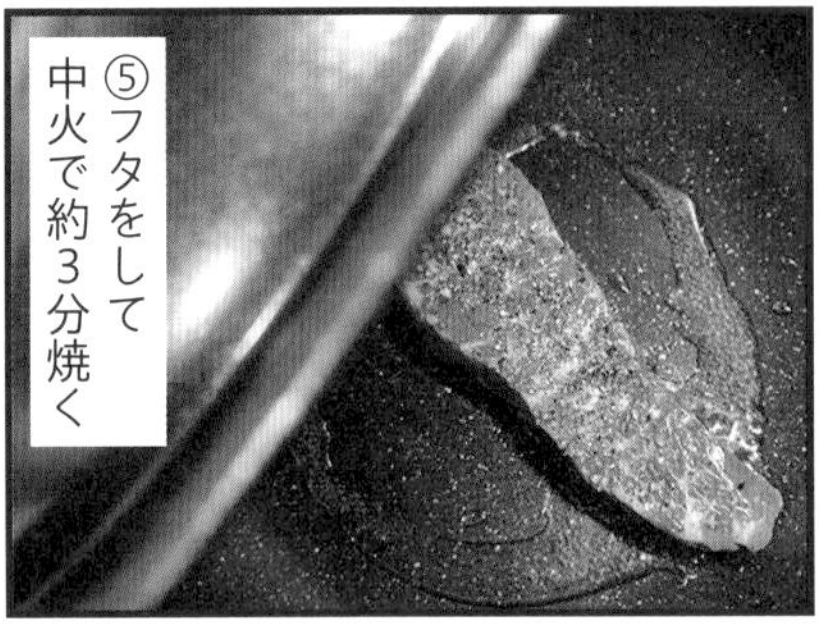
⑤フタをして中火で約3分焼く

⑥焼き目がついたら
ひっくり返し、フタ
をして約3分焼く

⑦焼いた肉をすばやく
アルミホイルでくるむ

⑧余熱で中まで火を通す

※アルミホイルに包んだ状態で、火を止めたフライパンにのせて余熱調理を行ってもいいですね。

⑨約10分後、見るとミオ
グロビンの赤い色が！
火が充分に通っている

⑩切っても、
うまみ汁が
流れ出たり
しない

⑪分厚さを楽しむサイズ
に切って盛り付け

⑫わさび醤油
も合う

ああうまい、
宇宙一うまい

うめぇ

肉うまい

3センチ級ステーキを完全なうまさで焼くポイント

手間としては正直、焼いただけです
かんたん
余熱サイコー

ここで焼いた肉も、通常は焼肉用スライスでパック売りされているロース肉を「3センチの厚さでください」とお願いして、バックヤードのかたまり肉からカットしてもらったものです

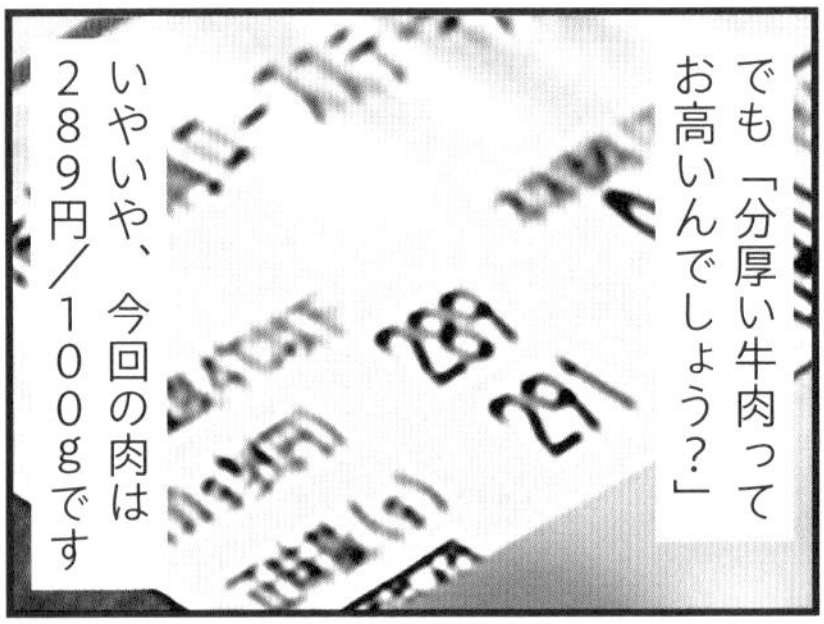
でも「分厚い牛肉ってお高いんでしょう?」
いやいや、今回の肉は289円/100gです

肉のオーダーカットについて各スーパーに聞いてみたところ下記のように教えていただきました。

サミット	機械やスタッフの準備があるかは店舗による。すぐに対応できない可能性があるので時間に余裕を持って事前に各店舗に問い合わせてみてほしい。
イトーヨーカドー	
東急ストア	
オーケー	
ヨークベニマル	可能な限り対応。普段から取り扱っている肉の部位ならばたぶん大丈夫だが時間に余裕を持って事前に各店舗に問い合わせてみてほしい。

※2023年3月現在(二見書房調べ)

お安い肉ですがサシが多くスジ切りなどはしておりません

なぜアルミホイルでくるんだのかというと……

ちなみにスーパーによっては精肉売場で好みの厚さにカットしてもらえるところがあるんです

分厚い肉を焼きっぱなしで中まで火を通そうとすると表面が焼けすぎてしまいます

焼けすぎた肉は水分が抜けて固くなり、うま味成分も激減してしまいます

フライパンで
表面を焼いてから、
オーブンで火を通す
方法もありますが
オーブンがない家も
多いのでそんな普遍性の
ないレシピは使いものに
なりゃしません

でも手間や道具を考える
と、専門のお店で食べる
方が結局は安上がりだし
クオリティも高いです
食事に限らず、グレード
の高いものを楽しむ場合
は専業でやっている
お店のほうが結局は
コストパフォーマンス
高いんですな

肉のベストコンディショ
ンを出す方法は60℃台
なかばでのじっくり加熱
内部温度計を使えば
加熱のコントロールは
可能です

いま家にある道具で
「肉食べたい欲」を
シンプルに満たす
ことも楽しいですよね

しかし……
いい道具をそろえれば
そりゃいい調理が
できます
いま我々は
「スーパーで買ってきた
ほどほどにいい肉を
家のキッチンで
ダーッと焼いて
ガブーと食べたい」
のです

今回のステーキ焼き術も
「安価な素材のパフォーマ
ンスを可能な範囲で上昇
させる」という、
本来の意味で
「コスパの高い」
メソッドを目指した
ものです

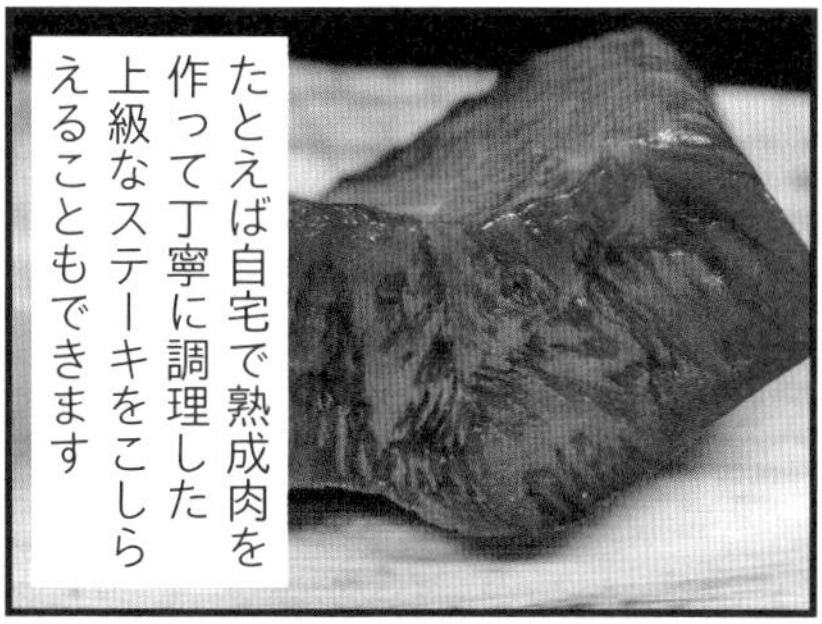
たとえば自宅で熟成肉を
作って丁寧に調理した
上級なステーキをこしら
えることもできます

一、肉の温度を室温まで上げる
一、塩と粗挽き黒胡椒を両面に
一、両面を3分ずつ焼く
一、アルミホイルでくるんで余熱調理

これで、連勝です

MEMO 熟成肉とは適正な期間・温度・湿度で寝かせた肉のこと。アミノ酸が何倍も増えて味わいや香りがよくなり、筋肉のたんぱく質が分解されてやわらかくなっておいしくなると言われている。

つけ麺の元祖・大勝軒に自家製チャーシューの作り方を教わってきた

たった1時間半で自作できるって本当？

文・撮影　下関マグロ

自宅でおいしい
チャーシューを
作るって、
夢じゃないですか
でも、チャーシューって
難しそうだよなあ、
って思っていたら
!!
鍋ひとつあれば
簡単にできるという
情報を小耳に
はさみました
しかも、つけ麺で有名な
大勝軒《たいしょうけん》と同じチャーシュ
ーができるそうです
大勝軒
BRANCHING
本当でしょうか？
本当なんです
特別に
大勝軒さんに
教えていただきました

レシピ①大勝軒・自家製チャーシューの作り方

材料

豚バラ　５００g
醤油　１３００cc
日本酒　２００cc
生姜　１片
長ネギ頭　１本分
※バラ肉に限らず肩ロースやロースなど好きな部位でＯＫ

材料はたったこれだけ

夢のチャーシューを作ります!!

ちなみに……
絶対に入れてはいけないものがあるそうです

それは、みりん

みりんを入れると肉が固くなるらしいですよ

醤油と日本酒を合わせたものを「醤油タレ」と言います

醤油タレは肉の量の3倍と覚えておくといいそうです

肉が５００gなら１５００cc、つまり１・５ℓ

①醤油タレを鍋に入れて、肉を入れます

②肉が全部浸らなくてもＯＫ！　あとでひっくり返すので、半分浸っていればいいそうです

MEMO お茶の水、大勝軒 BRANCHING　東京都千代田区神田神保町 3-10
https://taisho-ken.tokyo/

③生姜を厚み約5㎜にスライスし、

④5枚ほど鍋に入れます

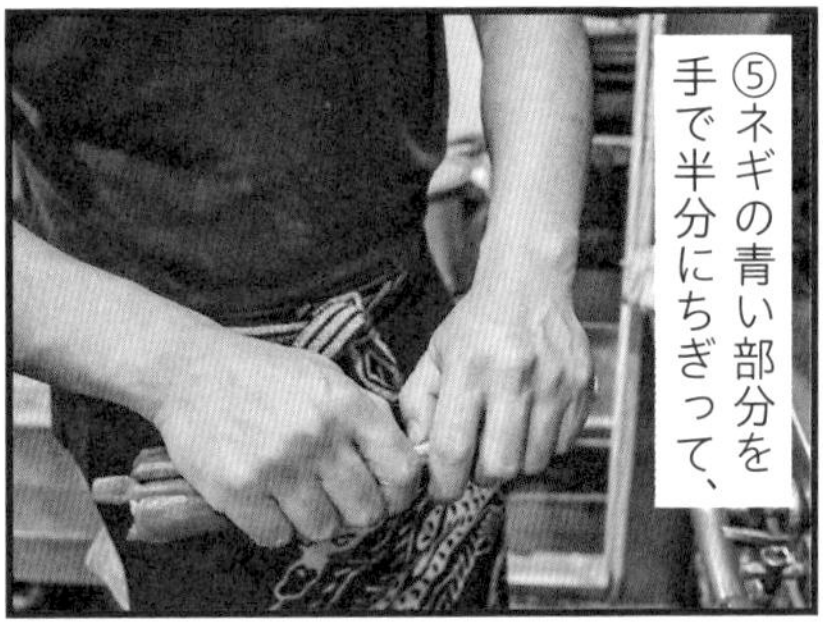

⑤ネギの青い部分を手で半分にちぎって、

⑥⑤を鍋に入れます

⑦フタをして強火で沸騰させ、アクは取りません

⑧沸騰したら弱火にして1時間ほど煮ますが、30分後に1度、肉をひっくり返します

⑨30分経ったので肉をひっくり返します

※肉がすべて醤油タレに浸っている場合はひっくり返さなくてOK。

⑩さらに30分煮たので1時間煮たことになります

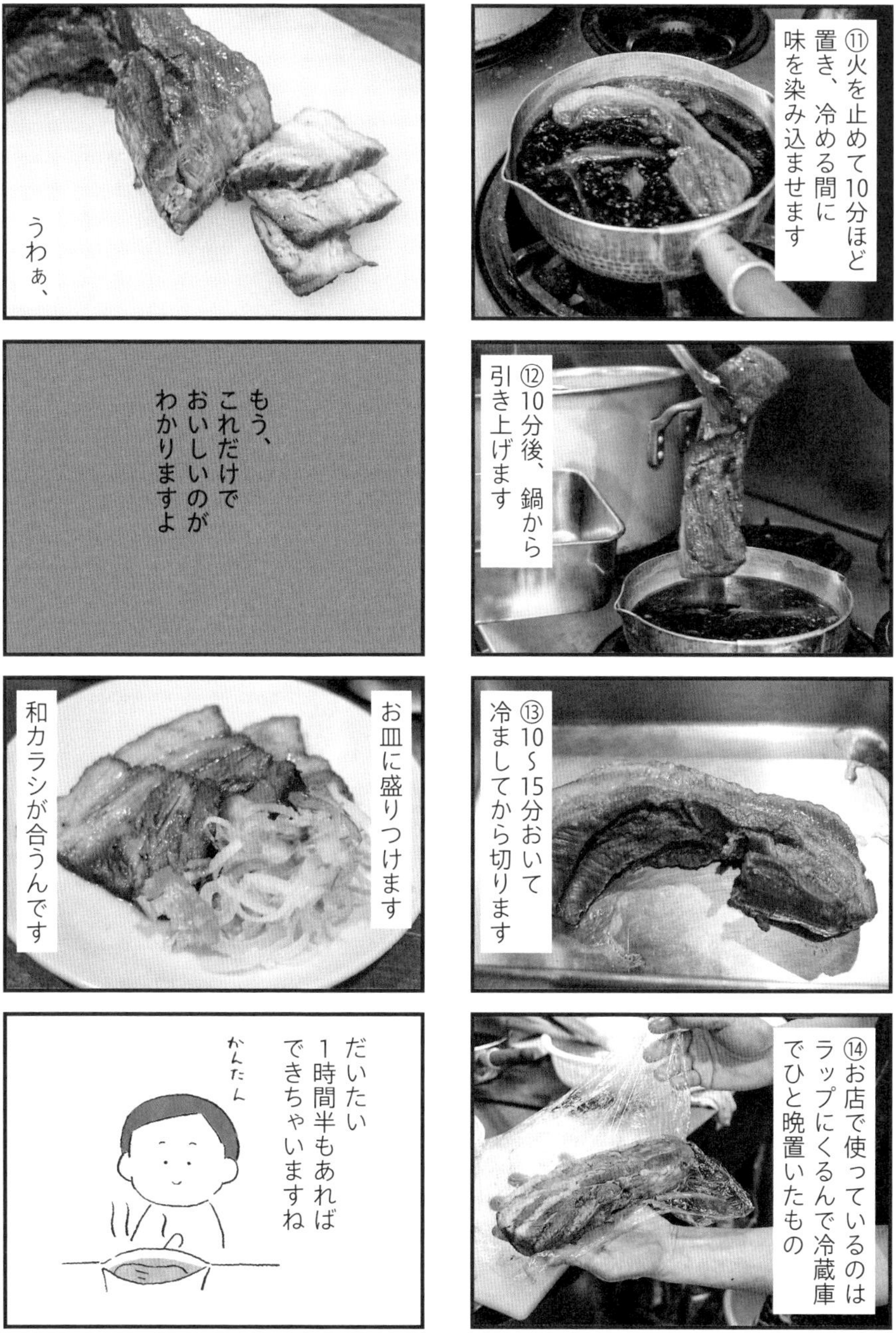
⑪火を止めて10分ほど置き、冷める間に味を染み込ませます
うわぁ、
⑫10分後、鍋から引き上げます
もう、これだけでおいしいのがわかりますよ
⑬10～15分おいて冷ましてから切ります
お皿に盛りつけます
和カラシが合うんです
⑭お店で使っているのはラップにくるんで冷蔵庫でひと晩置いたもの
だいたい1時間半もあればできちゃいますね
かんたん

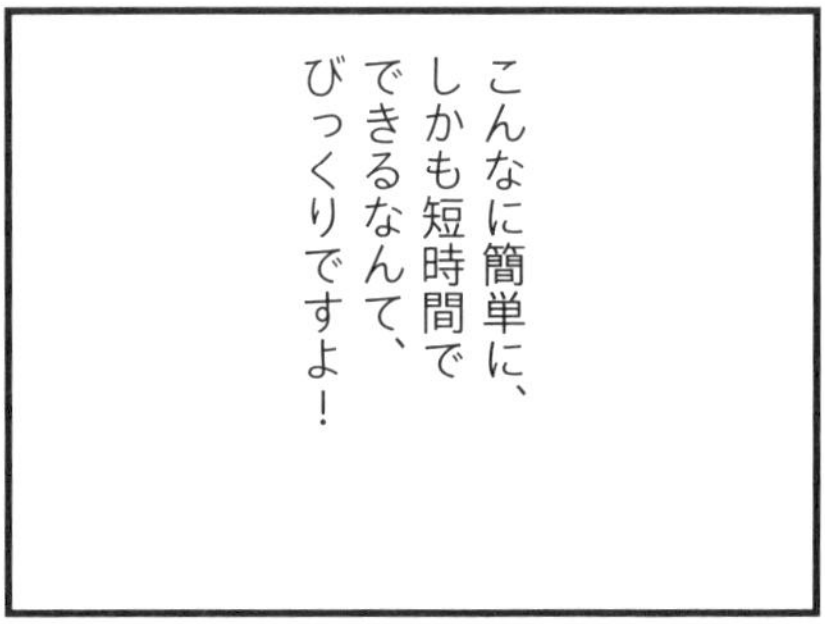
こんなに簡単に、
しかも短時間で
できるなんて、
びっくりですよ！

捨ててはダメですよ

そして……
この醤油タレが重要なんです

この醤油タレは
何度も使えるのです
また肉を入れて
チャーシューを
作ってください
少なくなってきたら
醤油と日本酒を足せば
いいんです
使えば使うほど
味がよくなります

生姜とネギを必ず取り
出して冷蔵庫に入れて
保存しましょう

冷奴にもかけてみます！
ネギとカツオ節が
かかった普通の冷奴です

肉を煮た醤油タレはチャ
ーハンや野菜炒めなどい
ろんな料理にも使えます

おおおお、めちゃくちゃ
おいしいですね

うめぇ

普通の醤油よりも
まろやかです
豆腐が何倍も
おいしく感じます

レシピ②「大勝軒のまかない飯」の作り方

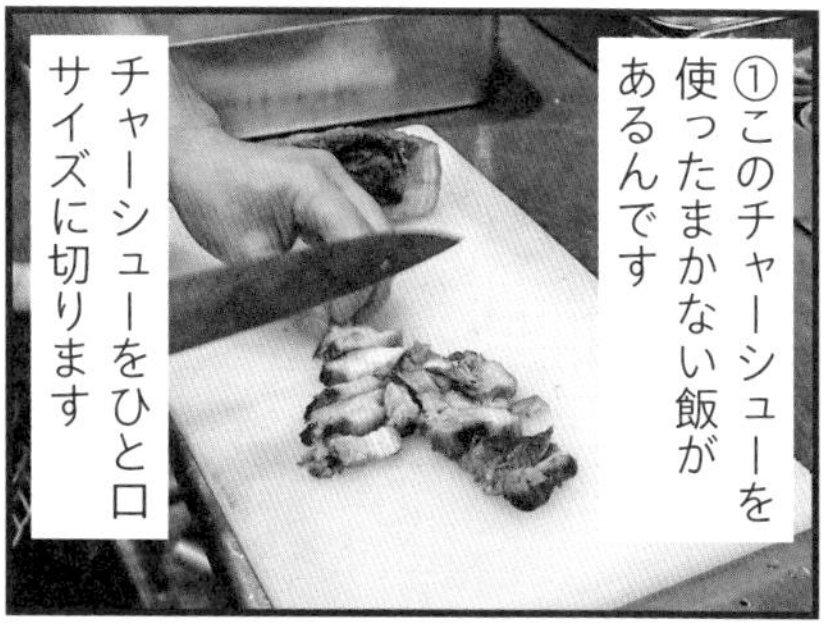

①このチャーシューを使ったまかない飯があるんです

チャーシューをひと口サイズに切ります

②フライパンに油をひいて強火でフライパンを炙《あぶ》ります

③フライパンから煙が出てきたらチャーシューを入れます

④さっと炒めて、刻んだネギを入れ、最後にごま油をちょっと入れます

⑤④をご飯にのっけて真ん中に生卵を入れます

⑥刻んだネギ、ゴマ、一味を入れます

最後に24ページの醤油タレをかけまわします

よく混ぜていただきましょう

チャーシューの脂の部分が焼けて香ばしくなってます

めちゃくちゃ、おいしいです

お店のメニューにもありますよ

ローストビーフを自作するといいことしかない

自作のメリットを最大化する方法

文・撮影　鷲谷憲樹

『メシ通』記事へ

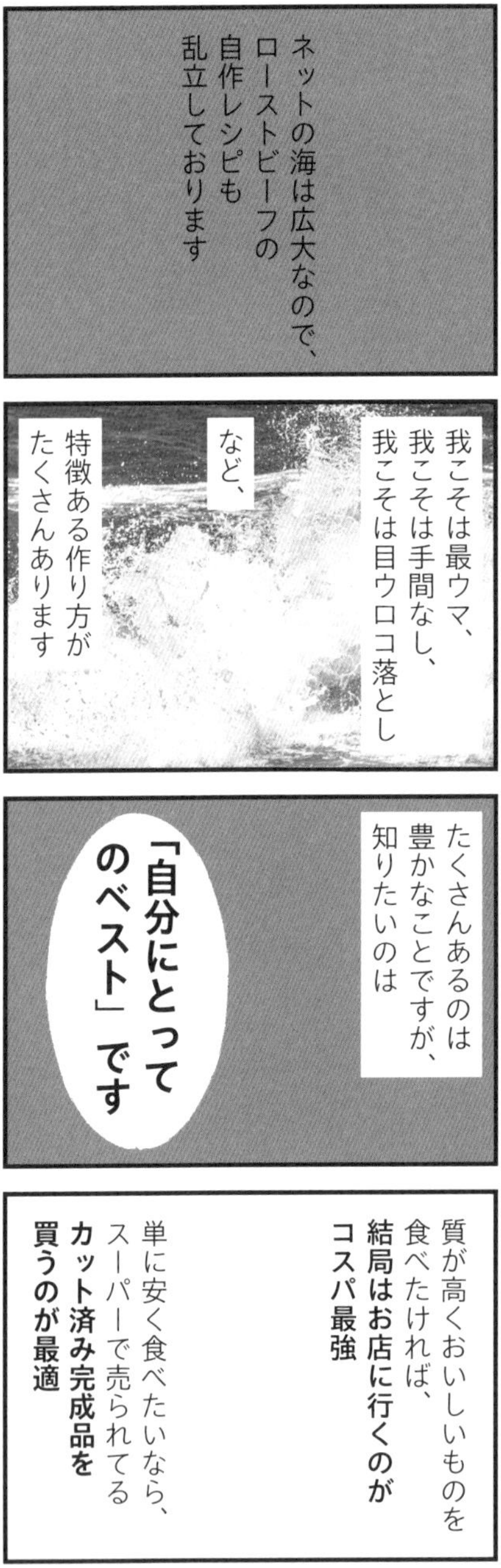
ネットの海は広大なので、
ローストビーフの
自作レシピも
乱立しております
我こそは最ウマ、
我こそは手間なし、
我こそは目ウロコ落とし
など、
特徴ある作り方が
たくさんあります
たくさんあるのは
豊かなことですが、
知りたいのは
「自分にとってのベスト」です
質が高くおいしいものを
食べたければ、
結局はお店に行くのが
コスパ最強
単に安く食べたいなら、
スーパーで売られてる
カット済み完成品を
買うのが最適

今回は
「ローストビーフを自作することで享受できるメリットを最大化したい」
という正直な欲望を
基準にして、
レシピを比較考察します

やってみた焼き方は
3種類

A　フライパンのみ
B　フライパン＋オーブントースター
C　オーブントースターのみ

結論から言うと
筆者は**B**のフライパンと
トースターを両方使う
やり方が気に入りました

材料と下ごしらえは
3種類の焼き方に
どれも共通しています

材料

牛肉　250〜300g
※ここでは肩ブロックを使いましたが、ローストビーフには赤身メインのモモ肉がおすすめ
塩　適量
胡椒　適量
牛脂　1片
※牛脂以外の好みの油でもOK

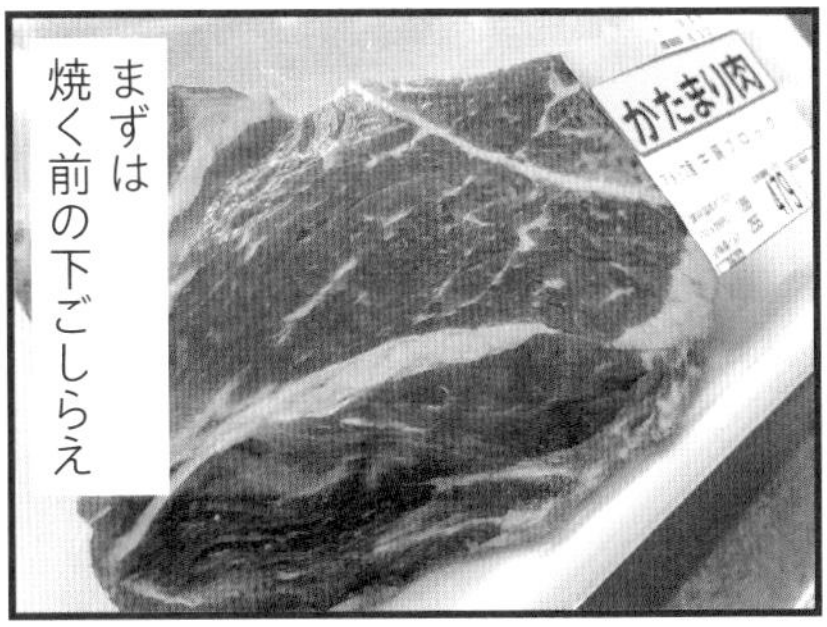
まずは
焼く前の下ごしらえ
かたまり肉

①冷蔵庫から出して
肉を室温にします
温度を上げるにはけっこう時間がかかるので
調理の半日くらい前に
出しときましょう

②調理開始30分前に、
肉全面に塩コショウを
すり込みます

③30分経ったら調理開始

レシピAフライパンだけで自作

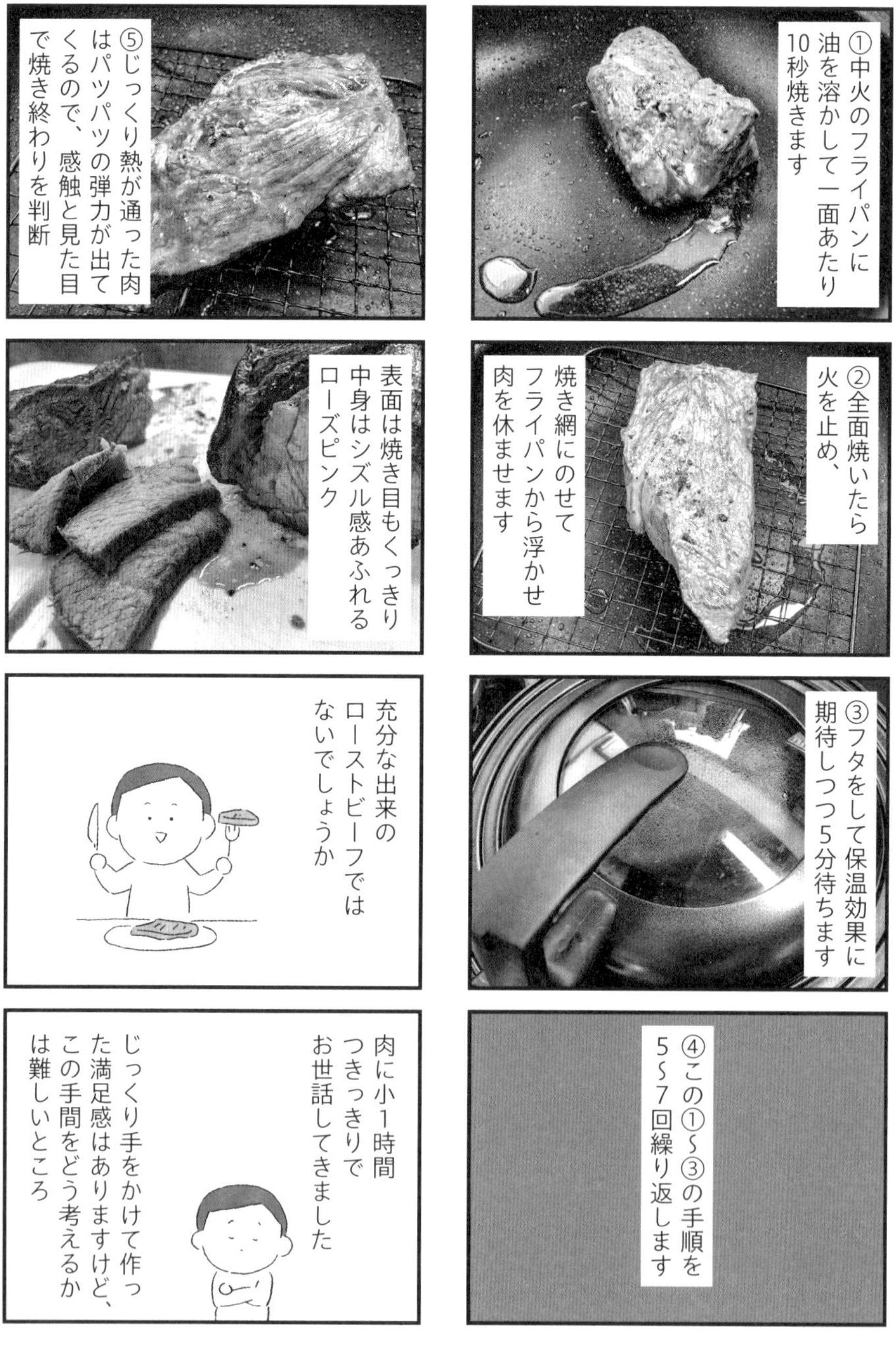
①中火のフライパンに油を溶かして一面あたり10秒焼きます
②全面焼いたら火を止め、
焼き網にのせてフライパンから浮かせ肉を休ませます
③フタをして保温効果に期待しつつ5分待ちます
④この①～③の手順を5～7回繰り返します
⑤じっくり熱が通った肉はパツパツの弾力が出てくるので、感触と見た目で焼き終わりを判断
表面は焼き目もくっきり中身はシズル感あふれるローズピンク
充分な出来のローストビーフではないでしょうか
肉に小1時間つきっきりでお世話してきました
じっくり手をかけて作った満足感はありますけど、この手間をどう考えるかは難しいところ

レシピBフライパン＋オーブントースターで自作

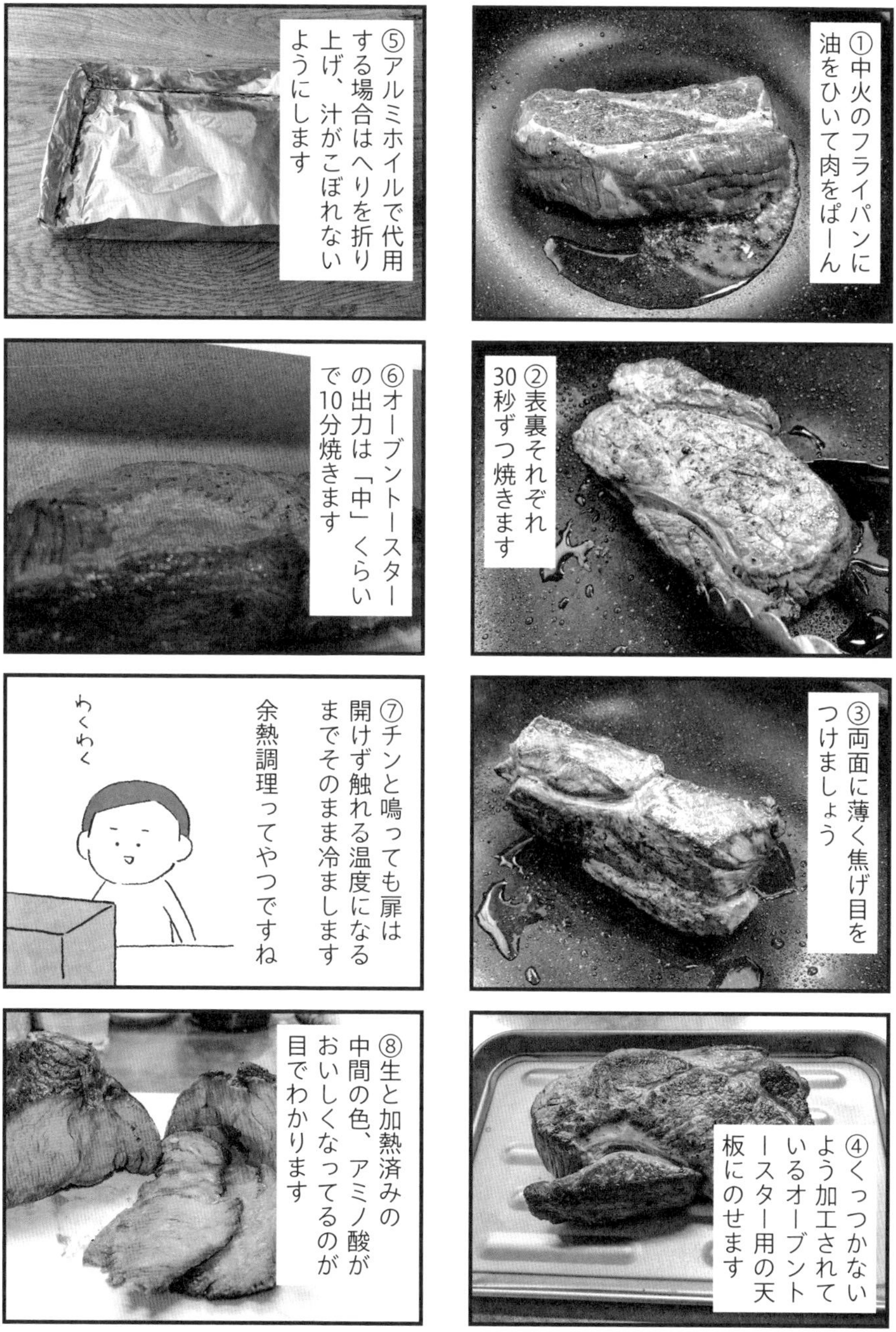
①中火のフライパンに油をひいて肉をぱーん
②表裏それぞれ30秒ずつ焼きます
③両面に薄く焦げ目をつけましょう
④くっつかないよう加工されているオーブントースター用の天板にのせます
⑤アルミホイルで代用する場合はへりを折り上げ、汁がこぼれないようにします
⑥オーブントースターの出力は「中」くらいで10分焼きます
⑦チンと鳴っても扉は開けず触れる温度になるまでそのまま冷まします
余熱調理ってやつですね
わくわく
⑧生と加熱済みの中間の色、アミノ酸がおいしくなってるのが目でわかります

※天板は一〇〇均ショップで購入。

レシピCオーブントースターのみで自作

①アルミホイルに玉ねぎのスライスを敷き、肉を置き、玉ねぎのスライスをのせます

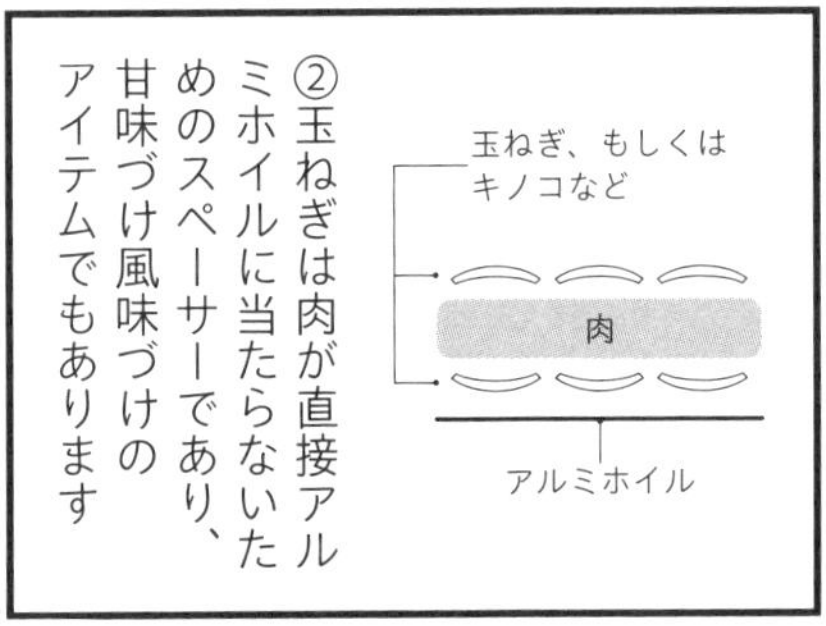
②玉ねぎは肉が直接アルミホイルに当たらないためのスペーサーであり、甘味づけ風味づけのアイテムでもあります
玉ねぎ、もしくはキノコなど
肉
アルミホイル

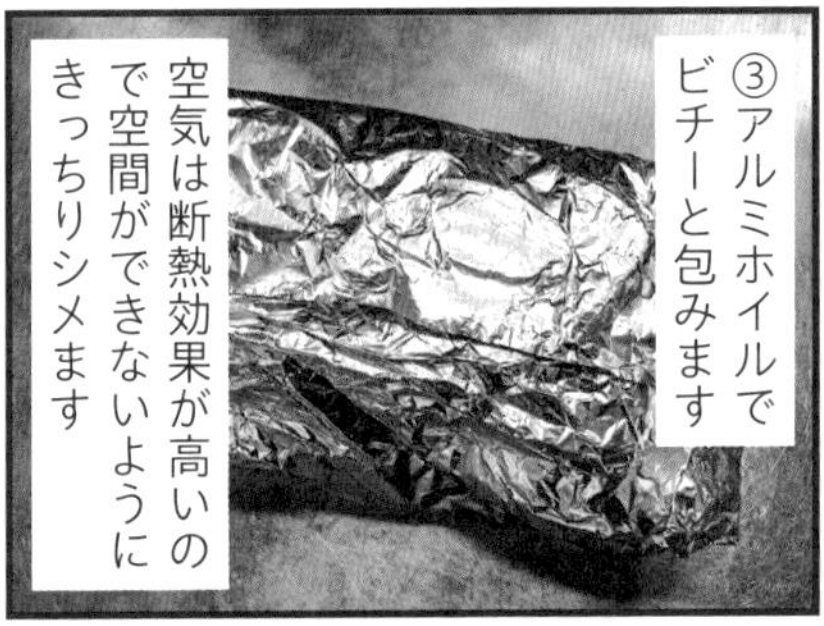
③アルミホイルでピチーと包みます
空気は断熱効果が高いので空間ができないようにきっちりシメます

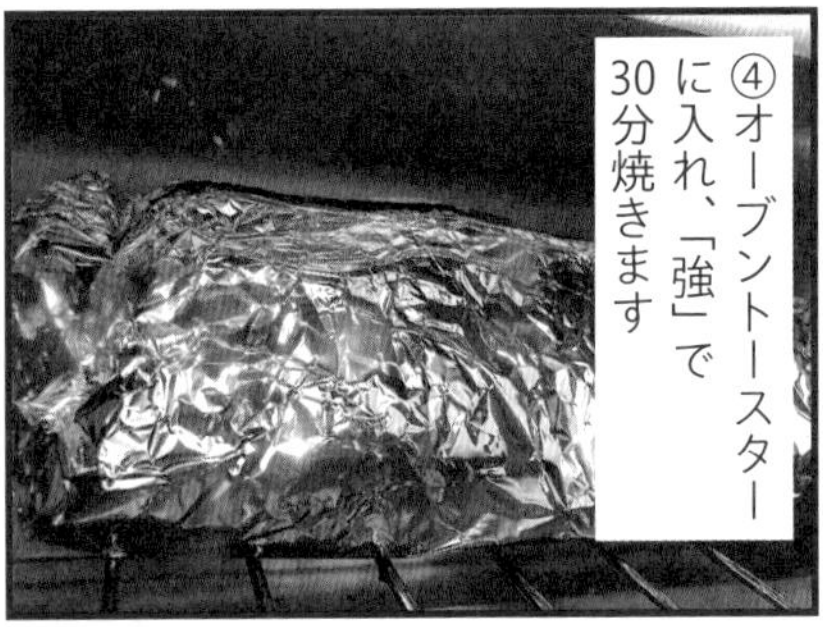
④オーブントースターに入れ、「強」で30分焼きます

⑤チンと鳴っても、フタを閉じたまま庫内に置きます
余熱調理です
わくわく

⑥触れる温度になったら取り出します

肉のカーニバルや〜

玉ねぎのいい香りがします

これ、つまり「ホイル包み焼き」なんですよね

この包み焼きメソッド、熱は通りますが、表面は焦げないので少し食感のおもしろみに欠ける気がします

ネットには
「最高の焼き方」
ばかりで迷うでしょ
じっ
ここでは3つの焼き方を
やってみましたが
試したローストビーフ
自作法はどれも満足いく
結果となりました
好きな方法で
ビーフをロースト
してみてください
ローストビーフの
自作のメリットとは
どういうふうに
食べてもいい……
だって
いっぱいあるしさ
という自由と
ぜいたくにあります
スーパーで売っている
ローストビーフのソース
でビタビタにひたして
マッシュポテトと
一緒にいただく
ウニのせ
ローストビーフ丼
わさび醤油をかけて
泣きながら食べましょう
生姜にんにく醤油で
ビタビタになった
ローストビーフで
ご飯を巻いてパクっ
ううう、うまい
うめぇ
いやあ、うれしい
悲鳴が出ちゃうなあ
ローストビーフを
自作すると
お店で特注しないと
できない
アホな食べ方が
できる
それが楽しいのでは
ないでしょうか

【決定版】口中でほろりと崩れる豚の角煮を自宅の普通の鍋で作る
人生初体験。圧力鍋は持っていません

文・撮影　椿あきら

『メシ通』記事へ

口のなかでほろりと
肉が崩れる豚の角煮

自宅で作る
なんて
無理無理

そうハナからあきらめて
はいませんか？

自炊派というわけでは
ないし圧力鍋も
もちろん持ってない

そんな方でも
自宅でホロホロ角煮を
作れることを

筆者がまず実験台
となって試してみよう
ではありませんか

まずは買ってきました、
豚ばら肉

A　豚ばらブロック
B　豚ばら角煮用

両方買って、しあがり
具合を比較してみる
ことにしました

いずれも約３００gです

A
脂が多い
B
赤身中心

3センチ角に切って
フライパンで炒めて
肉の両面に焦げ目を
つけました

生姜1切れの皮をむき、
その皮と長ねぎの青い
部分と、焦げ目をつけ
たばら肉を
1時間ゆでました

一度鍋をきれいにして水、
酒、黒砂糖、みりん、醤
油、薄切りの生姜、肉を
入れました

沸騰したらアルミホイル
などで落しブタをし、
煮汁がなくなるまで、約
1時間弱火で煮込みます

これ、間違いなく
完成形だと思います

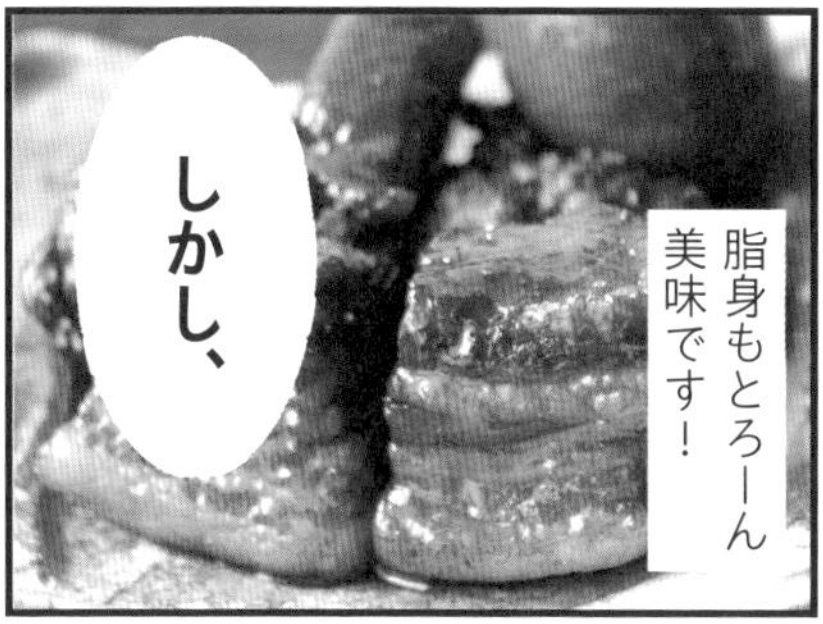
脂身もとろーん
美味です！
しかし、

初めて角煮を作ったと
あって、反省点&発見
がいくつかありました

反省

それを踏まえて
再チャレンジしたのが
次のレシピです

【決定版】ほろりと肉がとろける角煮

材料 2〜3人分
※写真は4人分です

豚バラ肉　600g
長ネギの青い部分　1本
生姜　1かけら
水　200cc
酒　100cc
※日本酒か料理酒

A
黒砂糖　大さじ2
※なければ白砂糖でOK
みりん　大さじ2
醤油　大さじ3

好みで、ゆで卵

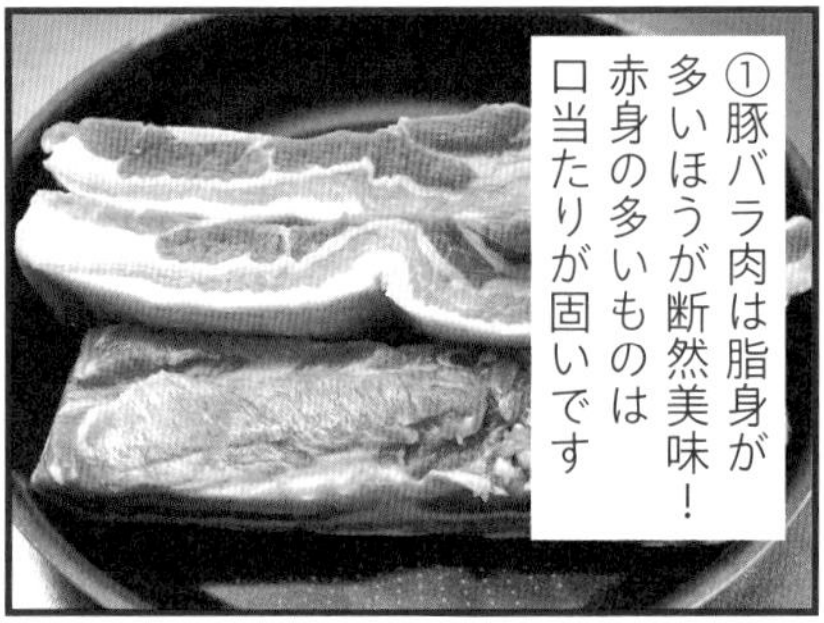

①豚バラ肉は脂身が多いほうが断然美味！赤身の多いものは口当たりが固いです

②肉はゆでると縮むので「少し大きすぎるかな」くらいのサイズにカット

③5〜6㎝くらいに切ってみました

④フライパンで炒めて肉の両面に焦げ目をつけます

バラ肉だけに油ばかり出まくって、あまり焦げ目がつかないのですが、ここで焦ってはいけません

⑤④と水（分量外）、生姜の皮とネギの青い部分を2〜3時間ゆでる

⑥3時間ゆでました

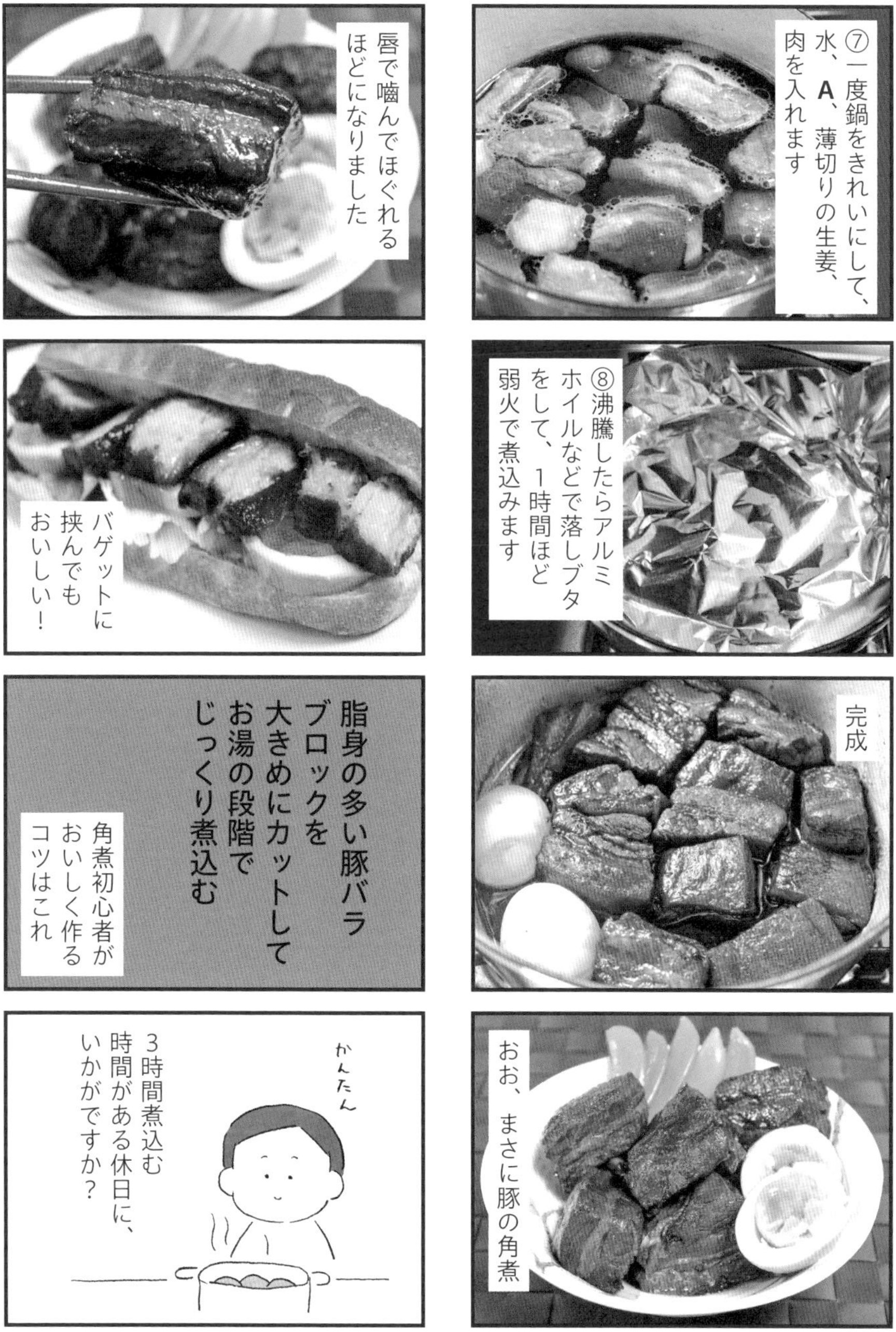
⑦一度鍋をきれいにして、水、A、薄切りの生姜、肉を入れます
⑧沸騰したらアルミホイルなどで落しブタをして、1時間ほど弱火で煮込みます
完成
おお、まさに豚の角煮
唇で噛んでほぐれるほどになりました
バゲットに挟んでもおいしい！
脂身の多い豚バラブロックを大きめにカットしてお湯の段階でじっくり煮込む
角煮初心者がおいしく作るコツはこれ
3時間煮込む時間がある休日に、いかがですか？
かんたん

※ゆで卵は火を止めてから入れると黄身が固くなりすぎるのを防げます。

豚バラ肉2キロで自家製ベーコンを作ろう
意外と簡単です！

文・撮影　秋葉 実

『メシ通』記事へ

冷蔵庫の常備品
「ベーコン」

じつは簡単に手作り
できてしまいます

自分で作れば塩気も
調整できるし、
何より燻製《くんせい》の風味が
段違い！

分厚く切って
ムシャムシャと
豪快に食べる……
なんてことも可能に
なります

肉は表面が煙で
コーティングされること
で腐りにくくなります

それが燻製の本来の目的

燻製前に塩漬けにするの
も腐りにくくするため

燻製は保存食を作る手法
なので、ベーコンも長く
楽しめます

しかし簡単ではあっても
時間はかかるので、
「燻製を作るという
優雅な時間を過ごす」と
逆に楽しんで
しまいましょう

材料

豚バラ肉　２kg

塩　40g

※肉の重さの２％

道具

小型燻製器

燻製用チップ

スモーカー用温度計

スモーカー用温度計は
１０００円以下くらいで
買えます

豚バラ肉　２kg

①豚バラ肉を仕込みます
塩がなじむようフォーク
でぶすぶす穴を開けます

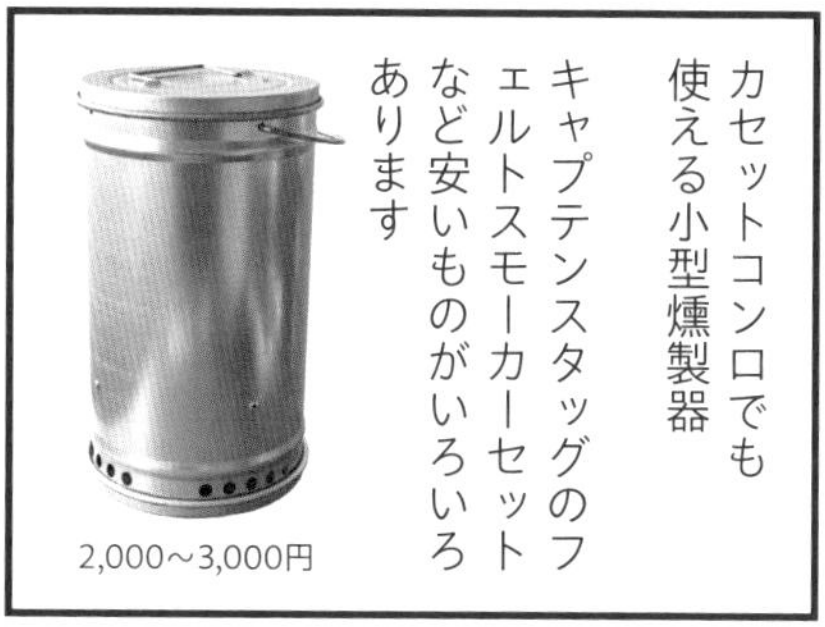
カセットコンロでも
使える小型燻製器
キャプテンスタッグのフ
ェルトスモーカーセット
など安いものがいろいろ
あります
2,000～3,000円

②表面にまんべんな
く塩をすり込み、
塩多めと薄め、２通
りを作ってみました

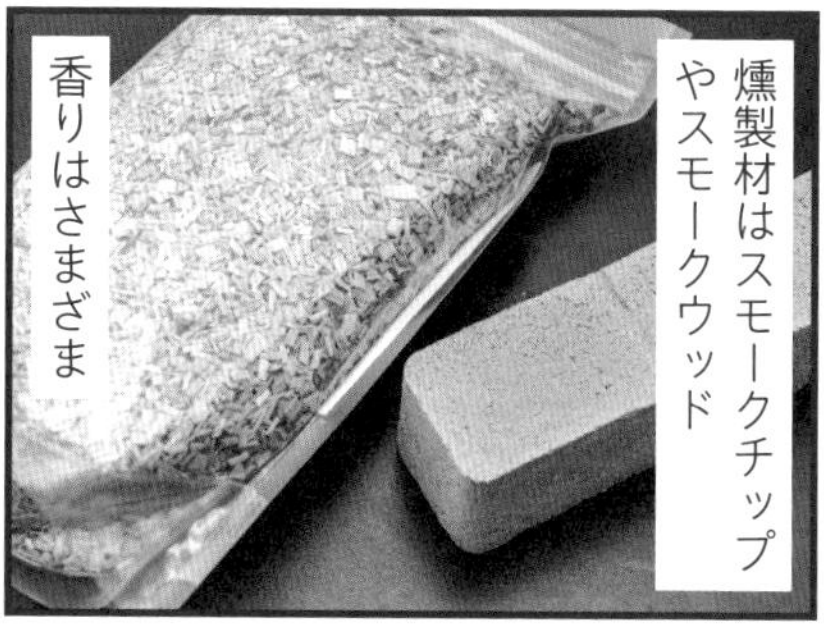
燻製材はスモークチップ
やスモークウッド
香りはさまざま

③ラップを巻いて、フリ
ーザーパックに入れて冷
蔵庫で１週間、時々ひっ
くり返してください

MEMO　スモークチップやスモークウッドの原料は、サクラが定番。他にもリンゴやヒッコリー、ウィスキーオークなど、さまざまな香りのものが売られている。

自宅でベーコンの燻製にチャレンジ

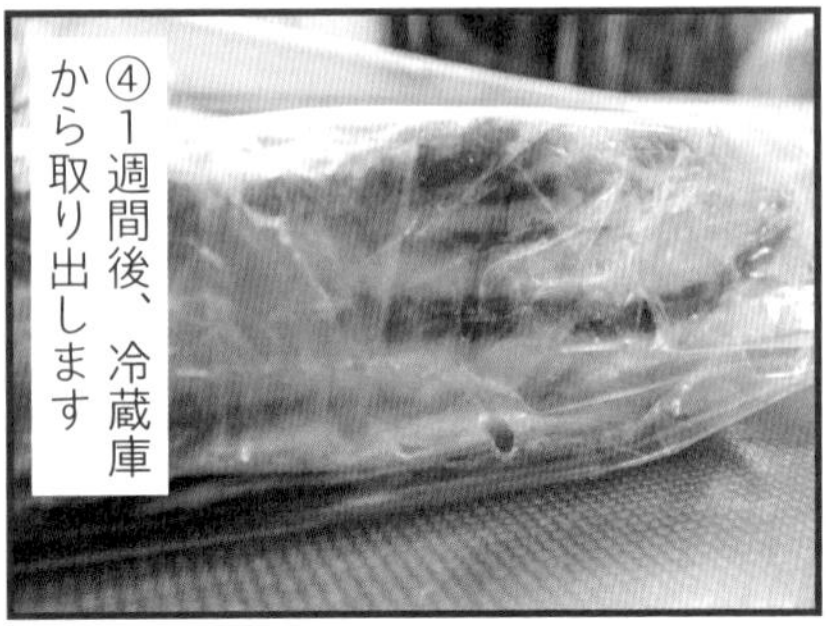
④1週間後、冷蔵庫
から取り出します

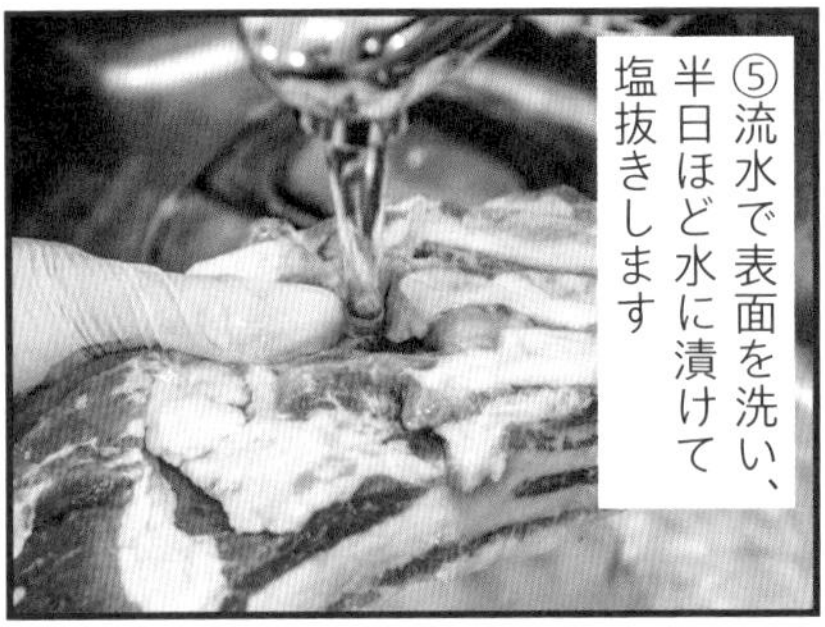
⑤流水で表面を洗い、
半日ほど水に漬けて
塩抜きします

⑥ペーパータオルで
水気を吸い取ります

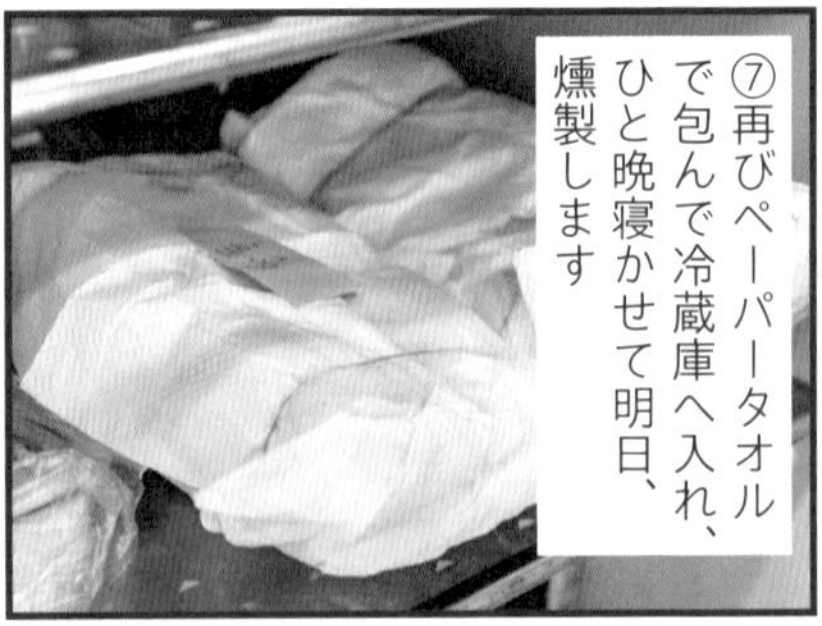
⑦再びペーパータオル
で包んで冷蔵庫へ入れ、
ひと晩寝かせて明日、
燻製します

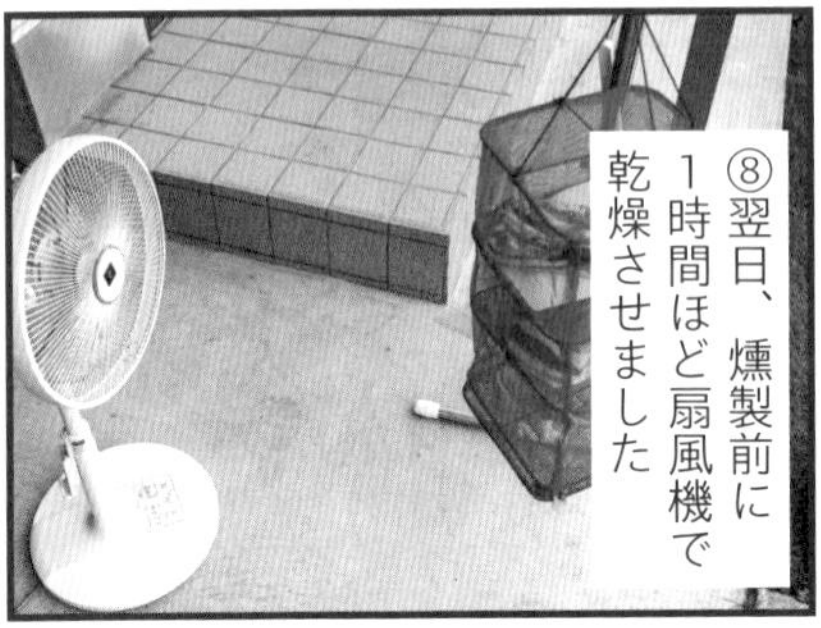
⑧翌日、燻製前に
1時間ほど扇風機で
乾燥させせました

⑨小型燻製器に
肉を吊るして固定

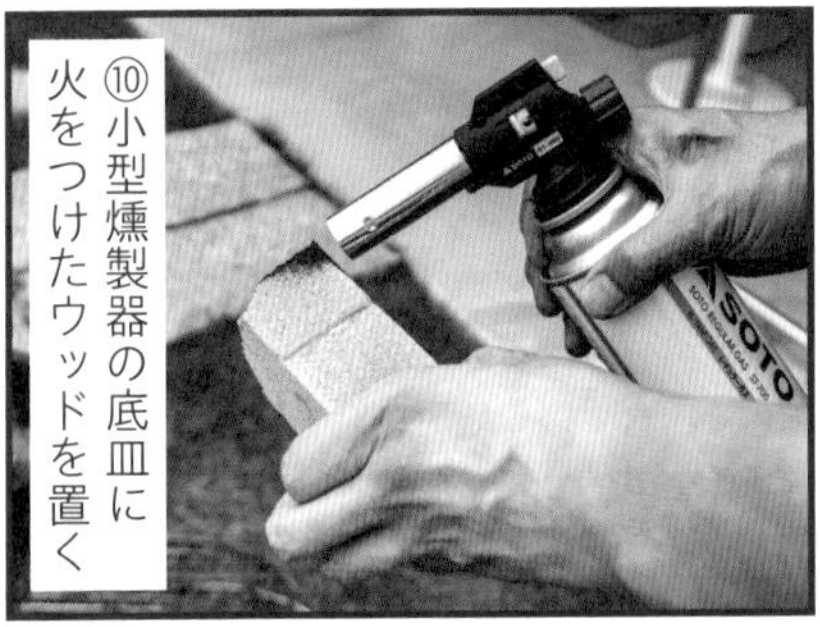
⑩小型燻製器の底皿に
火をつけたウッドを置く
SOTO

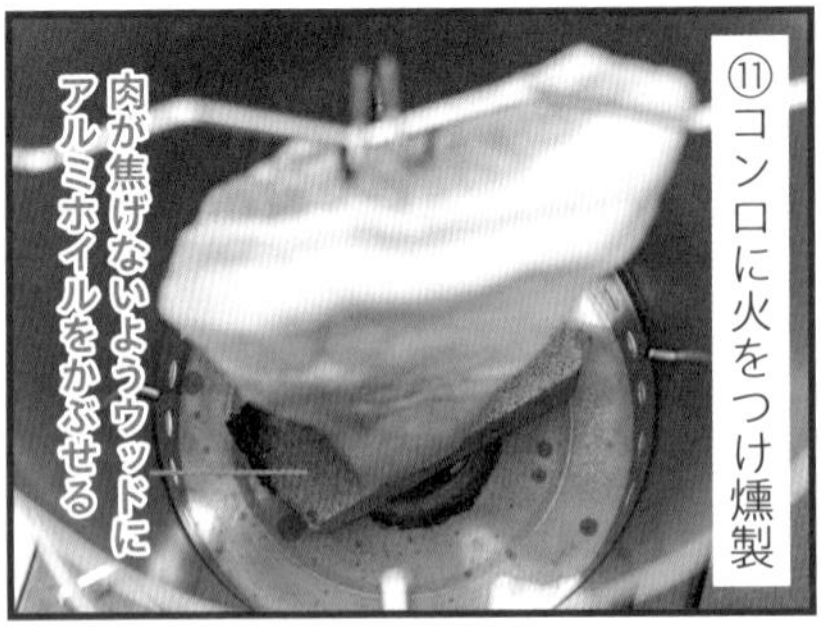
⑪コンロに火をつけ燻製
肉が焦げないようウッドに
アルミホイルをかぶせる

MEMO 燻製には「熱燻／温燻／冷燻」と温度によって種類があり、今回のベーコン作りで行ったのは温燻。

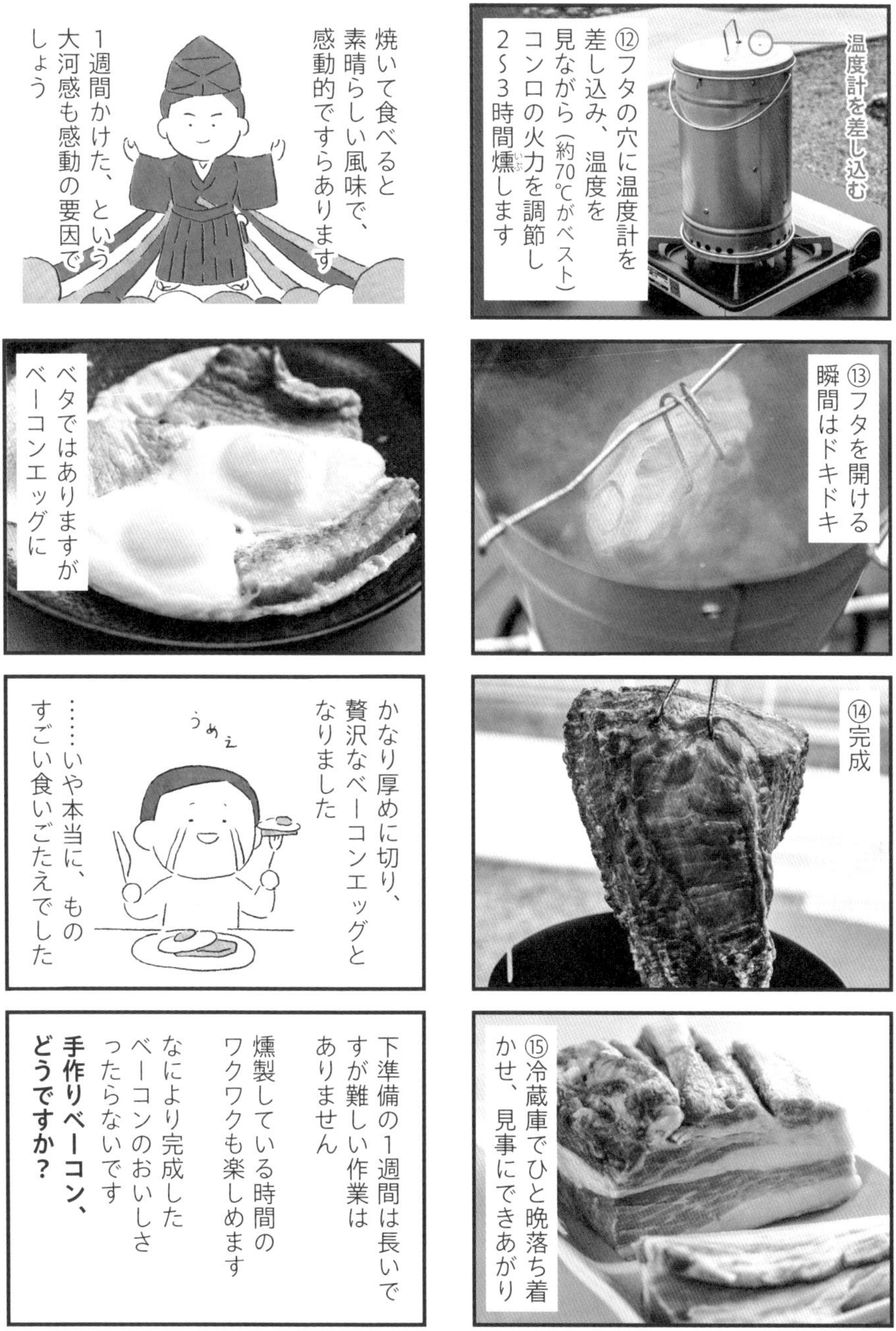
温度計を差し込む
⑫フタの穴に温度計を差し込み、温度を見ながら（約70℃がベスト）コンロの火力を調節し2〜3時間燻《いぶ》します
焼いて食べると素晴らしい風味で、感動的ですらあります
1週間かけた、という大河感も感動の要因でしょう
⑬フタを開ける瞬間はドキドキ
ベタではありますがベーコンエッグに
⑭完成
かなり厚めに切り、贅沢なベーコンエッグとなりました
うめぇ
……いや本当に、ものすごい食いごたえでした
⑮冷蔵庫でひと晩落ち着かせ、見事にできあがり
下準備の1週間は長いですが難しい作業はありません
燻製している時間のワクワクも楽しめます
なにより完成したベーコンのおいしさったらないです
手作りベーコン、どうですか？

MEMO 温燻ひとつとっても、チップとウッドの使い分けなど人によってやり方はさまざま。記事内のやり方はあくまでも一例。

キャリア50年の伝説の肉職人に「ラム肉の焼き方」を習ってきた

自宅でできる絶品ラム肉の焼き方

文・撮影　工藤真衣子

東京・麻布十番にある
日進ワールド
デリカテッセン
NISSIN World Delicatessen

1916（大正5）年
創業の老舗にして、
日本における輸入
食品のパイオニア

日本では手に入りにくい輸入食品が揃い、珍しい肉（七面鳥、ワニ、ダチョウ、カエルなど）も並ぶスーパーマーケットで、

日本で羊肉がまだ一般的ではなかった約60年前からラム、マトンなど羊肉全般を扱っていたというのです

そんな日進ワールドデ
リカデッセンの伝説の
肉職人、牧野隆夫さん
にラム肉の焼き方を教
わってきました

『メシ通』記事へ

MEMO 日進ワールドデリカテッセンは1916年（大正5）年創業。1958（昭和33）年に日本で初めて羊肉（マトン）の輸入・販売を開始。

レシピ①絶品ラムステーキの焼き方

フタがある、ごく普通のホットプレートを用意

ラムはオーストラリア産のもも肉、厚みは約1㎝

材料

ラムもも肉

岩塩　適量

好みの油　適量

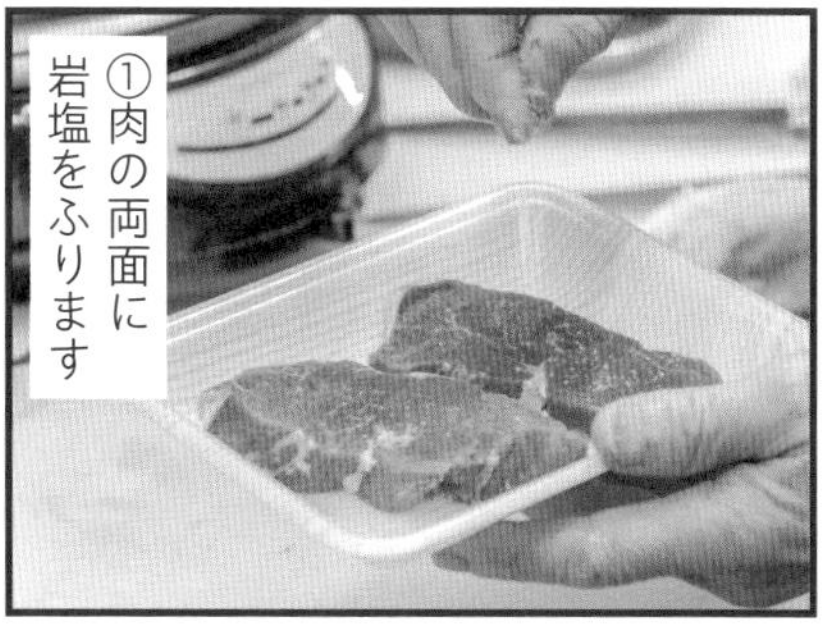

①肉の両面に岩塩をふります

②ホットプレートを約120℃にセットし、油をひいて温まったら肉を入れ、フタをして焼く！　目安は5～6分

③ひっくり返して、ホットプレートの温度を下げて保温に（60～70℃）

④すぐにフタを閉め、約5分間焼きます

ステーキはレアくらいがちょうどいいので、低温で中まで火を通します

※弱火で焼く方が中に肉汁を保つことができます。

日進ワールドデリカテッセン　東京都港区東麻布2-32-13
https://www.nissin-world-delicatessen.jp/　※オンラインストアもあります。

レシピ②絶品ラムチョップの焼き方

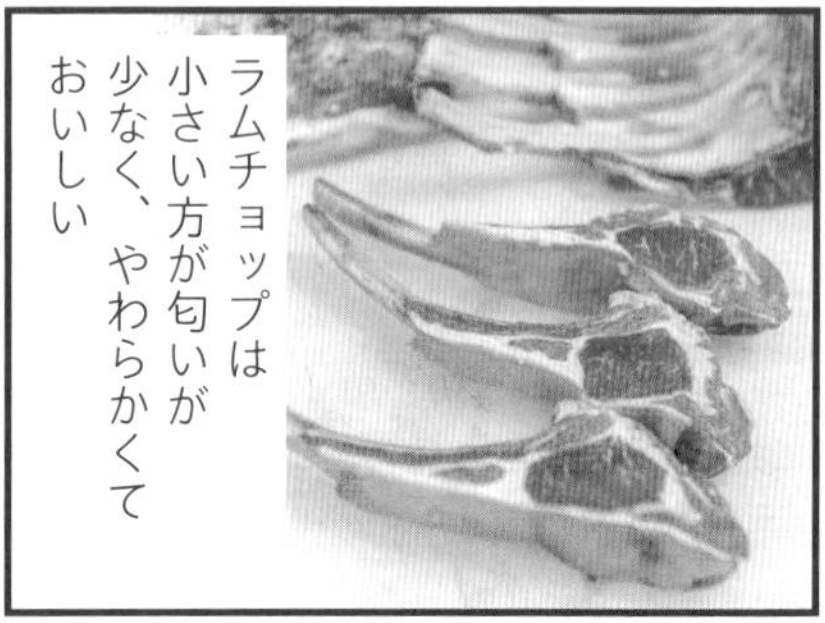
ラムチョップは
小さい方が匂いが
少なく、やわらかくて
おいしい

①岩塩をパラ
パラふります

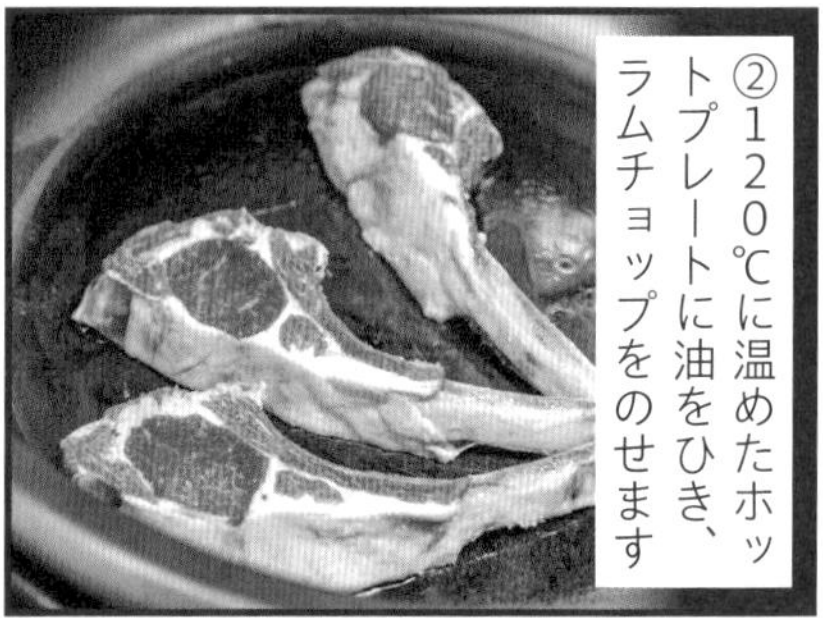
②120℃に温めたホッ
トプレートに油をひき、
ラムチョップをのせます

③フタをして
7~8分焼く

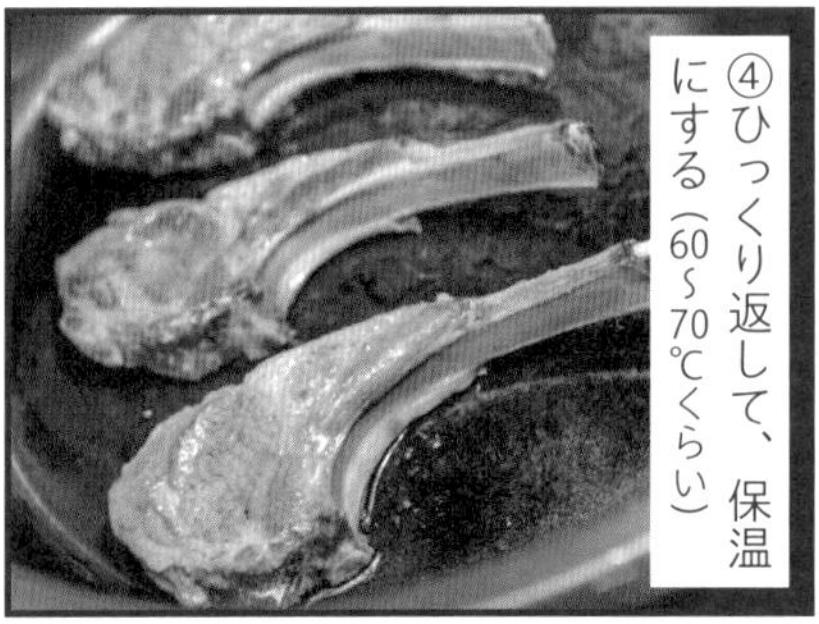
④ひっくり返して、保温
にする（60~70℃くらい）

⑤フタをして
7~8分加熱
HG-135
EasyHome

⑥骨のまわりの赤いとこ
ろを改めて焼きます

⑦焼きあがりました！
ステーキより脂が多い
ので長めに加熱しても
ジューシーです

レシピ③絶品アロスティチーニの焼き方

材料

ラムもも肉
※キューブ状にカット
岩塩　適量
オリーブオイル　適量
イタリア料理用スパイス　適量
※タイム、コリアンダー、オレガノ、クミンなどと塩が入ったもの

①肉と肉の間を離して竹串に刺し岩塩をふります

②ホットプレートを120℃に温めてラム肉串をのせます

③フタをして7分加熱

④ひっくり返し、赤いところはホットプレートに押し付けて追い焼き

⑤保温（60〜70℃くらい）にし、フタをして5分

⑥よい感じに焼きあがりました！

⑦アロスティチーニといえばスパイス
口中に溢れる肉汁とスパイスの香りでワインがガブガブいけてしまいそう

MEMO 日本でも人気のアロスティチーニ（arrosticini）とはイタリアの中南部・アブルッツォ州で生まれた羊の串焼き。紀元前から牧羊が盛んなアペニン山脈がある土地ならではの郷土料理。

レシピ④絶品ラムスネ肉のシチュー

材料（4～5人分）
ラムシャンク（仔羊スネ肉）　1本
※ここでは879g
ローズマリー　4本
玉ねぎ　大1個
ニンジン　1本
マッシュルーム　8個
じゃがいも　3個
水　600cc
塩　適量

煮込み料理、アイルランド風シチューを作ります

伝統的なレシピではなく、手に入りやすい材料でアレンジしてみました

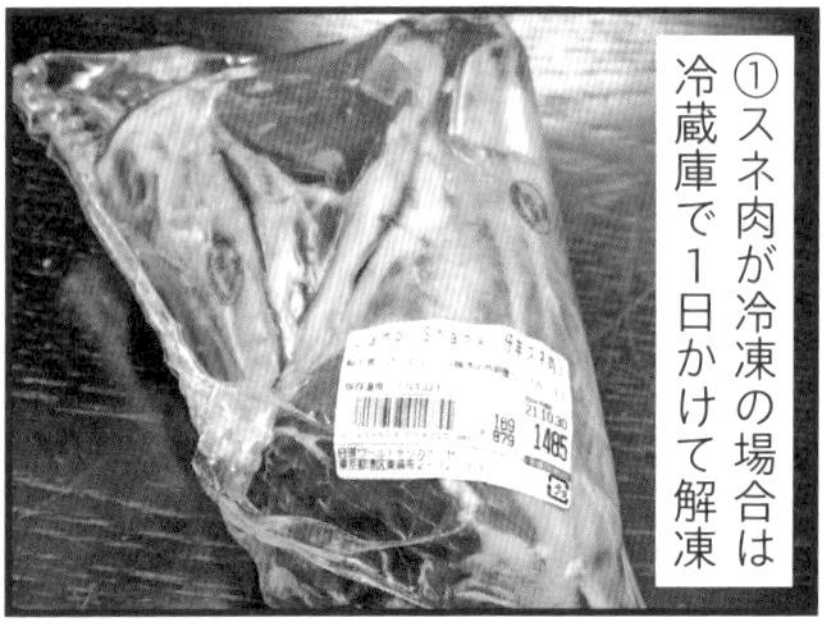

①スネ肉が冷凍の場合は冷蔵庫で1日かけて解凍

②塩をすり込み、1時間ほど置いておきます

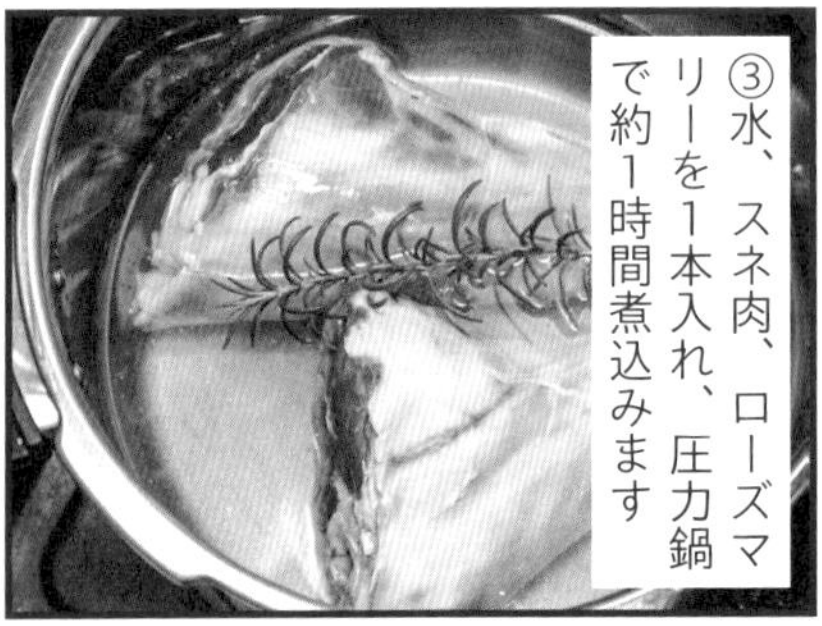

③水、スネ肉、ローズマリーを1本入れ、圧力鍋で約1時間煮込みます

※普通の鍋の場合は、フタをして弱火で4～5時間煮込みます。

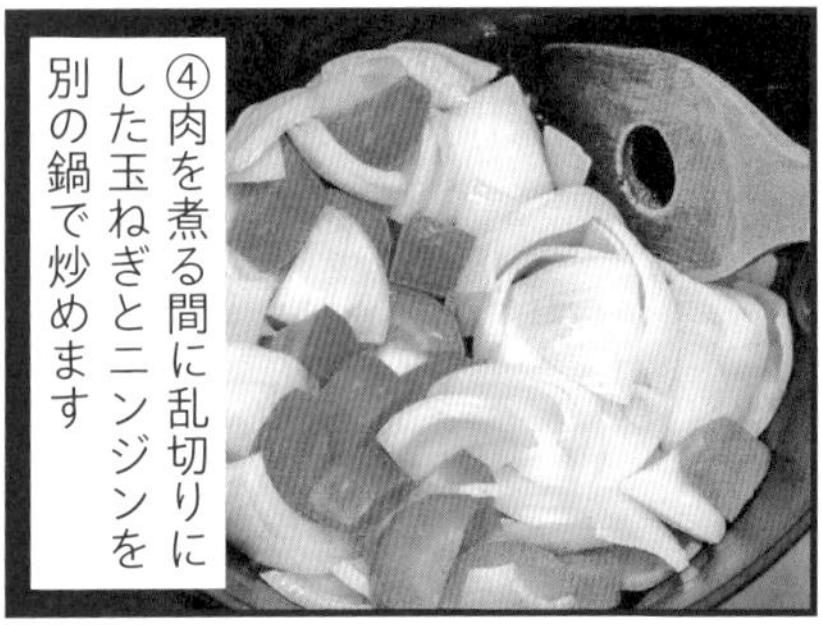

④肉を煮る間に乱切りにした玉ねぎとニンジンを別の鍋で炒めます

⑤④に少量の水とマッシュルーム、ローズマリー3本を加え、煮込む

※ここで入れる水は分量外。

⑥⑤に乱切りしたじゃがいもも加え煮込みます

※じゃがいもは煮過ぎると崩れるので最後に入れましょう。

⑦煮込んだ③のスネ肉はやわらかくなり、スープには骨のエキスも溶け出します
⑧⑦に⑥を全部入れます
鍋に入らなかった水分は残しておきます
⑨さらに煮込みます
圧力鍋ならば10分、普通の鍋の場合は30分くらい
⑩フタを取ったら塩を入れ、味見をしながら味を調《ととの》えます
スネ肉はホロホロと崩れるやわらかさ
骨のまわりにはプルプルとしたコラーゲンもあります
うめぇ
そして、肉と骨のエキスがたっぷり浸み出したスープは絶品です
【結論】ラム肉は焼いても煮てもおいしい!
そして……
どこか特別なごちそう感が出ると思いませんか?

※野菜のやわらかさを確かめながら調整しましょう。

ビールに合うおつまみの作り方を日本燻製協会・代表に教わってきた！

これまで食べた、どのチキン料理よりも旨いッス！

文・撮影　多部留戸元気

『メシ通』記事へ

燻製好きが高じて
日本燻製協会を設立した
佐藤暁子代表に、
**「私が日本で一番
ビールに合うと思う
おつまみ」**
を教えてもらいました

それは、

スモークド・チキン

燻製で抜群においしく変身するので、使うのは高い鶏肉じゃなくても大丈夫

燻製に使うチップはホームセンターで購入可能！　ここでは桜のチップを使います

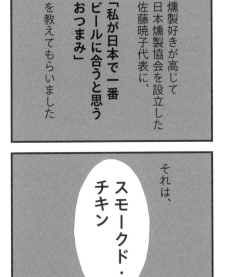

材料 1人分

鶏もも肉　適量
にんにく　適量
ローズマリー　適量
塩・胡椒　適量
※味付けがシンプルなので岩塩を使うなど塩コショウにこだわってもいい
燻製チップ　適量

①キッチンペーパーを敷き、肉の両面にたっぷりと塩・胡椒をふります

②キッチンペーパーで鶏肉の表裏の水分を取り、キッチンペーパーに包んで冷蔵庫に15分置きます

③中華鍋など、丸くて深さのある鍋を用意します

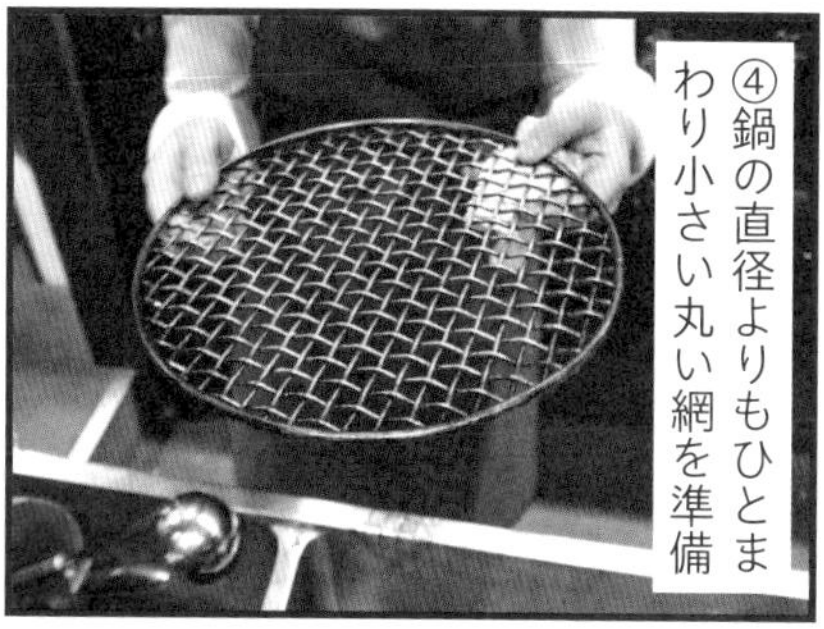
④鍋の直径よりもひとまわり小さい丸い網を準備

⑤コゲつき防止のために鍋の底にアルミホイルを敷き、

⑥片手で軽くつかんだくらいの量のチップを入れます

燻製作りでは
〝充分に素材から
水分を取っておく〟
というプロセスが
すごく大事なんです

MEMO 日本燻製協会　https://www.japan-smoke.com/

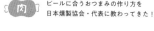

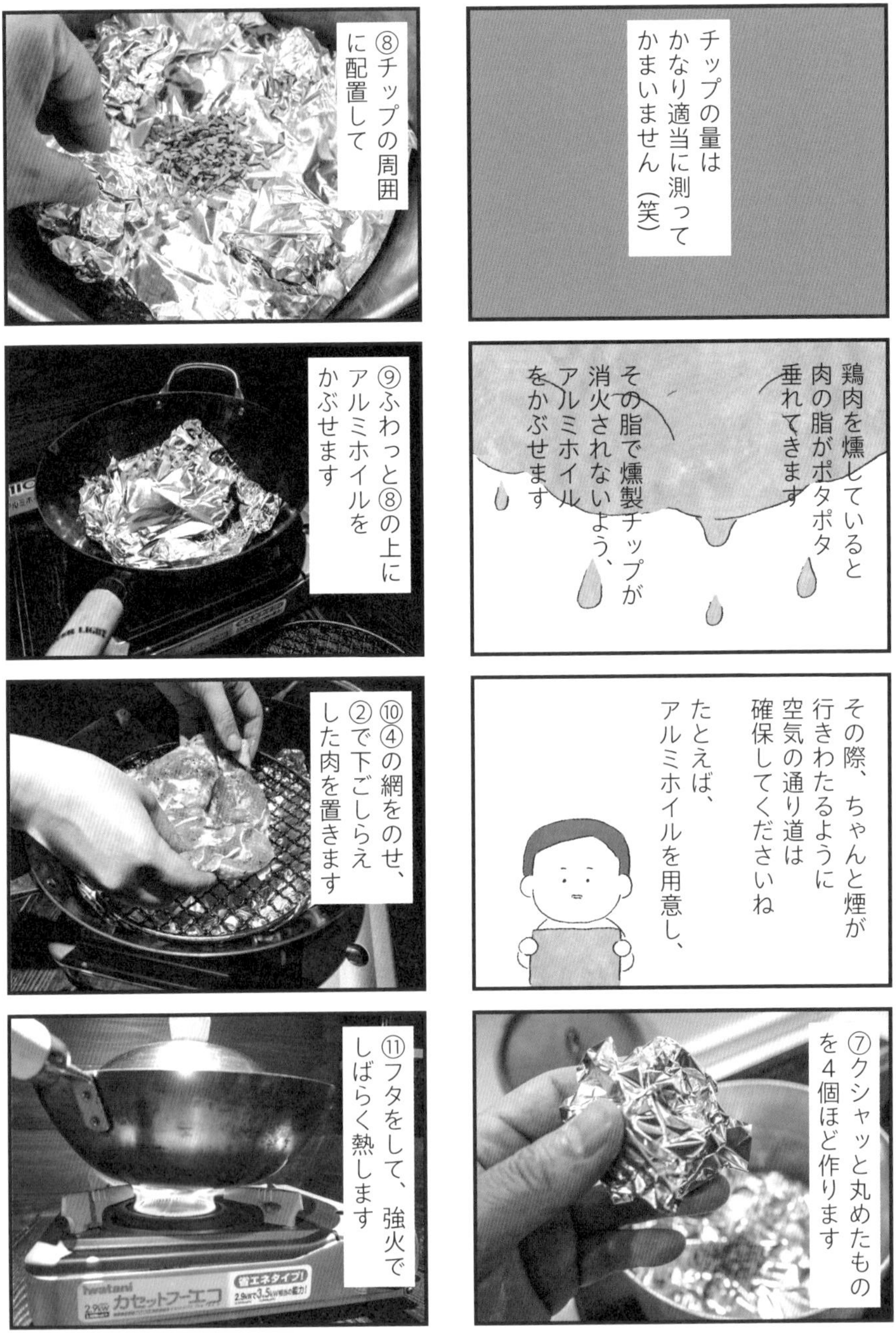
チップの量は
かなり適当に測って
かまいません（笑）
鶏肉を燻していると
肉の脂がポタポタ
垂れてきます
その脂で燻製チップが
消火されないよう、
アルミホイル
をかぶせます
その際、ちゃんと煙が
行きわたるように
空気の通り道は
確保してくださいね
たとえば、
アルミホイルを用意し、
⑦クシャッと丸めたもの
を４個ほど作ります
⑧チップの周囲
に配置して
⑨ふわっと⑧の上に
アルミホイルを
かぶせます
⑩④の網をのせ、
②で下ごしらえ
した肉を置きます
⑪フタをして、強火で
しばらく熱します
Iwatani
カセットフーエコ
省エネタイプ！

※フタは鍋のなかにある程度の空間ができる形状のものがいい。

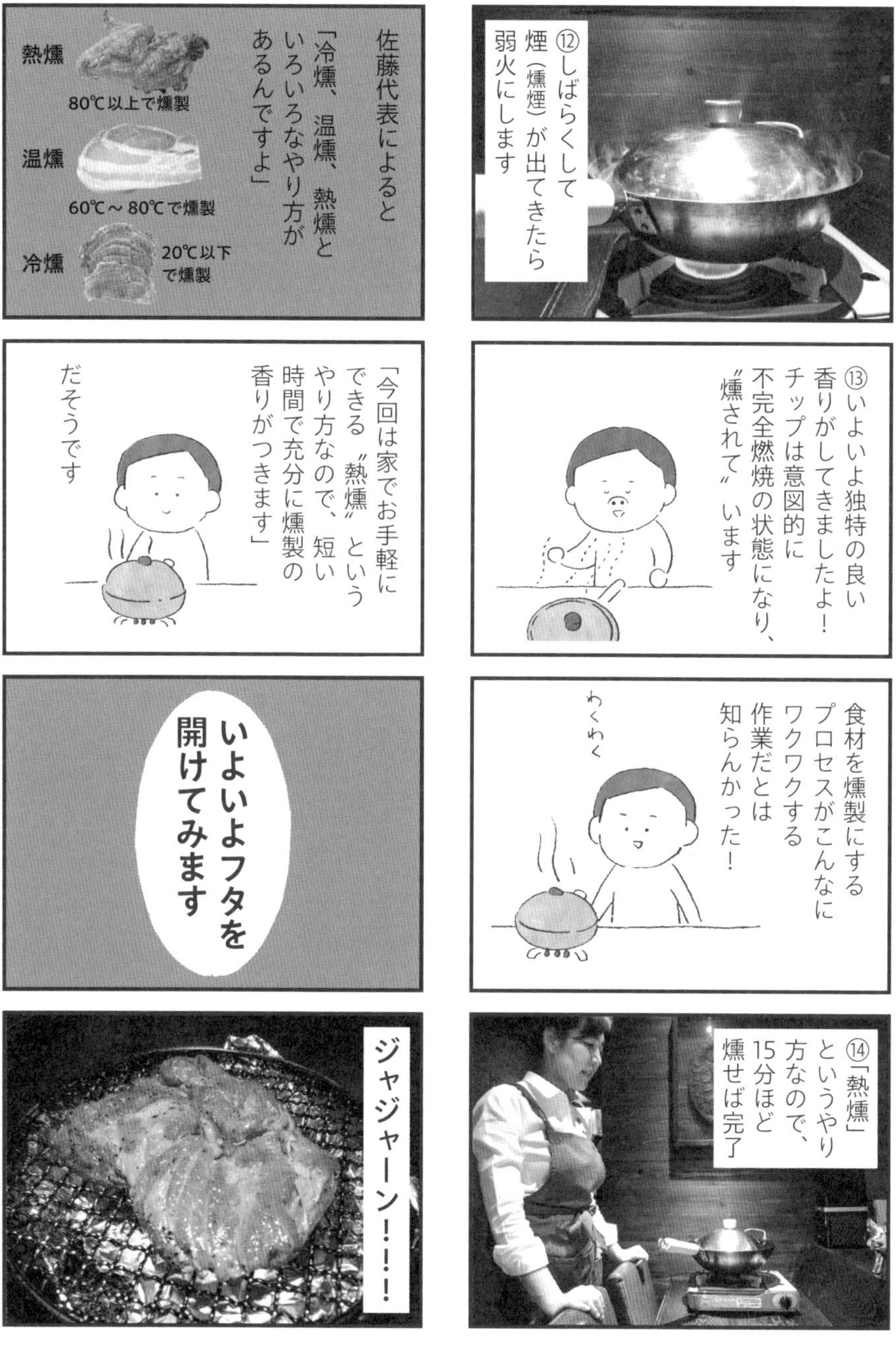
⑫しばらくして
煙（燻煙）が出てきたら
弱火にします
⑬いよいよ独特の良い
香りがしてきましたよ！
チップは意図的に
不完全燃焼の状態になり、
〝燻されて〟います
食材を燻製にする
プロセスがこんなに
ワクワクする
作業だとは
知らんかった！
わくわく
⑭「熱燻」
というやり
方なので、
15分ほど
燻せば完了
佐藤代表によると
「冷燻、温燻、熱燻と
いろいろなやり方が
あるんですよ」
熱燻
80℃以上で燻製
温燻
60℃～80℃で燻製
冷燻
20℃以下
で燻製
「今回は家でお手軽に
できる〝熱燻〟という
やり方なので、短い
時間で充分に燻製の
香りがつきます」
だそうです
いよいよフタを
開けてみます
ジャジャーン！！！

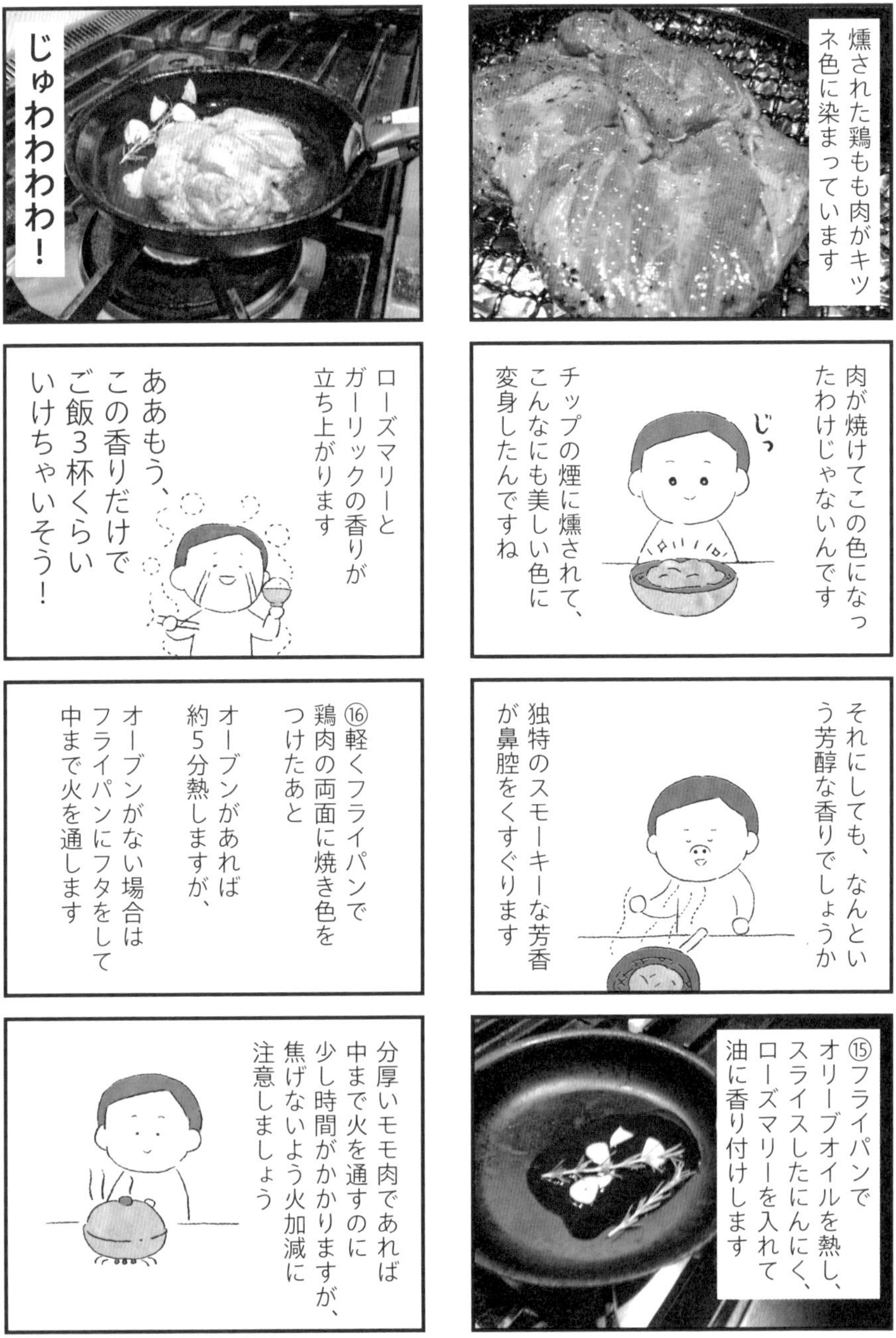

燻された鶏もも肉がキツネ色に染まっています
肉が焼けてこの色になったわけじゃないんです
じっ
チップの煙に燻されて、こんなにも美しい色に変身したんですね
それにしても、なんという芳醇な香りでしょうか
独特のスモーキーな芳香が鼻腔をくすぐります
⑮フライパンでオリーブオイルを熱し、スライスしたにんにく、ローズマリーを入れて油に香り付けします
じゅわわわわ！
ローズマリーとガーリックの香りが立ち上がります
ああもう、この香りだけでご飯3杯くらいいけちゃいそう！
⑯軽くフライパンで鶏肉の両面に焼き色をつけたあと
オーブンがあれば約5分熱しますが、
オーブンがない場合はフライパンにフタをして中まで火を通します
分厚いモモ肉であれば中まで火を通すのに少し時間がかかりますが、焦げないよう火加減に注意しましょう

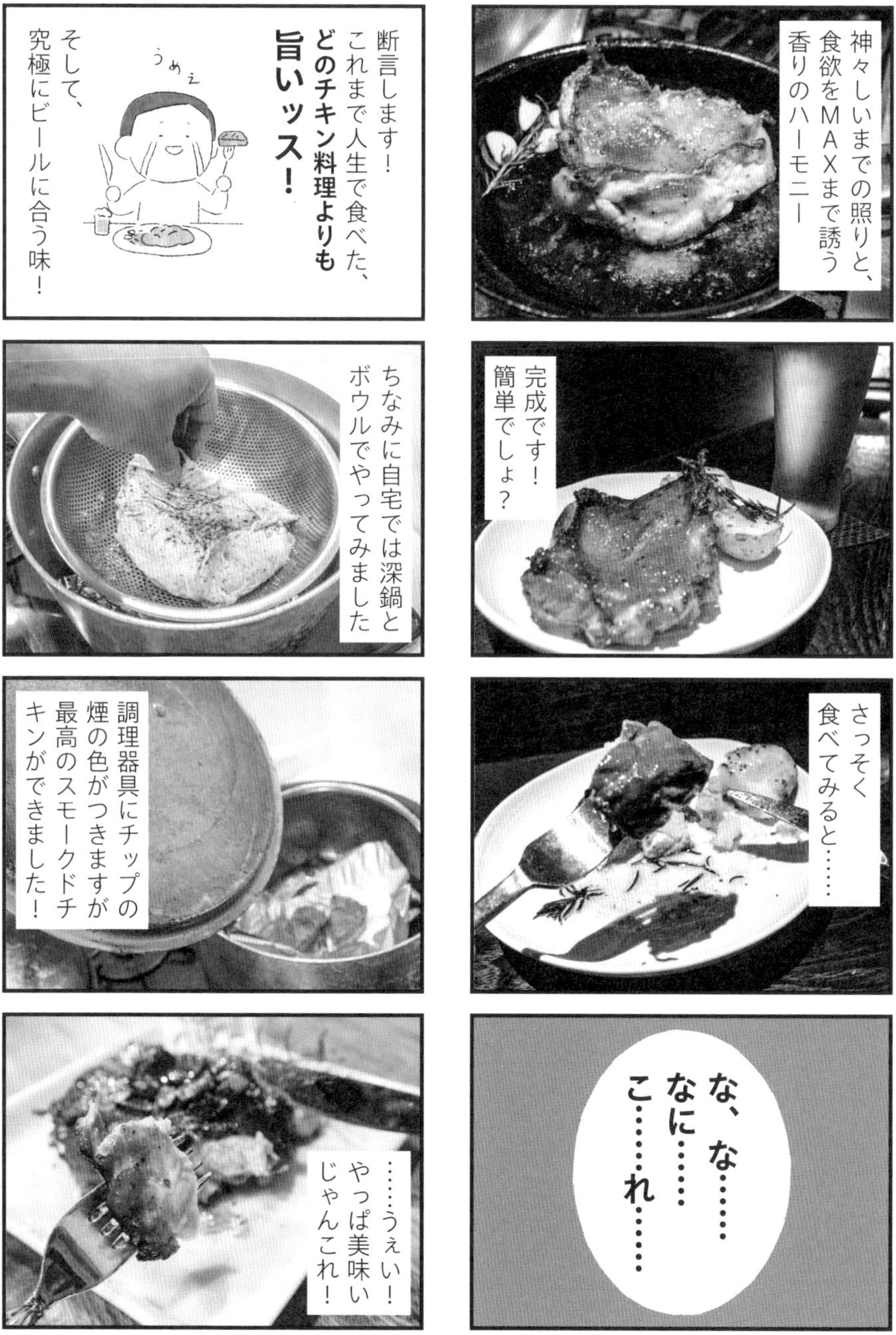
神々しいまでの照りと、
食欲をMAXまで誘う
香りのハーモニー
完成です！
簡単でしょ？
さっそく
食べてみると……
な、な……
なに……
こ……れ……
断言します！
これまで人生で食べた、
どのチキン料理よりも
旨いッス！
うめぇ
そして、
究極にビールに合う味！
ちなみに自宅では深鍋と
ボウルでやってみました
調理器具にチップの
煙の色がつきますが
最高のスモークドチ
キンができました！
……うぇい！
やっぱ美味い
じゃんこれ！

※煙の色は洗えば簡単に落ちます。

「鶏むね肉とブロッコリーのレンチンチーズ蒸し」を食べるのが大正義な3つの理由

筋トレしない人にも大正義

文・撮影　筋肉料理人 藤吉和男
企画協力　レシピブログ

『メシ通』記事へ

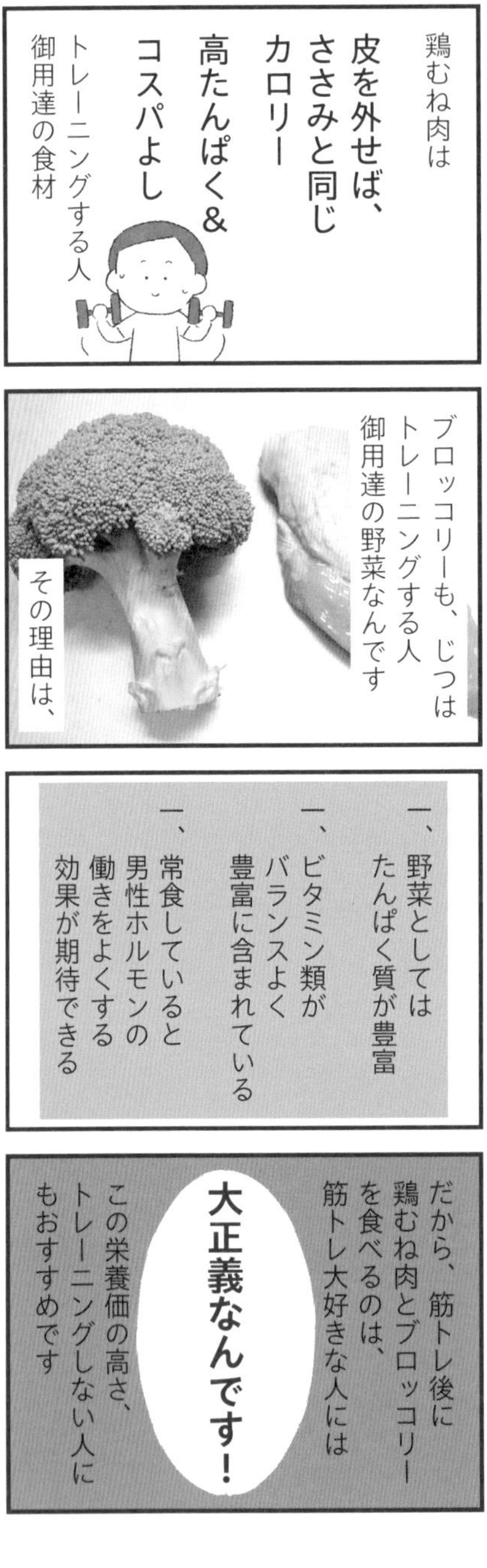
鶏むね肉は
皮を外せば、
ささみと同じ
カロリー
高たんぱく&
コスパよし
トレーニングする人
御用達の食材
ブロッコリーも、じつは
トレーニングする人
御用達の野菜なんです
その理由は、
一、野菜としては
たんぱく質が豊富
一、ビタミン類が
バランスよく
豊富に含まれている
一、常食していると
男性ホルモンの
働きをよくする
効果が期待できる
だから、筋トレ後に
鶏むね肉とブロッコリー
を食べるのは、
筋トレ大好きな人には
大正義なんです!
この栄養価の高さ、
トレーニングしない人に
もおすすめです

レシピ①鶏むね肉とブロッコリーのチーズ蒸し

材料 2人分

鶏むね肉　1枚（300g）
ピザ用チーズ　40g
ブロッコリー　1株
ミニトマト　6～8個

A
片栗粉　大さじ1
醤油　小さじ1
日本酒　大さじ1と½
おろしにんにく　小さじ¼
鶏ガラスープの素　小さじ½

B
ぽん酢醤油　大さじ2
おろしにんにく　小さじ⅓
黒胡椒　好みで
タバスコ　好みで

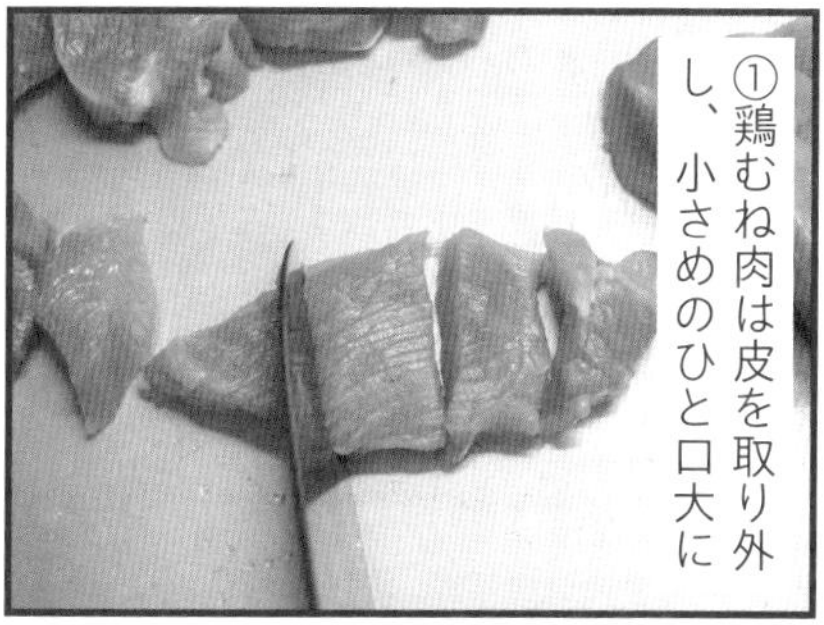

①鶏むね肉は皮を取り外し、小さめのひと口大に

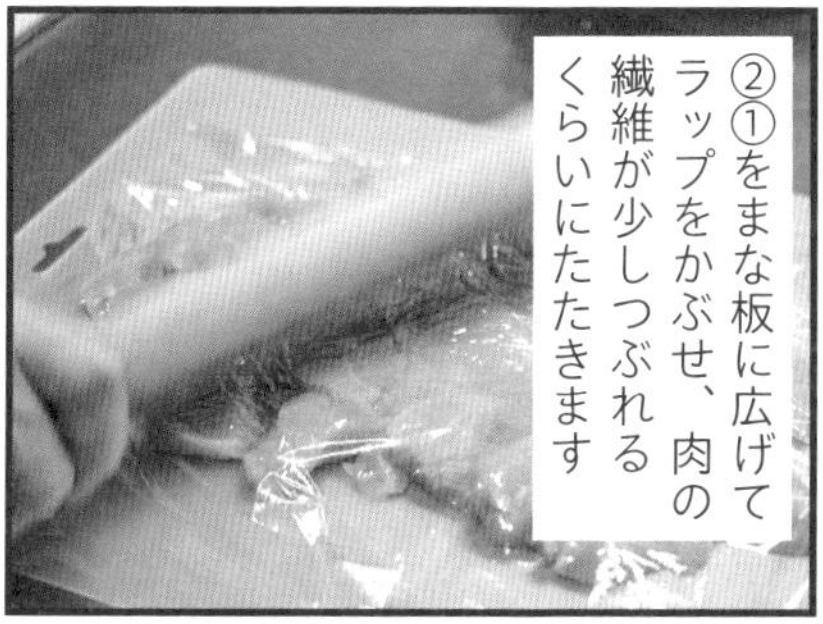

②①をまな板に広げてラップをかぶせ、肉の繊維が少しつぶれるくらいにたたきます

※麺棒や瓶の底などを使います。

③たたいたらポリ袋に入れ**A**を加えて口を閉じ、

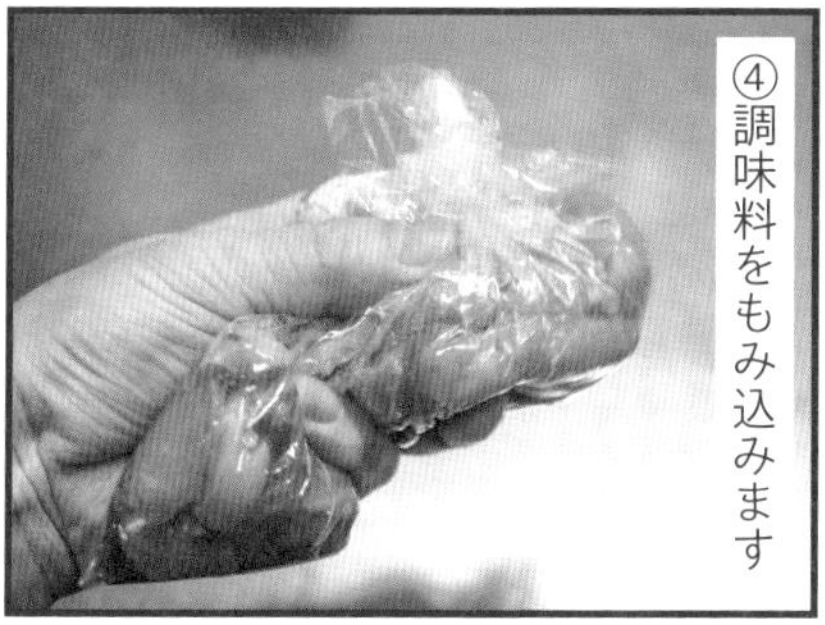

④調味料をもみ込みます

皮はラップして冷凍しておき、量がたまったら、鶏皮ぽん酢など作るのに使いましょう

鶏むね肉を下処理することで、加熱してもやわらか、ジューシーにしあがります

⑤ブロッコリーはまず
小房に切り分けます

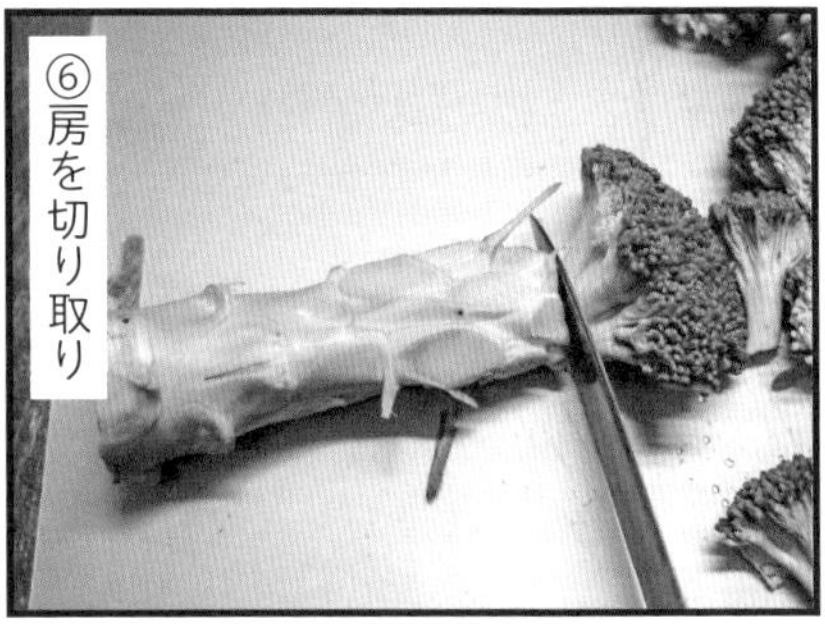
⑥房を切り取り

⑦大きな房はひと口で
食べられるように½、
¼に切ります

⑧茎《くき》が残ります

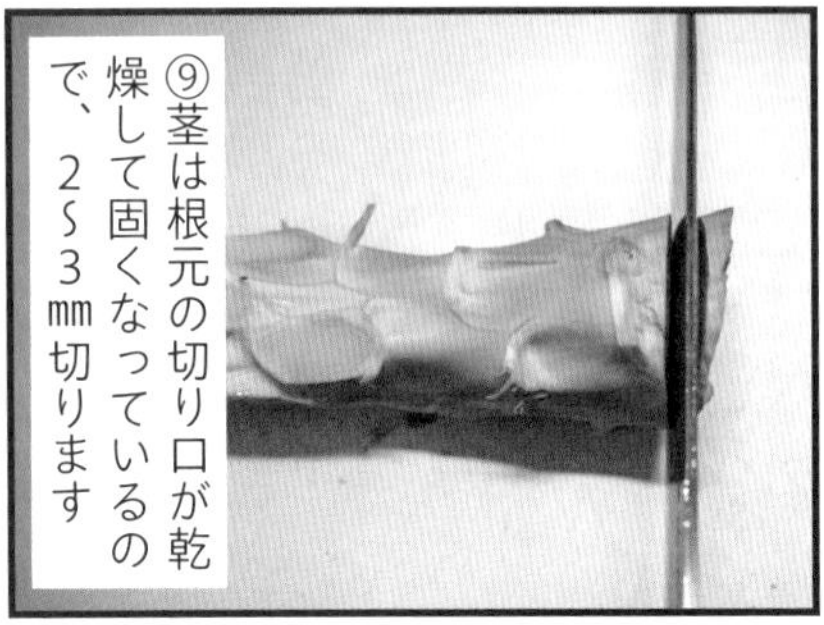
⑨茎は根元の切り口が乾
燥して固くなっているの
で、2～3㎜切ります

⑩切り口を見ると、
皮の内側に筋が見えます
この筋までが固いので、
筋を切り取ります

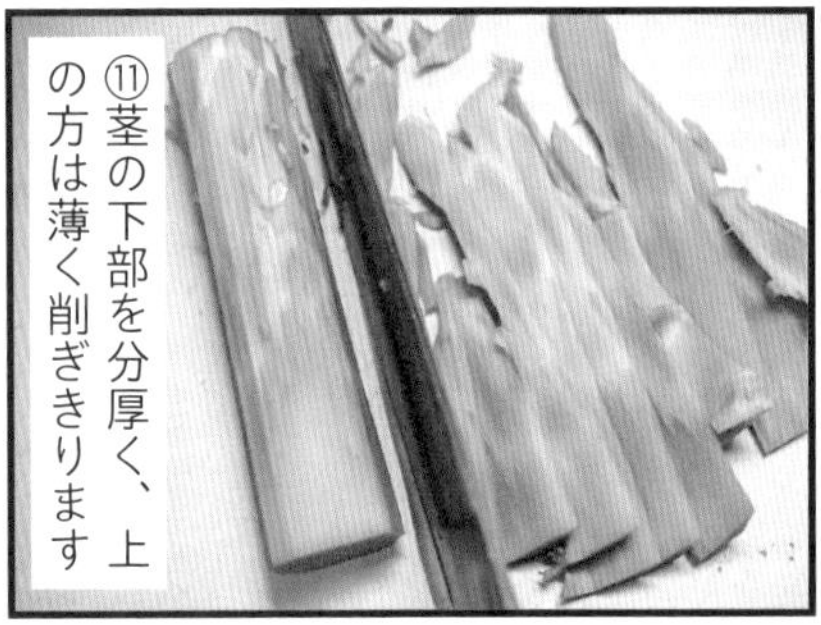
⑪茎の下部を分厚く、上
の方は薄く削ぎきります

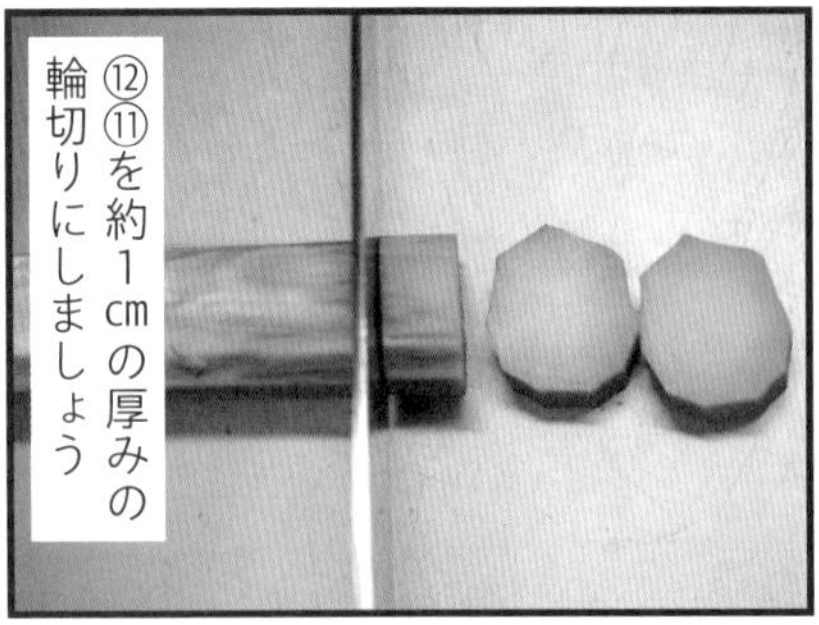
⑫⑪を約1㎝の厚みの
輪切りにしましょう

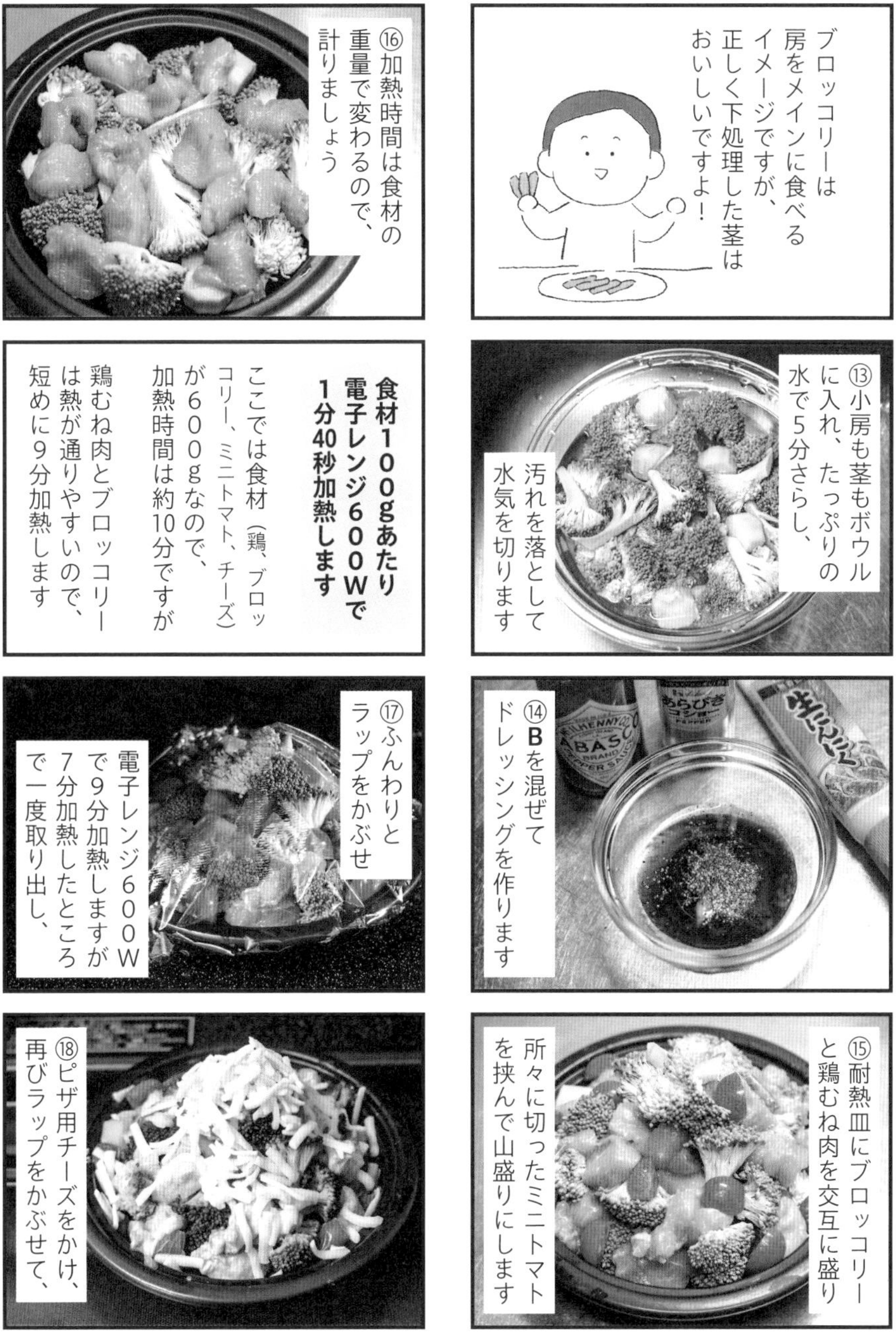
ブロッコリーは
房をメインに食べる
イメージですが、
正しく下処理した茎は
おいしいですよ！
⑬小房も茎もボウル
に入れ、たっぷりの
水で5分さらし、
汚れを落として
水気を切ります
⑭Bを混ぜて
ドレッシングを作ります
⑮耐熱皿にブロッコリー
と鶏むね肉を交互に盛り
所々に切ったミニトマト
を挟んで山盛りにします
⑯加熱時間は食材の
重量で変わるので、
計りましょう
食材100gあたり
電子レンジ600Wで
1分40秒加熱します
ここでは食材（鶏、ブロッコリー、ミニトマト、チーズ）
が600gなので、
加熱時間は約10分ですが
鶏むね肉とブロッコリー
は熱が通りやすいので、
短めに9分加熱します
⑰ふんわりと
ラップをかぶせ
電子レンジ600W
で9分加熱しますが
7分加熱したところ
で一度取り出し、
⑱ピザ用チーズをかけ、
再びラップをかぶせて、

⑲残りの2分
加熱しましょう
できあがり!
⑭のドレッシングを好み
でかけていただきます
下処理した鶏むね肉は
やわらかジューシーで
薄味が付いており、
そのまま食べても
おいしい!
うめぇ
やわらかく蒸し上がった
ブロッコリーと、
とろとろチーズと
一緒に食べると、
よりおいしく
食べられます
レシピでは2人分に
していますが、
私は筋トレ後にこれ全部、
1人で食べちゃう
くらいです
ブロッコリーは大量の水
でゆでて料理すると
水溶性のビタミン、
ミネラルが流れ出て
しまいますが、
じっ
ここで紹介したように
レンジ蒸しにすれば
大丈夫
同じ食材の組み合わせで
私が好きなもう1品、
「鶏むね肉と
ブロッコリーの
ヨーグルトサラダ」
をご紹介します

レシピ②鶏むね肉とブロッコリーのヨーグルトサラダ

材料 2人分

鶏むね肉　1枚（300g）
ブロッコリー　1株
ミニトマト　6〜8個

A
ヨーグルト　大さじ4
味噌　大さじ1
マヨネーズ　大さじ1
砂糖　小さじ1
おろしにんにく　小さじ⅓
黒胡椒　適宜

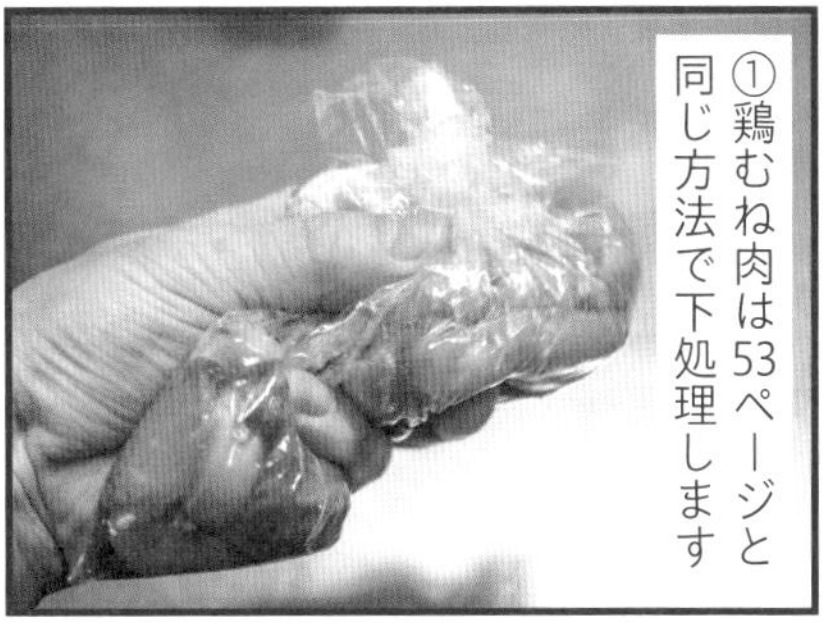

①鶏むね肉は53ページと同じ方法で下処理します

②ブロッコリーも54ページと同じ方法で下処理

③大きめの耐熱皿に①と②を広げてのせ、

④ラップをふわっとかけて電子レンジで加熱

加熱時間は、

食材100gあたり電子レンジ600Wで1分40秒加熱します

ここでは食材（鶏、ブロッコリー）が500gなので、加熱時間を計算すると約8分20秒ですが鶏むね肉とブロッコリーは熱が通りやすいので、少し短めに約7分30秒加熱します

⑤加熱が終わったら冷まします

⑥冷ます間にAを混ぜて

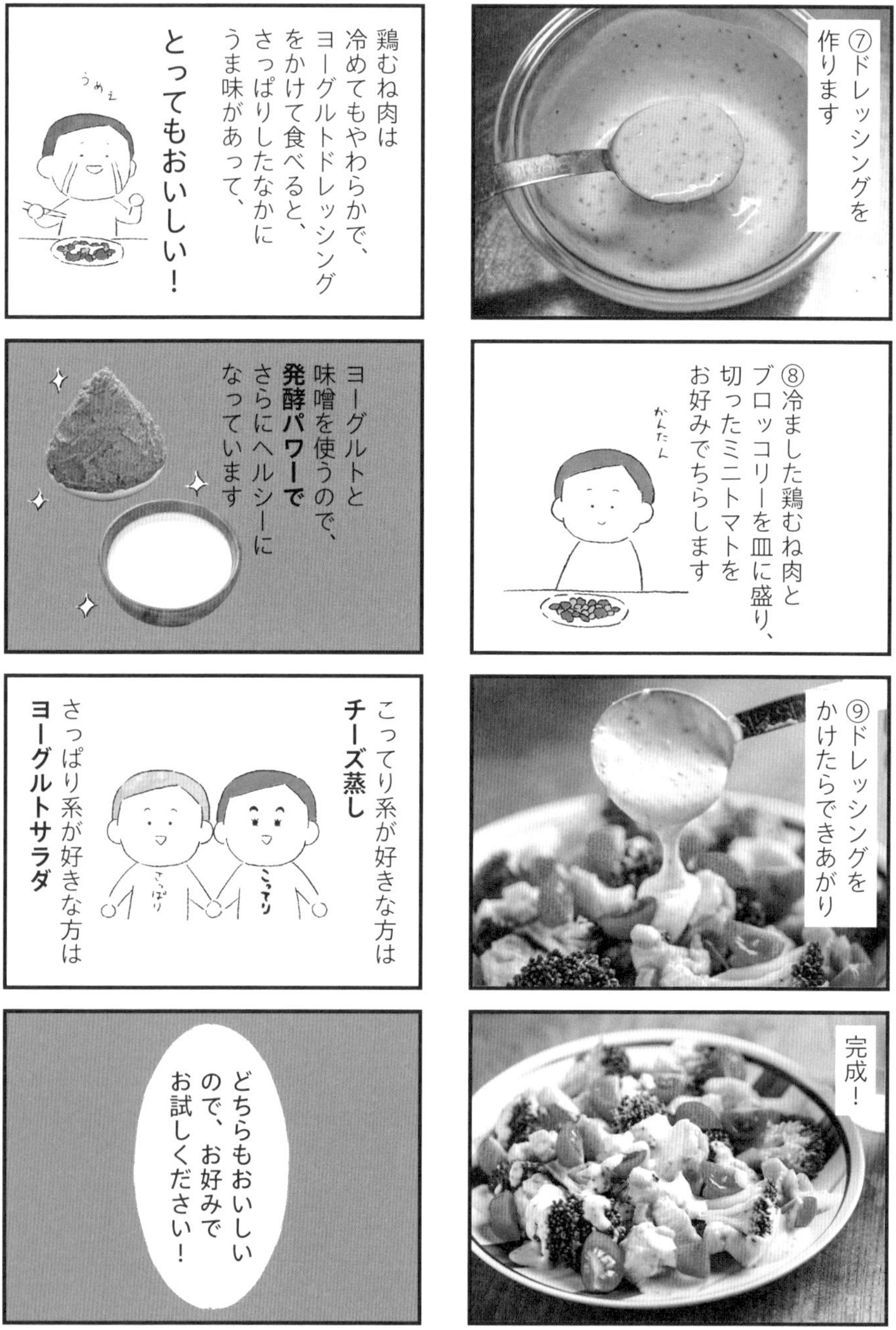
⑦ドレッシングを作ります
⑧冷ました鶏むね肉とブロッコリーを皿に盛り、切ったミニトマトをお好みでちらします
かんたん
⑨ドレッシングをかけたらできあがり
完成！
鶏むね肉は冷めてもやわらかで、ヨーグルトドレッシングをかけて食べると、さっぱりしたなかにうま味があって、
とってもおいしい！
うめぇ
ヨーグルトと味噌を使うので、さらに**発酵パワーで**ヘルシーになっています
こってり系が好きな方は**チーズ蒸し**
さっぱり系が好きな方は**ヨーグルトサラダ**
こってり
さっぱり
どちらもおいしいので、お好みでお試しください！

第2章 麺・飯編

カルボナーラのチート技で、そろそろ「釜玉スパゲティ」から卒業したい
牛乳も生クリームも使わない乳化カルボナーラ

文・撮影　鷲谷憲樹

『メシ通』記事へ

パスタ作りにおける
チート技「乳化」を
最近知りました
これで、
カルボナーラ論争の的に
なりがちなテーゼ
「牛乳か、生クリームか」
が無効化され、
世界が平和になります
そもそも
「パスタに
オリーブオイルを絡める」
という考え方が
実は半端だったのです
調理過程の「乳化」で
パスタが劇的に
おいしくなるのでした

乳化で劇的においしいカルボナーラ

材料 1人分

パスタ　1束（約100g）
塩　大さじ　1と½
※2%の塩水でパスタをゆでる
粉チーズ　50g
※パルミジャーノ・レッジャーノやペコリーノ・ロマーノでも可
卵　1個
パンチェッタ　適量
※ベーコン、グアンチャーレでも可
オリーブオイル　適量
黒胡椒　少々

①パスタをゆでる
お湯を沸かしはじめてスタート
塩は入れておきます

②溶いた卵と粉チーズをガバーと混ぜ合わせます
ここでは簡単にお安く自作することを考え、いわゆる粉チーズでいきます

※こだわる人はパルミジャーノ・レッジャーノやペコリーノ・ロマーノを使いましょう。

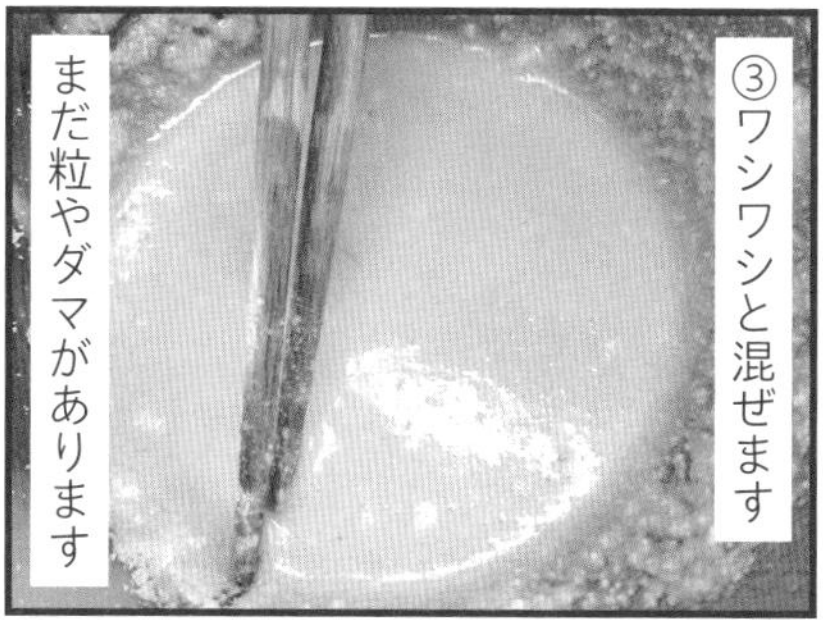
③ワシワシと混ぜます
まだ粒やダマがあります

④パスタをゆでるお湯を沸かしているので、そこで湯煎《ゆせん》して溶かします

⑤卵と粉チーズがとろっと混ざり、ダマが消えてカスタード状になります

ここ大事

湯煎することを考えて、ボウルはステンレスのものをおすすめします

⑥パスタをゆではじめます

麺ものをゆでる際に、私は底面積の広い炒め鍋を愛用しております
ガスの火力を使い切ることができるからです
底面積が広い
深型

⑦パスタをゆでている間に、パンチェッタを炒めます

油を出すのが目的なので火力弱めでいきます

燻製の風味が気にならない人はベーコンを使ってもかまいません

塩漬けした豚肉がパンチェッタ

パンチェッタを燻製にしたものがベーコンです

さらにこだわる方はグアンチャーレを使ってもよいでしょう

※パンチェッタは豚バラ肉、グアンチャーレは豚ほほ肉（希少部位）。食材屋などで購入可能。

⑧パンチェッタの油が出てきたら、オリーブオイルを足してもかまいません

⑨パスタのゆで汁をお玉で持ってきて

⑩かき混ぜると油とゆで汁が乳化し、ちょっとしたスープのようになりました

これがパスタソースとして働くのです

ゆで汁とパンチェッタの塩味で味付けするので、これ以上の調味料はいらんのです

⑪ゆで上がったパスタは、ザルで水を切ったりせずに引き上げて、そのままフライパンに移し、

パンチェッタ（＆パスタソース）と混ぜます

このとき火を止めてください

パスタとパンチェッタを混ぜる過程で、ゆで汁と油が乳化されるのです

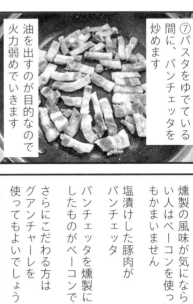

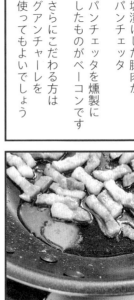

⑫カスタード状にしておいた卵と粉チーズのソースを追加してよく絡めます
⑬黒胡椒を思いっきりガリガリして完成です
こーれーがー、うまい！
油の乳化と粉チーズたっぷりメソッドでこしらえたカルボナーラは、
いままで牛乳を使って作っていたカルボナーラとは格が違います
ヤバい
乳製品のコクがすごいのは、牛乳や生クリームなどの水っぽいミルキー素材を使ってないからだと思います
乳化されたパスタソースにはパンチェッタのダシが効いており、
卵と粉チーズがカスタード状になった濃厚チーズソースがミチっと絡んで、完璧なしあがりです
マズくなることをひとつもしていないので、
必ずおいしい
うめぇ
これに比べたら、私がいままで卵と牛乳で作ってたカルボナーラなんか「釜玉スパゲティ」です
こだわるポイントを完全に見誤っていたのです
反省

乳化カルボナーラのおいしさのポイント

乳化とは
「分離しているふたつの
液体をエマルションに
すること」とのこと

エマルション（emulsion）
とは「乳剤・乳濁液」の
意味で、混じり合わない
2種の液体のひとつが、
もうひとつの液体中に
微粒子状で分散して
いるもの

たとえばマヨネーズや牛乳、
化粧品の乳液などが代表的

【実験】
乳化とは

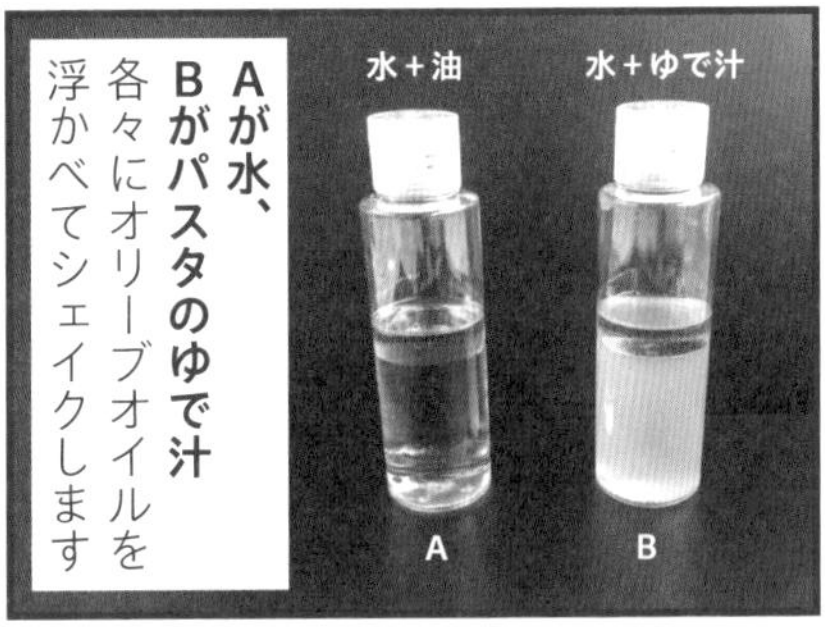
Aが水、
Bがパスタのゆで汁
各々にオリーブオイルを
浮かべてシェイクします
水＋油
水＋ゆで汁
A
B

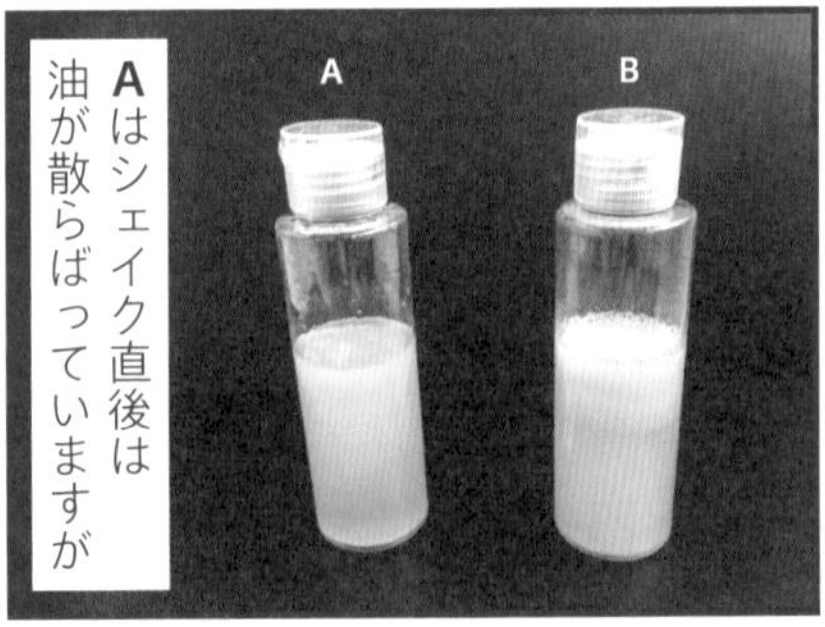
Aはシェイク直後は
油が散らばっていますが
A
B

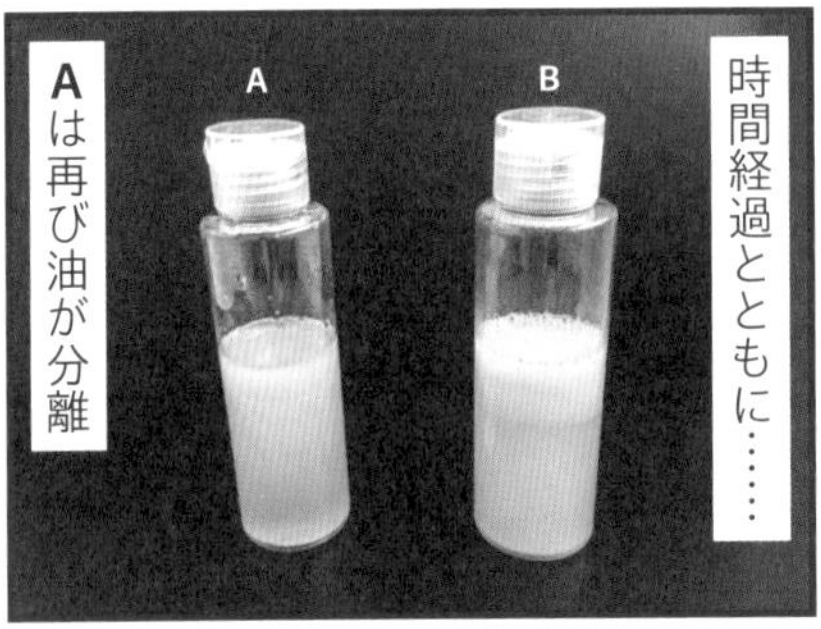
時間経過とともに……
Aは再び油が分離
A
B

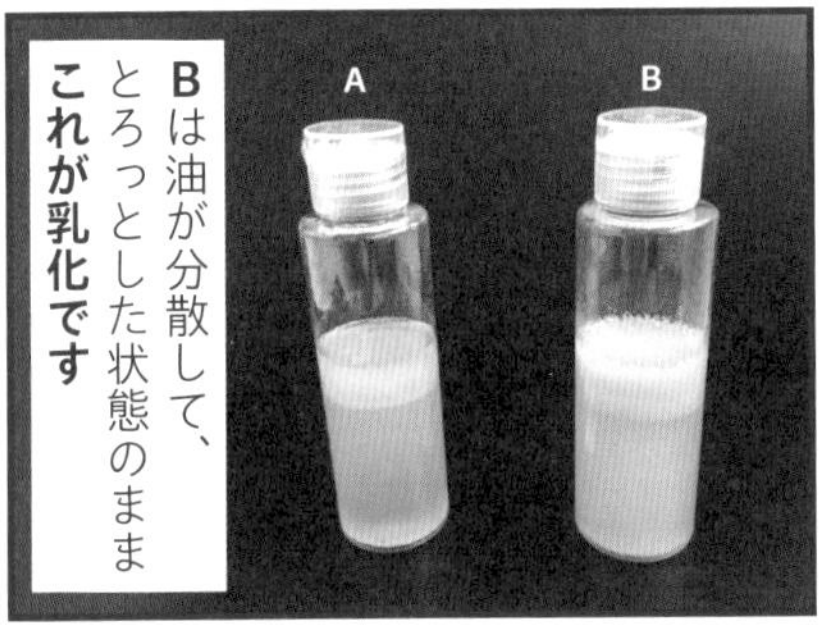
Bは油が分散して、
とろっとした状態のまま
これが乳化です
A
B

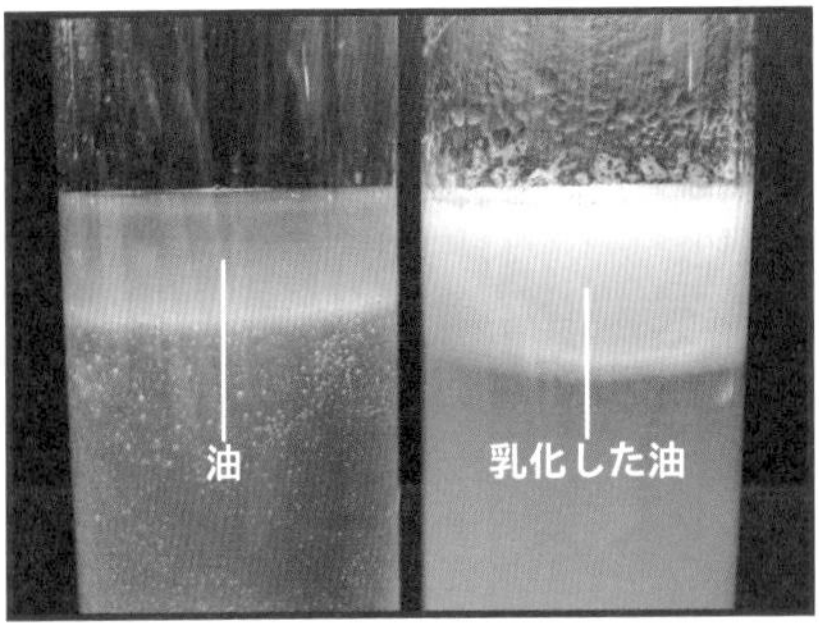
油
乳化した油

ゆで汁と油が
「エマルション」に
なるのです
パスタのゆで汁には
小麦のたんぱく質が
溶け出ていて、
これが「乳化」を
進めるというわけです

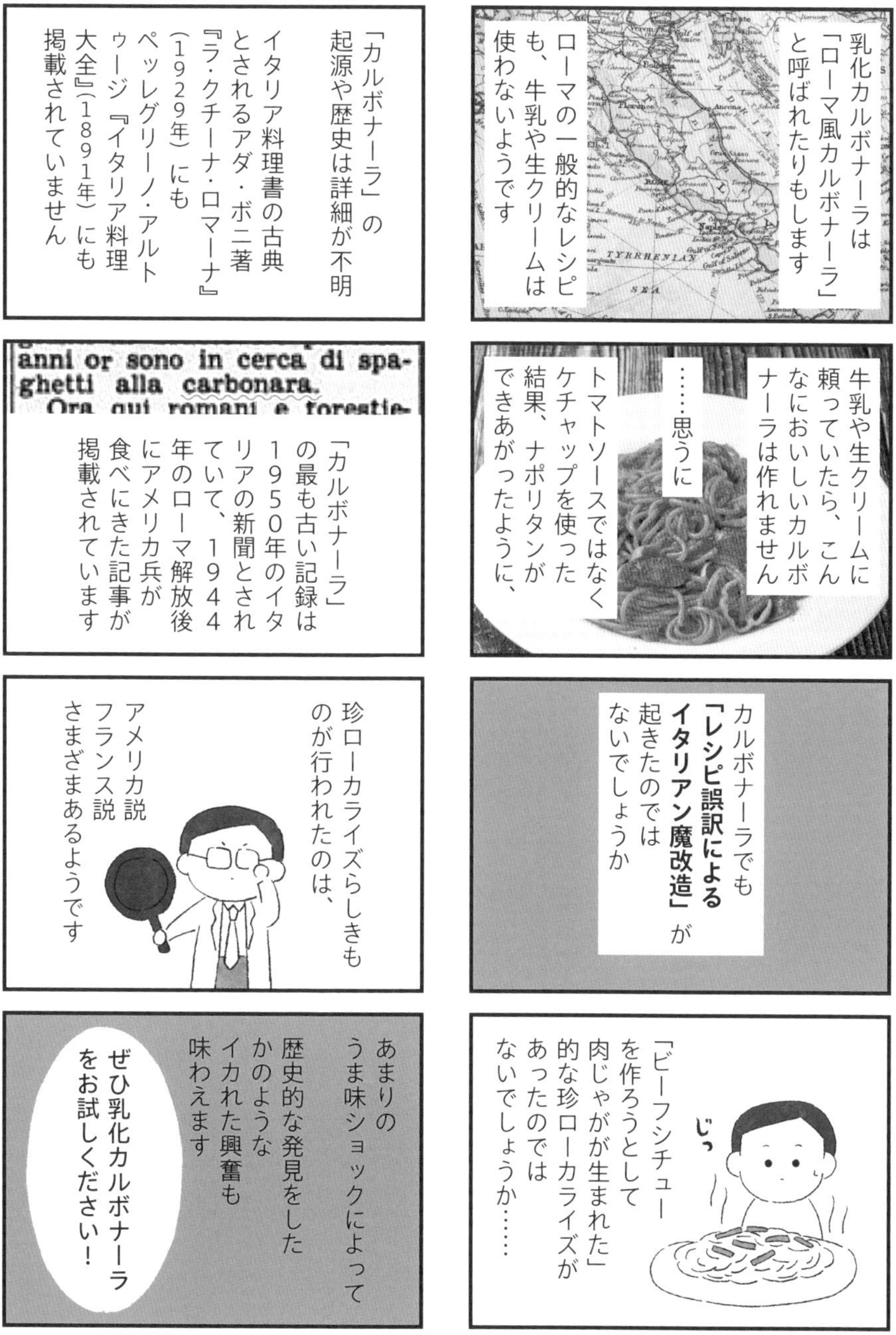
乳化カルボナーラは「ローマ風カルボナーラ」と呼ばれたりもします
ローマの一般的なレシピも、牛乳や生クリームは使わないようです
牛乳や生クリームに頼っていたら、こんなにおいしいカルボナーラは作れません
……思うに
トマトソースではなくケチャップを使った結果、ナポリタンができあがったように、
カルボナーラでも「レシピ誤訳によるイタリアン魔改造」が起きたのではないでしょうか
「ビーフシチューを作ろうとして肉じゃがが生まれた」的な珍ローカライズがあったのではないでしょうか……
じっ
「カルボナーラ」の起源や歴史は詳細が不明
イタリア料理書の古典とされるアダ・ボニ著『ラ・クチーナ・ロマーナ』（1929年）にもペッレグリーノ・アルトゥージ『イタリア料理大全』（1891年）にも掲載されていません
anni or sono in cerca di spaghetti alla carbonara. Ora qui romani e forestie-
「カルボナーラ」の最も古い記録は1950年のイタリアの新聞とされていて、1944年のローマ解放後にアメリカ兵が食べにきた記事が掲載されています
珍ローカライズらしきものが行われたのは、
アメリカ説 フランス説 さまざまあるようです
あまりのうま味ショックによって歴史的な発見をしたかのようなイカれた興奮も味わえます
ぜひ乳化カルボナーラをお試しください！

※「La Stampa」1950年7月26日の記事「Gli osti in gara」。

「牛肉麺」の作り方を台湾料理のプロに教わったら味が限界を超えた
ママの料理の腕前が神がかっているあの店の味

文・撮影　椿あきら

『メシ通』記事へ

本場の味が楽しめる
台湾家庭料理店「Kanoka」
KanoKa
Taiwan Kitchen

女性グループだって
思わずがっつり食べすぎ、
しかしお店を出るときは
どの女性も
「食べすぎた、
だが悔いはない」
という、すがすがしい顔
をされています
悔いはない…

ここではKanokaが秋冬
限定で提供している
「牛肉麺《ニョーローメン》」のレシピを
ママから直々に教えて
いただきました
牛肉麺は、台湾では屋台
も多く、家庭でもよく
作られるソウルフード

醤油味ベースのスープに
煮込んだ牛肉の出汁《だし》と
トマトのほのかな酸味が
加わると、
「うおっ、なんじゃこりゃ」
というレベルの「うまい
麺」が生まれるのです
それにもかかわらず
作り方はシンプルの極み
「なぜこの味になる？」
もはやイリュージョン

材料

スープ（4〜5人前）

牛バラブロック肉　500g
※牛すじ肉やシチュー用の牛肉なども可

トマト　大2個

A
- 生姜　大1片（約50g）
- 長ネギ　大1本（約200g）
- 八角　2個（約10g）
- にんにく　2片（約50g）

醤油　80cc

豆板醤　大さじ1〜2
※ピリ辛好きは大2に

紹興酒　15cc

水　1000cc
※最初に投入
600cc
※煮込んでから追加

中太のうどん（生麺）
1人前100〜150g
※好みの量で

（以下は好みで）
小松菜　適量
パクチー　適量
高菜の漬物　適量

①牛バラブロック肉は煮込むので、

②2㎝幅に切ります

③にんにくはカットせず薄皮をむき、生姜は皮をむき、約5㎜に輪切り

※臭み取り用なので、ざっくりでOKです。

④トマトはへたをとり、6等分にくし形切り
長ネギは3等分に切ってタコひもで縛っておきます

※長ネギを縛る手間を省くと煮込んだときにばらけ、スープが小汚い感じなってしまいます。

⑤八角はスーパーマーケットに小売りしているので絶対に入れてください

⑥小松菜はさっと下ゆでし、飾り用にざく切りに

※小松菜は色味を華やかにする目的で使うので、チンゲンサイなどでもOK。パクチーが苦手な人は小ネギで代用を。

MEMO
高菜の漬物はマストではありませんが、台湾では愛されている味です。現地でもいろいろな料理にちょいちょい添えられています。

⑦そして絶対に！紹興酒を！使いましょう！

※豆板醤はお好みで増減してください。辛いのが苦手でも、少しでも加えたほうが味に深みが出ておすすめです。

⑧本場台湾の麺は中太の生うどんが一番近いです

※生麺がないときは、冷凍うどんやパックうどんじゃなくて乾麺のうどんを使うのがおすすめ。

⑨大きめの鍋に水1000ccを入れて中火にかけ沸騰したら肉を入れ、煮立ったらアクを取ります

⑩ふんわり丸めたアルミホイルを鍋のなかで行き来させると、アルミホイルにアクがくっつきます

⑪Aを入れ、再び沸騰したら紹興酒を入れてさらに煮込みます

⑫トマトを投入し、フタをしてとろ火で60分煮込みます

※トマトは煮崩れて形がなくなるので、仕上がりにトマトの食感が欲しい場合は、分量外のトマトを用意します。

⑬水分が蒸発していくので補充用の水600ccを適宜追加してください

⑭牛肉がほろほろにやわらかくなればOK
スープの味見をして好みの味に整え、八角、長ネギ、トマトの皮を取り除きましょう

※トマトの皮はそのままでもいいですが、取ったほうが口当たりがいいでしょう。

⑮うどんをゆでます
スープに投入せず別の鍋でゆでましょう
さらにママから重大発言
スープを加えてできあがり!!
「作ってすぐに食べるんじゃなくてひと晩置くと、味が落ち着いてもっとおいしくなるの」
なんですと！
尋常じゃないおいしさです
翌日、うどんをゆでて、待望の牛肉麺の完成です
なぜこれほどまでに深みのある、飽《あ》きの来ない、慈愛に満ちた、とんでもないおいしさになるのでしょう
うめぇ
スープを大量に作って冷凍保存しておけば、麺をゆでるだけで、いつでも牛肉麺が味わえます。麺抜きのスープとして味わってもおいしいし、きっと雑炊にしてもかなりのクオリティのはず。そこに卵を落としたら、きっとまた新しい美味との出会いがあることでしょう。

MEMO
Taiwan Kitchen Kanoka　東京都北区中里1-4-4　横川ビルディング1F
公式Instagram アカウント：https://www.instagram.com/taiwankitchenkanoka/

「旨辛壺ニラ」を自作したら、そうめんが無限に食べられた

切って、混ぜて、冷蔵庫で1時間寝かすだけ

文・撮影　筋肉料理人　藤吉和男
企画協力　レシピブログ

『メシ通』記事へ

ラーメン屋さんなどに
よくある

「壺ニラ」

を自作して、そうめんに
ごま油をまぶした
「油そうめん」に
トッピング

壺ニラは、
ニラの一夜漬け
みたいなもの

思い切って
辛味を効かせた旨ダレに、
ニラを漬け込んで
作ります

ニラ独特の風味と、タレ
の旨辛がクセになる味

うめぇ

そうめんやラーメンの
トッピングだけでなく、
うどんや蕎麦、ご飯、
冷奴にのっけるのも
おすすめです

レシピ①筋肉料理人の「旨辛壺ニラ」

材料 2〜3人分

ニラ　1束

A
- 豆板醤　小さじ2
- めんつゆ（3倍濃縮）　大さじ1
- 白いりごま　大さじ2
- おろしにんにく　小さじ1
- 鶏ガラスープの素　小さじ1
- ごま油　小さじ1

①ニラは4〜5㎝に切ります

②ポリ袋に①のニラを入れ、Aを加えて口を閉じます

③手で軽くもんで調味料を混ぜ、冷蔵庫に入れて1時間漬けたらできあがりです

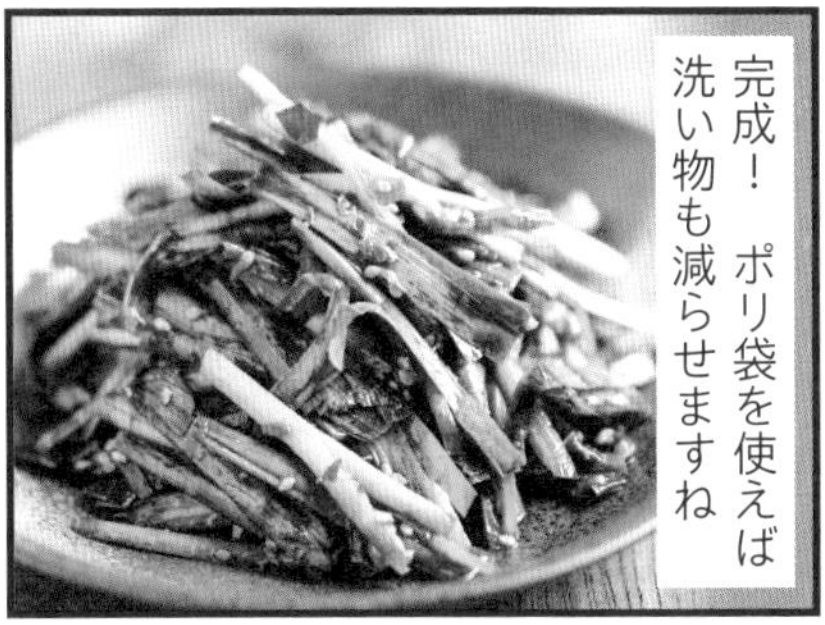
完成！　ポリ袋を使えば洗い物も減らせますね

ニラの風味とタレの旨辛激辛が強烈で後引く味

これをつまみに飲めば、ビールが無限にイケそう
うめぇ
食べ切れない分は、ニオイがもれない密封容器に入れ、冷蔵庫へ！　翌日には食べ切りましょう

この壺ニラを「油そうめん」と合わせてみましょう

レシピ②筋肉料理人の「旨辛壺ニラ油そうめん」

材料 1人分

そうめん　2束
旨辛壺ニラ　お好みの量
卵黄　1個
ごま油　大さじ½
醬油　適宜

そうめんはのびると
おいしくないので
固めにゆでがちですが、
規定通りの時間でゆでる
ことをおすすめします

そうしないと芯まで
ゆで上がらず、
本来のコシが出ません

①鍋にたっぷりの湯を
沸かし、パッケージに
記載の方法で
そうめんをゆでます

②ザルにあげて、冷水に
さらしながらもみます

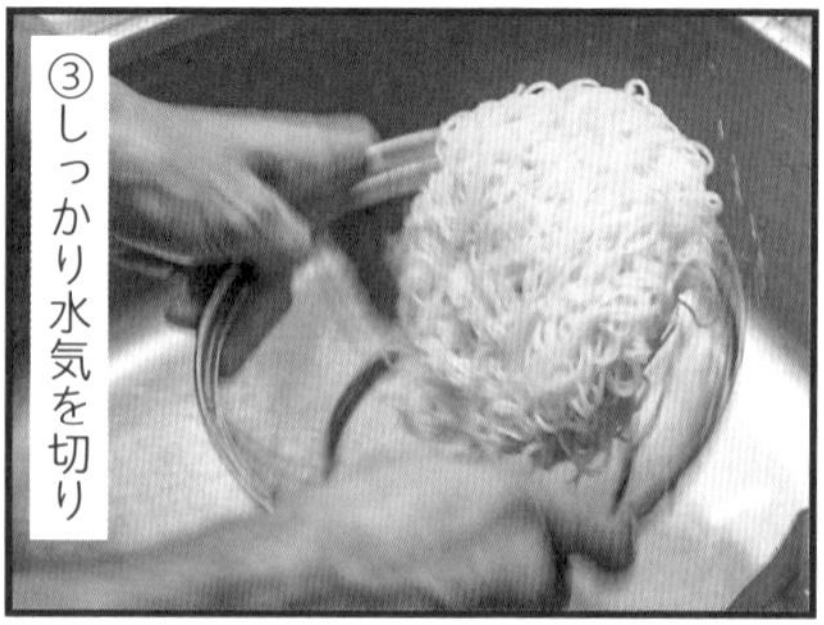

③しっかり水気を切り

④ごま油をかけて
混ぜます

⑤皿に盛り付け、壺ニラ
をお好みの量のせます

⑥卵黄をトッピングして
お好みで醬油を
かけていただきます

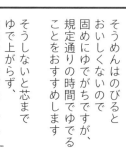

「旨辛壺ニラ
油そうめん」の
完成です！
壺ニラの風味と激辛の刺
激、卵黄の旨味が加わり
さらにおいしくなります
おいしいと
わかっていますが
「旨辛壺ニラ卵かけご飯」
もやっちゃいました
ご飯と卵、
壺ニラをかき混ぜて、
しあげに〝追い壺ニラ〟
これも文句なし、
ご飯が無限に
食べられそうな味でした
うめぇ
旨辛壺ニラ
アレンジをいろいろ
試してみてください
「油そうめん」も、みょ
うが、オクラ、まぐろ
などいろいろトッピン
グで楽しめます

「ところてん」で冷やし中華を作ったら麺ゆで不要で最高すぎた

薄焼き卵も火を使わず作ります！

文・撮影　筋肉料理人 藤吉和男
企画協力　レシピブログ

『メシ通』記事へ

夏においしいもののひとつに
「ところてん」
があります
かの松《まつ》尾《お》芭《ば》蕉《しょう》も、「清滝《きよたき》の水汲《く》ませてやところてん」と詠《よ》んだくらい、昔から愛されてきた夏の食べ物でした
ここでは、ところてんの冷やし中華アレンジを紹介します
うめぇ
これがイケました！
ところてんで冷やし中華を作れば、
暑いなか、お湯を沸かして麺をゆでる必要なく、すぐに食べられるのもいいんです

材料 2人分

ところてん　3パック（400g）
卵　1個
ハム　4枚
カニかまぼこ　4本
キュウリ　½本
ミニトマト　4個
練からし　好みで
マヨネーズ　好みで
サラダ油　適宜

A
砂糖　小さじ½
塩　少々

B
ところてん付属のタレ　3パック分
砂糖　小さじ2 ※好みの量で
ごま油　小さじ2

①薄焼き卵を作ります
卵をボウルに割って入れ**A**を加えて溶きます

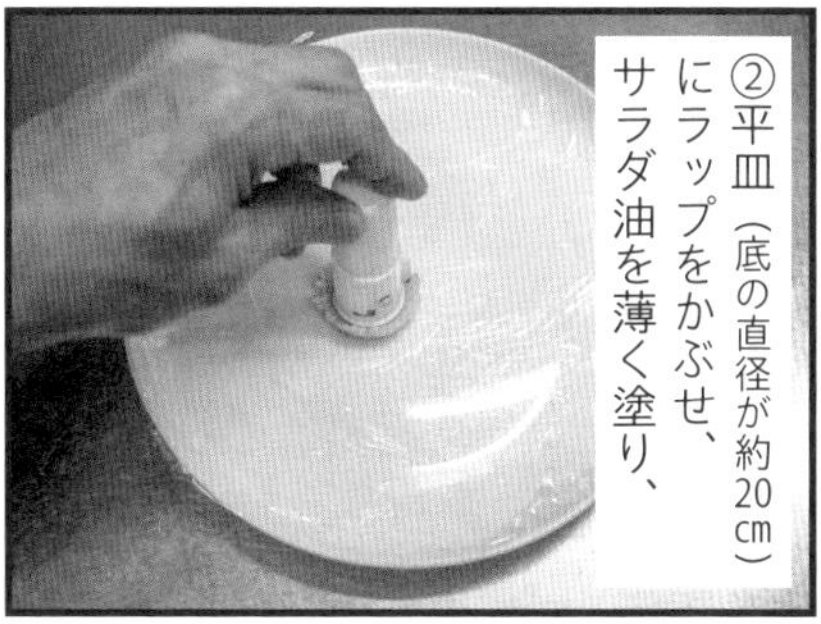

②平皿（底の直径が約20cm）にラップをかぶせ、サラダ油を薄く塗り、

③卵液を②に静かに流し入れ、

④電子レンジ600Wでまずは1分加熱します

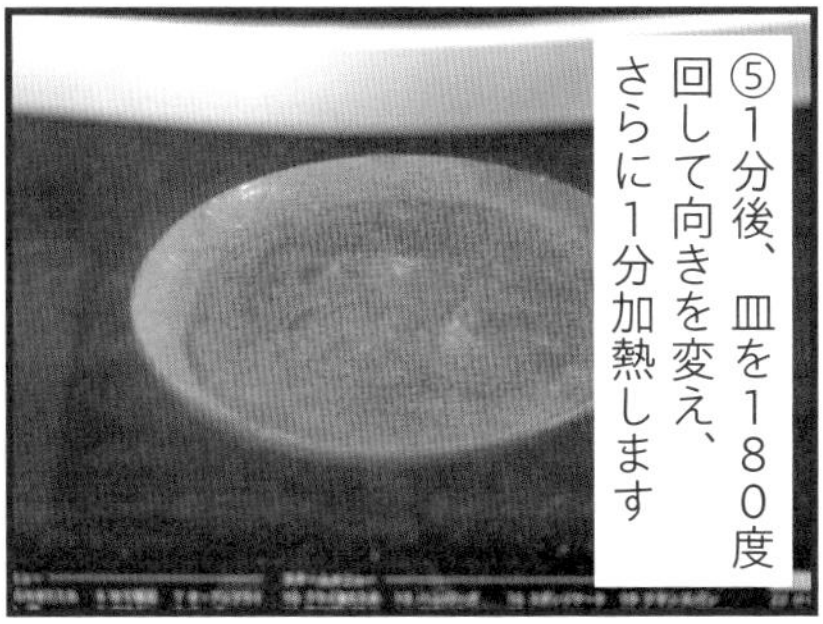

⑤1分後、皿を180度回して向きを変え、さらに1分加熱します

⑥半熟の部分が残らないよう、卵全面をしっかり加熱します

MEMO
ところてんは夏の季語。他にも小林一茶「旅人や山に腰かけて心太（ところてん）」、与謝蕪村「ところてん逆しまに銀河三千尺」、正岡子規「庭先の清水に白し心太」などの多くの句がある。

⑦卵が固まったら、ひっくり返したザルにのせて冷まします

ザルにのせて冷ますことで、下の面からも水分が蒸発するので、冷めた薄焼き卵が湿っぽくなりません

⑧冷めたら細く切って、錦糸卵にします

⑨他の具材を切ります
キュウリは千切りにします

⑩ハムも細く切ります
カニかまぼこは縦方向に細く切ります

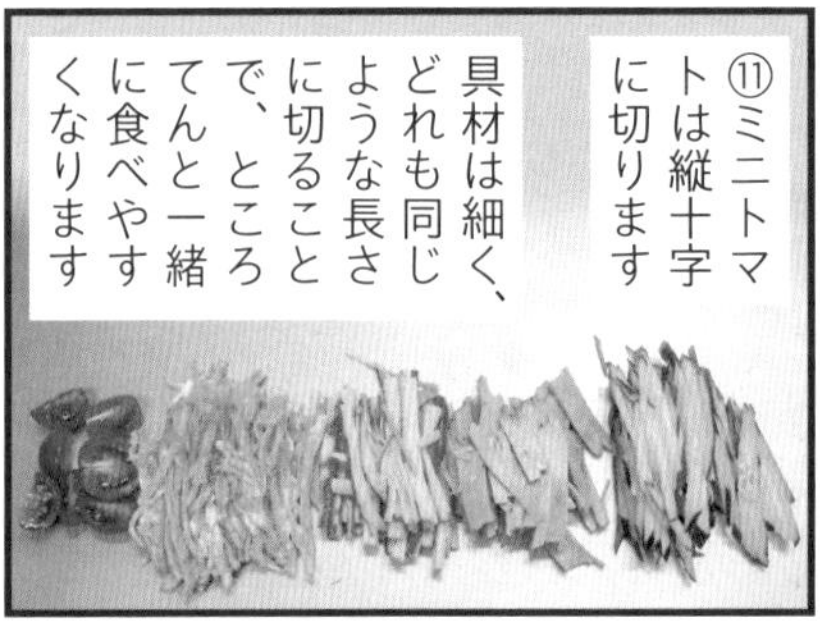
⑪ミニトマトは縦十字に切ります
具材は細く、どれも同じような長さに切ることで、ところてんと一緒に食べやすくなります

⑫**B**を混ぜ合わせてタレを作ります

⑬水気を切ったところてんを皿の中央に山盛りにします

⑭ところてんの周囲に
キュウリ、ハム、
カニカマ、錦糸卵と、
具材を立てかけ、
ミニトマトも盛り付け、
練からしを添えましょう
⑮⑫のタレをかけて
いただきます
完成
ところてんが、細く切った冷やし中華の具材と
意外なほどにマッチして
おいしいです！
ところてん独特の
〝磯の香り〟のおかげで、
あっさりと食べられます
うめえ
完全に冷やし中華の
味になっています
もしも味にパンチが
足りないときは、
お酢や醤油
（いずれも分量外）を
味を見ながら
足してください
冷やし中華にはマヨネー
ズでしょ、という方も
お好みでどうぞ！
なお、ところてんは
盛り付けると
水が出るので、
作ったらすぐに
食べてくださいね

「自宅で作れるスープカレー」の作り方をスープカレーの名店の中の人に教わったひと手間でワンランク上の味になる

文・撮影　星☆ヒロシ

『メシ通』記事へ

札幌が発祥とされる
スープカレーは、
いわゆる普通のカレー
とは違って、
ルウがスープ状に
なっているのが特徴

スパイスがきいたスープ
にゴロっとした野菜や
お肉が入っていて、
体の調子を整えたいとき
や、元気が足りないとき
などに食べると
旨味と辛味が五臓六腑に
染みわたります
そんなスープカレーを
自宅で簡単に作るコツを、

東京・秋葉原の名店
「スープカレー カムイ」
の諸橋さんに聞いて
きました
スープ
カレー
カムイ

まずは、
食材を極限まで
絞り込んだ、
家庭でもお気軽に
作れるスープカレーの
レシピを紹介します
かんたん

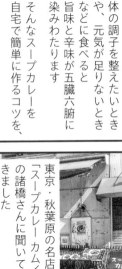

レシピ①超・簡単スープカレー

材料 4人分

水　500cc
サラダ油　大さじ2
鶏肉　300g

A
赤唐辛子　2本
にんにくすりおろし　小さじ2
※市販のペーストでも可
生姜すりおろし　小さじ2
※市販のペーストでも可

固形ブイヨン　3g
市販の和風だし　3g
※顆粒タイプ
玉ねぎ　小2個
※市販の炒め玉ねぎペースト約200gでも可
ダイスカットトマト缶　1缶（300g）
バター　50g
※無塩か有塩かは好みで
カレー粉　大さじ1

①玉ねぎをみじん切りに、唐辛子は手でちぎり、種を取っておく

②玉ねぎがなければ、市販の炒め玉ねぎペーストでもOK

③鍋に油をひき、Aを入れて弱火で加熱

焦がさないように注意！焦がすとビターな味が出てしまうので気を付ける

④香りが立ったら、玉ねぎを加え、きつね色になるまで炒める
ここでは市販の炒め玉ねぎペーストを使った

※玉ねぎも絶対焦がさないように。焦がさないよう、みじん切りにしてラップをかけて電子レンジで温めてもいい。

⑤④に鶏肉を入れ

⑥バターを加える

⑦トマト缶を投入

⑧カレー粉を入れ、

⑨中火で炒めよう

⑩水を加え
浮かんでくるアク
をしっかり取ろう

⑪固形ブイヨンと
固形だしを投入

15分ほど煮込めば完成！

次に、もう少し
凝ってみたい人に向けて、
お店の味に近いレシピも
教えてもらいました

時間と手間はかかります
が本格的なスープカレー
ができあがります

スパイスも
ふんだんに使うので、
ぜひ挑戦してみて
ください

レシピ②カムイ風「本格的スープカレー」

材料 8人分

サラダ油 100cc
水 1500cc
塩 大さじ1

A
ホールクミン 小さじ1
ホールコリアンダー 小さじ1
ホールシナモン 1本

B
オニオンソテー 100g
※玉ねぎ大1個みじん切りでも可
にんにくペースト 小さじ1
生姜ペースト 小さじ1

有塩バター 30g

C
パウダークミン 大さじ1と½
※もしくは同量のカレー粉
パウダーコリアンダー 大さじ1と½
※同量のカレー粉でも可
パウダーシナモン 小さじ1
※同量のカレー粉でも可
チリペッパー 小さじ1
※同量の七味唐辛子でも可
カレー粉 大さじ2

D
ヨーグルト 100cc
トマトピューレ 200cc
※もしくはトマト大1個をミキサーにかけたもの
チャツネ 150g
パウダーブイヨン 25g
※粒状中華だしでも可

鶏もも肉 1kg
ニンジン 2本
ピーマン 4個

①鶏肉はひと口大、ニンジンは皮をむいて食べやすい大きさに切り、ピーマンは半分に切ってタネを取る

②チャツネは同量の水（分量外）とともにミキサーにかける

③大きめの鍋に水と塩を入れ、沸騰したら鶏肉とニンジンを入れる

④中火でフタをして煮込み、20分後に火を止め、鍋から具を取り出して別皿に移しておきます

⑤別の鍋にサラダ油をひき**A**を入れ、弱火で熱して香りを出す

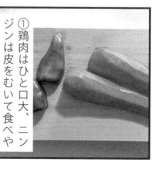

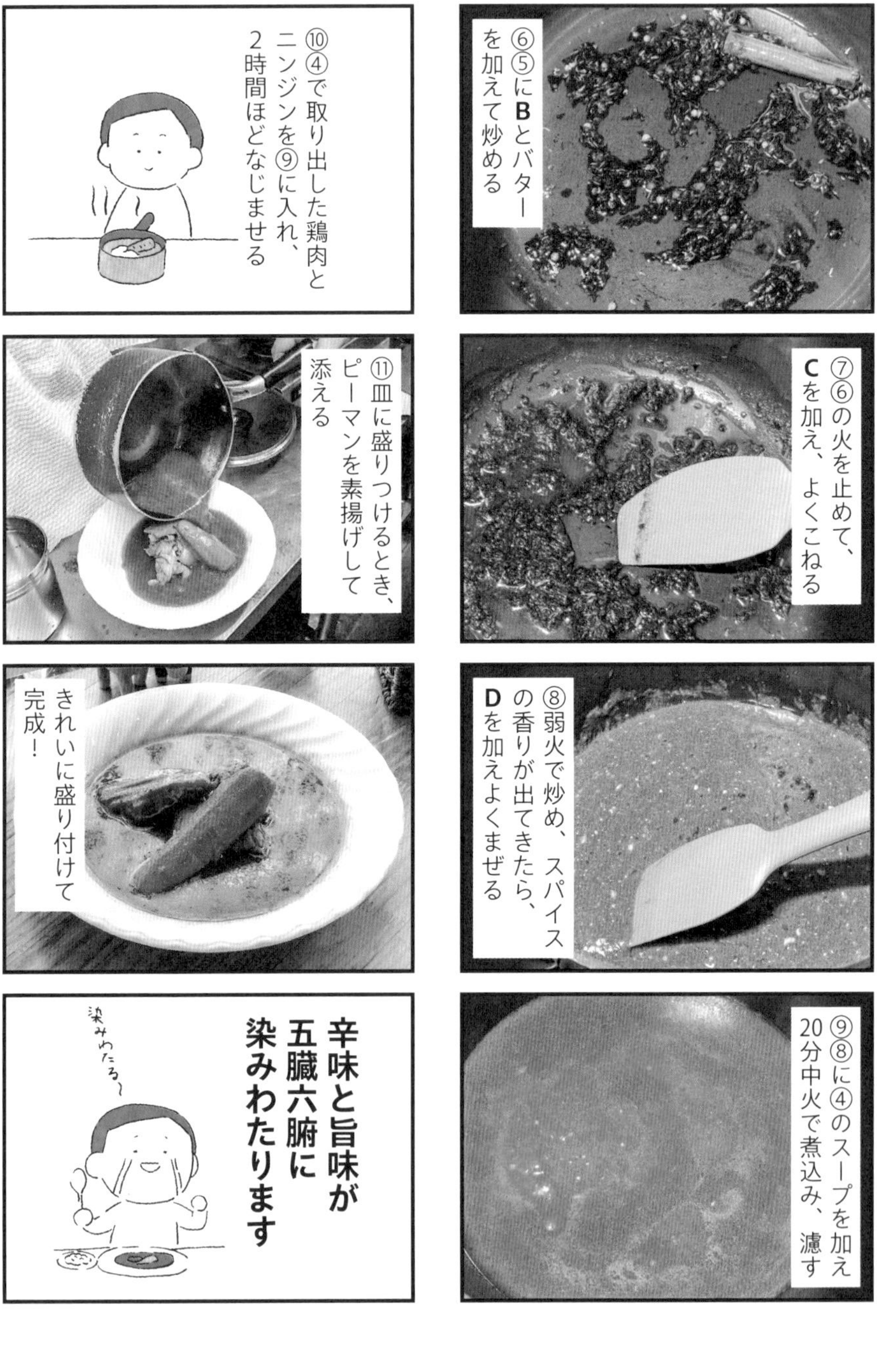
⑥⑤にBとバター
を加えて炒める
⑦⑥の火を止めて、
Cを加え、よくこねる
⑧弱火で炒め、スパイス
の香りが出てきたら、
Dを加えよくまぜる
⑨⑧に④のスープを加え
20分中火で煮込み、濾す
⑩④で取り出した鶏肉と
ニンジンを⑨に入れ、
2時間ほどなじませる
⑪皿に盛りつけるとき、
ピーマンを素揚げして
添える
きれいに盛り付けて
完成!
辛味と旨味が
五臓六腑に
染みわたります
染みわたる〜

カムイ風「本格的スープカレー」のポイント

スープカレー カムイの諸橋さんによると、コツは焦がさないことだそうです

そして、鍋にフタをして煮込むとき、途中で開けるとアクがいっきに噴き出すので、なるべくフタを開けないように！
噴きこぼれそうなときは火加減を調整してからアクを取ります

洋風に寄せたい場合などブイヨンを多めにスープカレーに使うときは

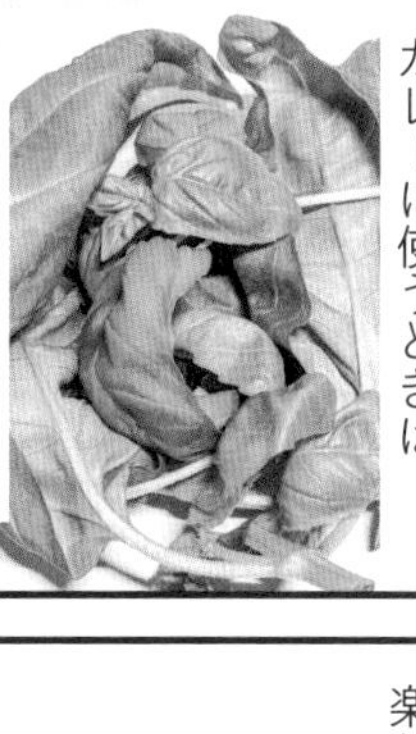

バジルを入れたほうがより洋風っぽさが出るそうです

※バジルは変色しやすいので注意しましょう。ローズマリーなどのハーブを入れる場合もあるそうです。

インド風にしてスパイシーさを楽しみたいときは、

スパイスだけでも十分です

そしてスープカレーは、香りを味わう料理なのでなにより
テンパリングが大事なのだそうです

テンパリングとは？

カレーのテンパリングとは油のなかにスパイスを入れて炒めることを言います

それによって香りが引き立ちます

使うスパイスの種類が多いと「大きいものは先、焦げやすいのは後」などのコツがあるそうなのですが、

まずは弱火にしてスパイスを焦がさないことを意識するといいそうです

スープカレーは普通のルウのカレーよりも使うスパイスの量が多めで、小麦粉も使わないので、スパイシーさを感じやすいそうです

卵かけご飯はもうこのタレでしか食べたくない【自家製調味料レシピ】簡単でおいしい「ニラ醤油」

文・撮影　筋肉料理人 藤吉和男
企画協力　レシピブログ

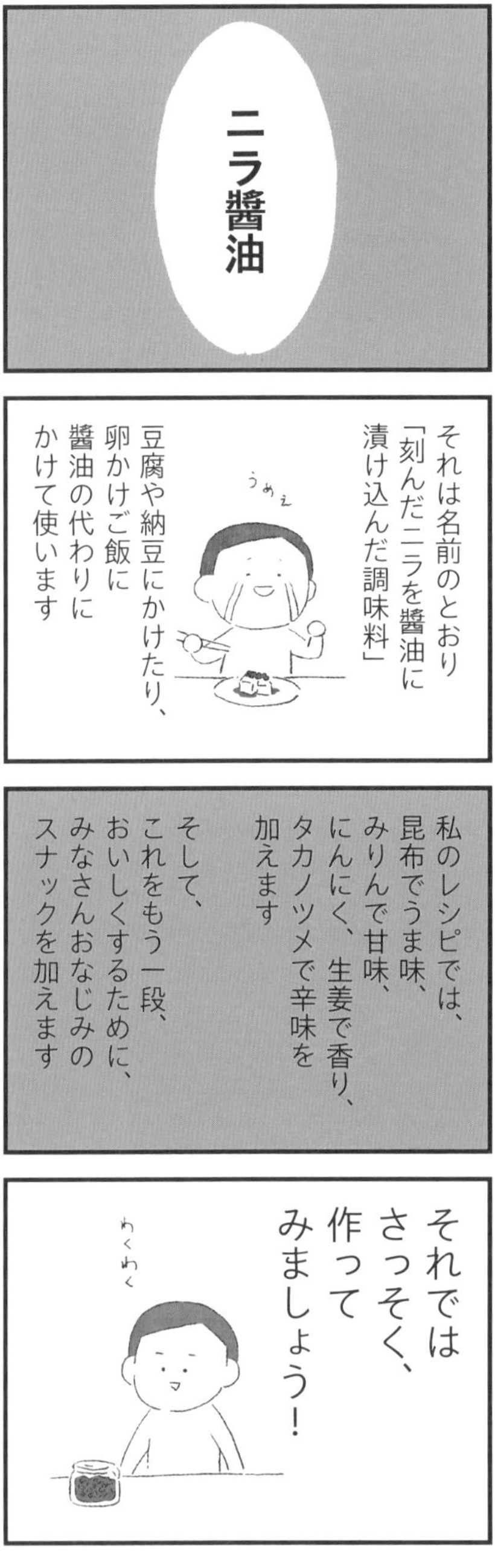
ニラ醤油
それは名前のとおり「刻んだニラを醤油に漬け込んだ調味料」
うめぇ
豆腐や納豆にかけたり、卵かけご飯に醤油の代わりにかけて使います
私のレシピでは、昆布でうま味、みりんで甘味、にんにく、生姜で香り、タカノツメで辛味を加えます
そして、これをもう一段、おいしくするために、みなさんおなじみのスナックを加えます
それではさっそく、作ってみましょう!
わくわく

『メシ通』記事へ

レシピ①自家製調味料「ニラ醬油」

材料 作りやすい分量

ニラ　1束（100g）
昆布　2cm×5cmくらい
生姜（薄切り）　3枚
にんにく（薄切り）　1片
白いりごま　大さじ1
タカノツメ　1本
※タネを取って細かく切る

A
醤油　100mℓ
みりん　100mℓ
酢　小さじ1
ごま油　大さじ1

ピーナッツ　20g

①みりんは大きめの耐熱ボウルに入れ、電子レンジで600Wで3分加熱してアルコールを飛ばします

※大きめの耐熱ボウルを使うのは、吹きこぼれを防ぐためです。

②ニラは根元の太い部分は約5㎜の幅に切り、葉は約1㎝の幅に切って

③保存容器（500mℓ程度）に入れましょう

※保存容器は、熱湯で煮沸するか、キッチン用のアルコール除菌スプレーなどでよく消毒しておきましょう。

④③に昆布、薄切りにした生姜とにんにく、タネを取って細かく切ったタカノツメ、白いりごまを加えます
ぱらり

⑤④にAを入れます

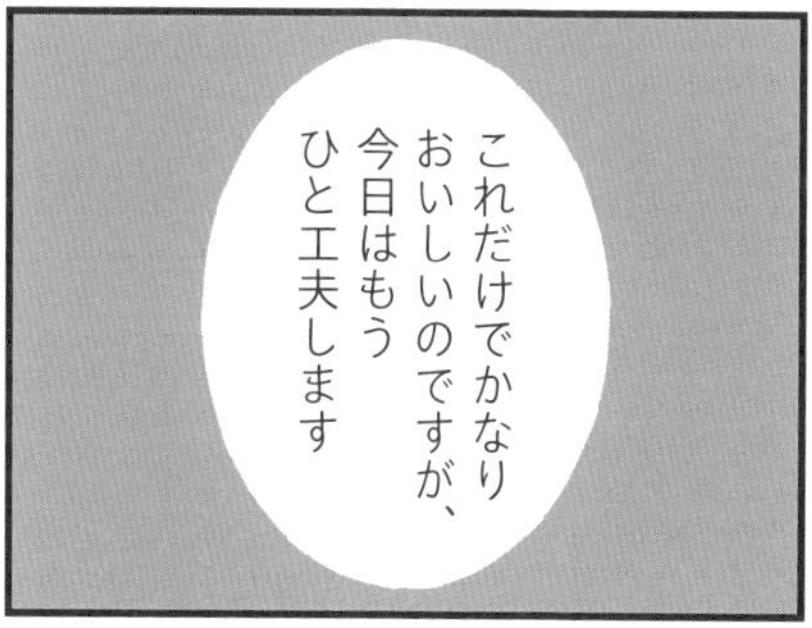
これだけでかなりおいしいのですが、今日はもうひと工夫します

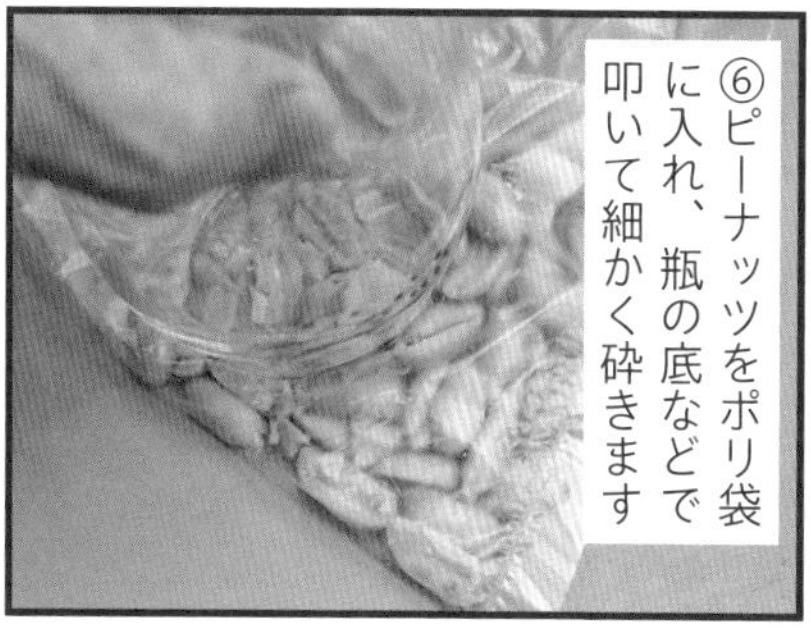
⑥ピーナッツをポリ袋に入れ、瓶の底などで叩いて細かく砕きます

⑦⑥を⑤に加えて混ぜ
室温で3時間ほどなじませたら食べられます
おいしい「ニラ醤油」のできあがりです
昆布のうま味、ニラ、にんにく、生姜の風味にタカノツメのピリ辛、みりんの甘味とピーナッツの食感とうま味が混ざり合い、豆腐や納豆にかけると、
とてもおいしい！
定番ながら「卵かけご飯」ももちろん激ウマに！
お酒のツマミとしては豆腐にかけるのがお手軽ですが、
刺身とも合います
サーモンの刺身にかけて食べると薬味要らず
ニラの風味とサーモンの脂ののった、とろりとしたうま味が
たまりません
うめぇ

※3時間以降は冷蔵しましょう。

レシピ②豚とシメジのニラ醤油炒め丼

材料 1人分

豚薄切り肉　160g
ブナシメジ　1株
ニラ醤油　大さじ2〜3
油　適量

①豚薄切り肉をひと口大に切ります
②シメジを小分けにします
③豚肉とシメジをフライパンで炒め、ニラ醤油を加えて味付けするだけ
かんたん

作り方は超簡単！
完成
ビールにも合いますが、これを丼にするのもおいしいです
うめえ
とにかくご飯がいけます
手軽に作れるので、ぜひ、お試しください
食べると元気が出ますよ！

これさえ入れればカレーが絶対にうまくなる「魔法の食材」についてひと手間でワンランク上の味になる

文・撮影　キンマサタカ

『メシ通』記事へ

カレーを作るのが
好きだ

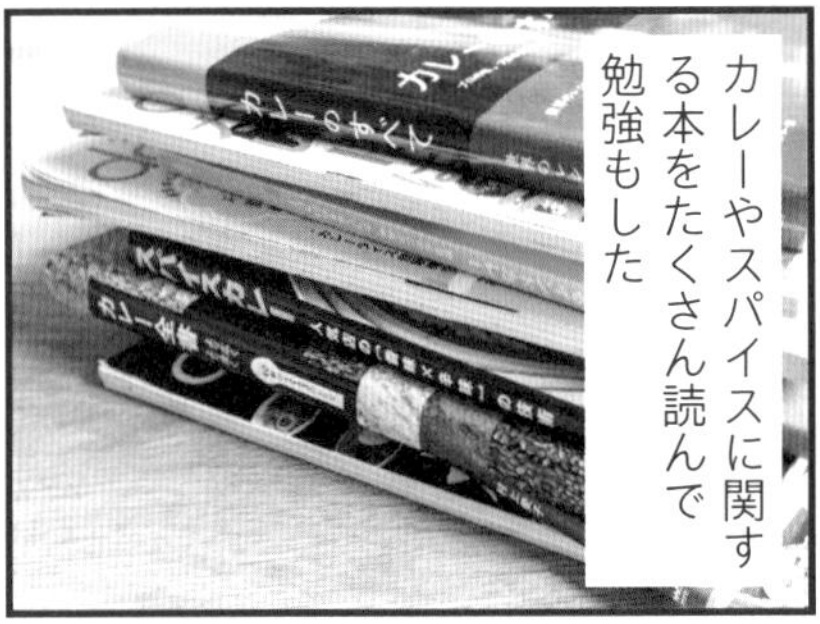
カレーやスパイスに関する本をたくさん読んで
勉強もした

「あの有名店の主人が
教えるレシピ」
などと書かれた
ページそのままに、
ネットで買いそろえた
スパイスを使って
挑戦したことは
数えきれない

だが、
自分的に
微妙だった

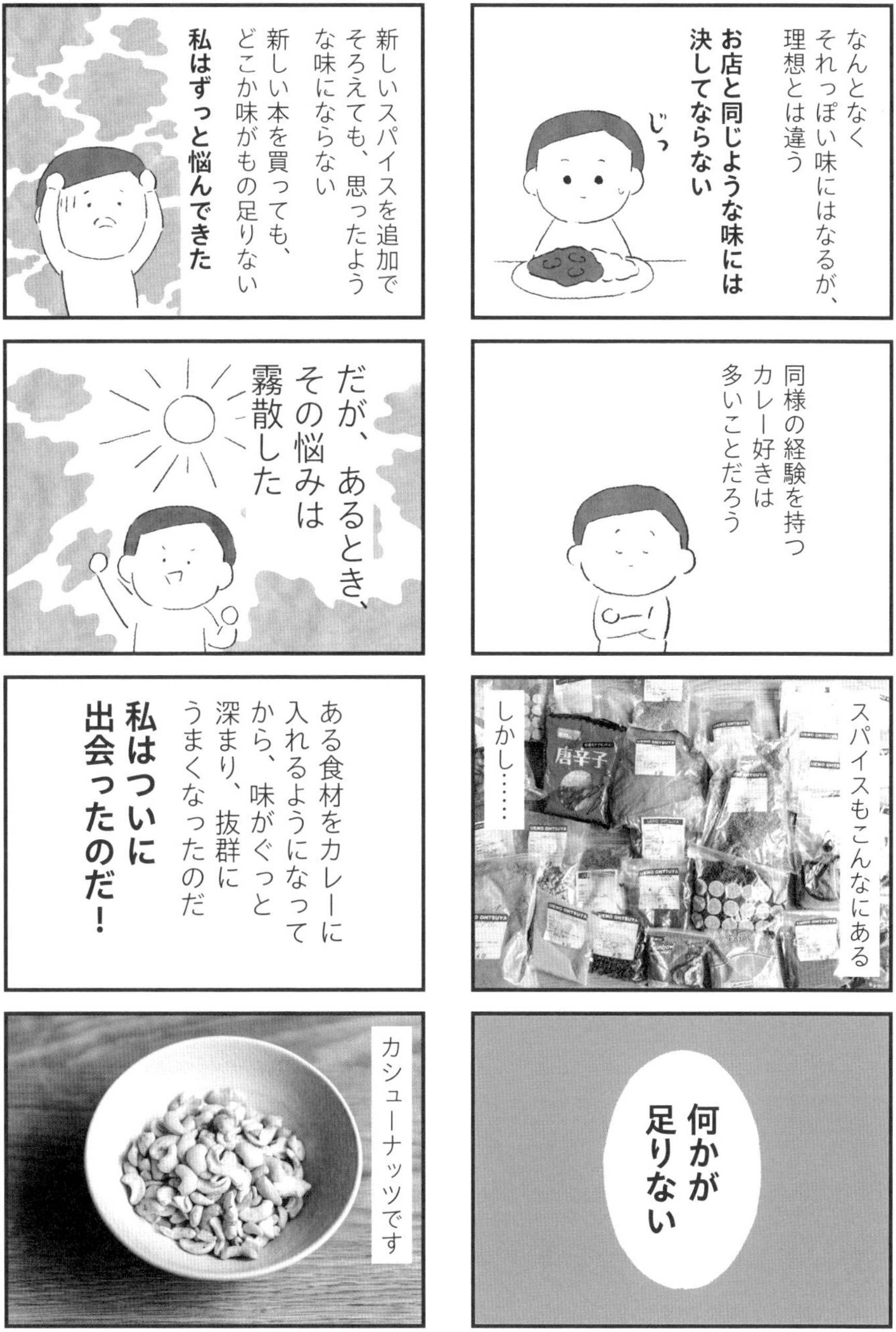
なんとなく
それっぽい味にはなるが、
理想とは違う
お店と同じような味には
決してならない
じっ
新しいスパイスを追加で
そろえても、思ったよう
な味にならない
新しい本を買っても、
どこか味がもの足りない
私はずっと悩んできた
同様の経験を持つ
カレー好きは
多いことだろう
だが、あるとき、
その悩みは
霧散した
スパイスもこんなにある
しかし……
唐辛子
ある食材をカレーに
入れるようになって
から、味がぐっと
深まり、抜群に
うまくなったのだ
私はついに
出会ったのだ！
何かが
足りない
カシューナッツです

カレーの味わいは
三段階に分けられる
たとえるならば、
先発、中継ぎ、リリーフ
先発はインパクトを、
中継ぎはコク、
リリーフは余韻
この3つが上手に重なる
とうまいカレーになる
「うまいけど、
食べた瞬間の
インパクトがない」
不甲斐ない先発では
勝てる試合も勝てない
その場合は砂糖などで
甘さを追加するといい
HI
「うまいけどコクがない」
それは中継ぎの駒不足
試合の流れを壊さない
ベテラン……
たとえばチャツネ、
鶏ガラ出汁などの
うま味成分を追加しよう
「最後の余韻」
それは、カレーの肝とも
言えるスパイス
ほどよい辛さを残せば
カレーらしくなるし、
好みでもっと辛くしても
それはそれでおいしい
後味がいい試合は
何度だって見たい
われらが
カシューナッツは、
試合全体
（カレーのこと）に
甘さとコクを
与える働き
を持つ
MESHI
さっそく
作ってみよう
まずは
シンプルな
スパイス
だけで
カレーを
作ります

レシピ①シンプルなスパイスカレー＋魔法の食材

材料 4人分

A
- ホールクミン　大さじ1
- コリアンダー　小さじ1
- ターメリック　小さじ1
- チリペッパー　小さじ1
- ガラムマサラ　小さじ1

鶏もも肉　300g
トマト缶　1個
塩　適量
オリーブオイル　適量

B
- カシューナッツ　ひとつかみ
- 水　50cc

①油でスパイスを炒めて、ひと口大に切った鶏肉を入れて炒めます

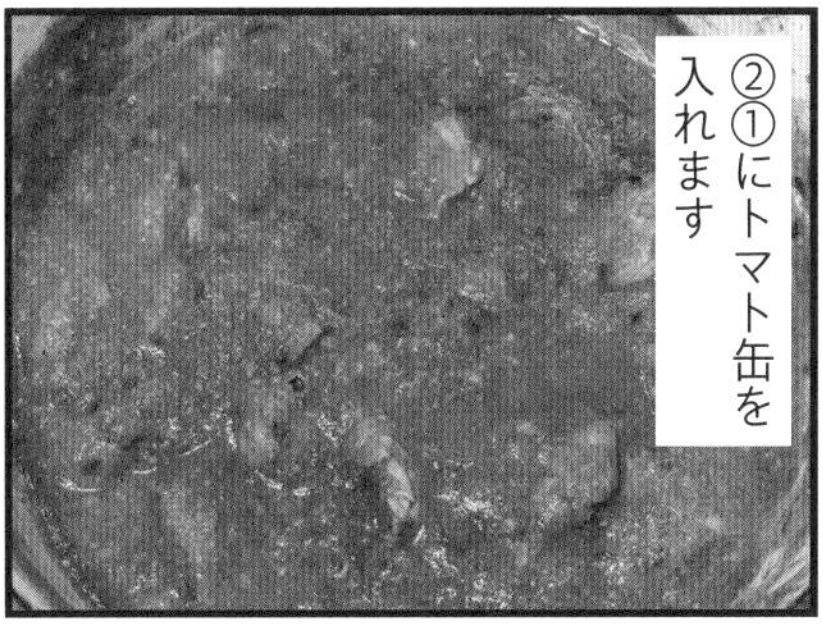

②①にトマト缶を入れます

③Bをミキサーに入れペースト状にします

※ミキサーがない場合は、すり鉢を使ってもOKです

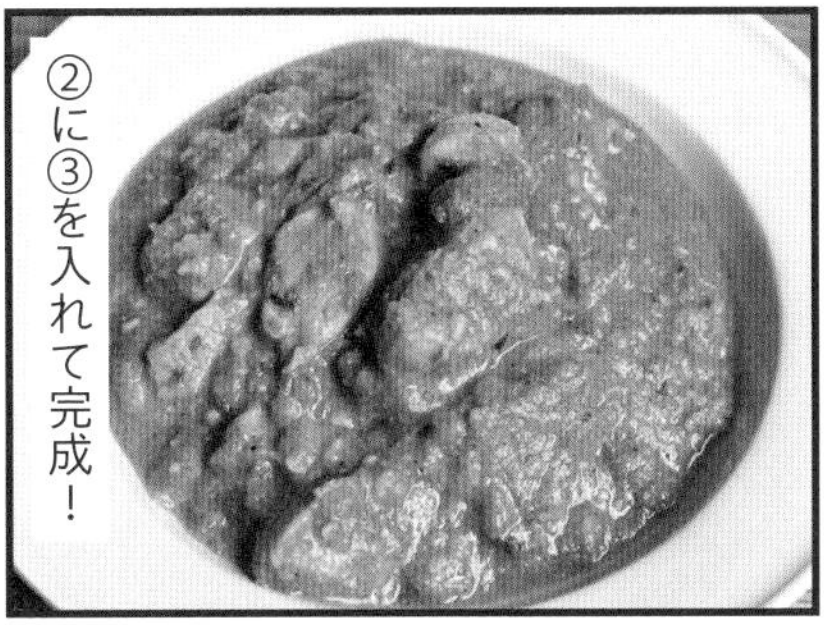

②に③を入れて完成！

左がカシューナッツのペーストなしのカレー

まず、最初にナッツの甘み

次にカシューナッツなしより強いコクを感じる

ピーナッツバターを隠し味に入れるレシピを散見するが、それに近い効果がある

格段にうま味が増した

カシューナッツを粗くひくことで、ざらっとしたナッツの食感も楽しむことができる

これはいい！

レシピ②市販のカレールウ＋魔法の食材

材料 8皿分

豚肉　３００g
玉ねぎ　中2個
じゃがいも　中3個
ニンジン　中1個
市販のカレールウ　1箱
油　適量
水　８５０㎖
※カレーの材料はパッケージに記載のレシピを参考に

A
カシューナッツ　ひとつかみ
水　50cc

カシューナッツで
普通のカレーも
おいしくなるのだろうか

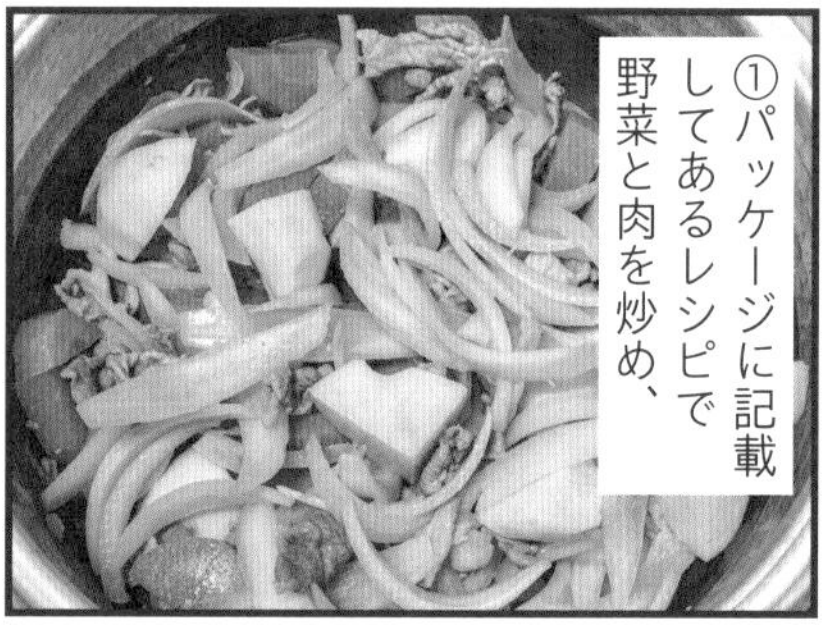

①パッケージに記載
してあるレシピで
野菜と肉を炒め、

②野菜を煮込んで、
ルウを入れる

③**A**をミキサーに入れ
ペースト状にします

④②に③を入れて、
少し煮込む

やはり、
おいしい

中辛のカレーを
使用したのだが、
口の中の余韻には、
甘さが強く感じられる

ざらっとした食感も
楽しい

いや～、本当においしい！
カレーに輝きを
与えるカシューナッツ！
どんなカレーにも合う
ので、ぜひご自宅で
カレーを作った際には
入れていただきたい

ピーナッツでも
いいと思います

うめぇ

MEMO　市販のカレールウは2種類使うと味に深みが出るという説も聞きます。著者は野菜を炒める際と煮込む際に圧力鍋を使いました。

第3章
汁・鍋編

長野県民の好物「サバ水煮缶の味噌汁」は全国に広めたいうまさだった

出汁いらず、メインおかずにもなる満足度

文・撮影　白央篤司

『メシ通』記事へ

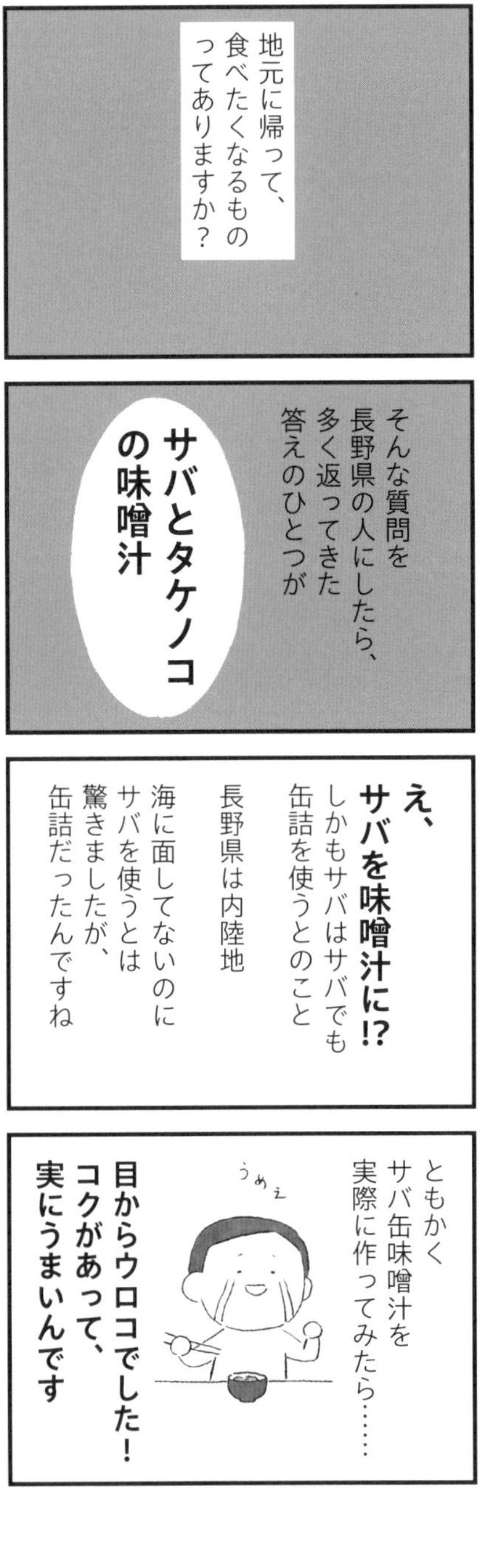
地元に帰って、食べたくなるものってありますか？
そんな質問を長野県の人にしたら、多く返ってきた答えのひとつが
サバとタケノコの味噌汁
え、サバを味噌汁に!?
しかもサバはサバでも缶詰を使うとのこと
長野県は内陸地
海に面してないのにサバを使うとは驚きましたが、缶詰だったんですね
ともかくサバ缶味噌汁を実際に作ってみたら……
うめぇ
目からウロコでした！
コクがあって、実にうまいんです

※サバとタケノコの味噌汁は長野でも北部（いわゆる北信地方）の人達のふるさとフードなのだそうです。

レシピ化してみると……
①サバ缶を汁ごと
鍋に入れ、

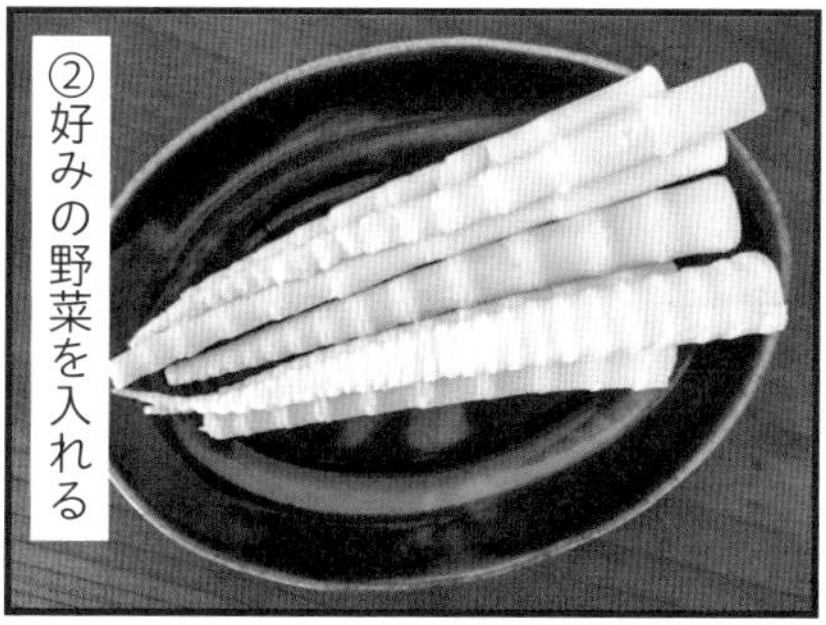
②好みの野菜を入れる

長野でサバとセットで
よく具となるのが、
ネマガリタケで、
現地ではタケノコ汁の
名前でおなじみです

手に入りにくいので
一般的なタケノコの
水煮で作っても
うまかったです

タケノコなしでもうまい

③全体が漬かる程度に
水を入れて煮て、
味噌を溶く

おわり！
10分もかからず
できます！

かんたん

※サバ自体のコクと塩味があるので、
普段より少なめの味噌量でまず
作ってみてください。

完成！

豆腐にネギ、
サバ水煮で
味噌汁なんてのも
おいしいです

サバの独得の香りが
気になる場合は、
おろし生姜を
ちょっと入れると
よさそうです

日常的な味噌汁が
「一気にごちそう汁に！」
という感じ

魚が入ることでうま味と
「料理をしたぞ感」が
グッと増します

サバ缶味噌汁、
クセになって
いろいろ試して
みました

次のページで
ご紹介でします！

MEMO
サバ水煮味噌汁を冷蔵庫に入れて冷やしたら「なんちゃって冷や汁」に。キュウリをスライスして入れたら実によかったです。
暑い季節にもぴったり。

サバ以外の魚の水煮缶味噌汁アレンジ

①イワシ水煮とキャベツの味噌汁

③サンマ水煮缶と白菜、ネギの味噌汁

ハマりました

かなりリピートしました
イワシのコクと
キャベツの甘み、
すんげえ相性いい！
余っていた
ニンジンとブナシメジも
入れたり、
そのへんは自由で！

これまたうまい

海鮮鍋を食べてるか
のような満足感
豆腐やエノキを
入れてもいいだろうな
七味をふってみたら、
「つまみ味噌汁」
って感じになりました
おいしかったです！

②サケ水煮缶とホウレン草の味噌汁

- **出汁いらず**
- **手軽この上ない**
- **おかず要らず**
- **バリエーション たくさん**

忙しいとき、
おかず作るのが
面倒なとき、
まさにこれを作らずして
どうする!?
という感じでした

これもよかった

サバやイワシに比べて
インパクトは優しめに
サケとホウレン草って
よくクリームソース系で
組み合わせるので
試してみたら案の定、
豆乳を加えても
おいしかったです！

チンゲン菜や小松菜、
豆苗などはサバ、イワシ、
サケ、サンマどれにでも
合います
豆腐や油揚げ、厚揚げ、
大豆を入れてタンパク質
をさらにアップさせるの
もよさそうです
味噌汁観が
グイっと広がりますね

二日酔いなら黙って「かちゅーゆ」を飲め！
沖縄の究極のインスタント味噌汁

文・撮影　山口紗佳

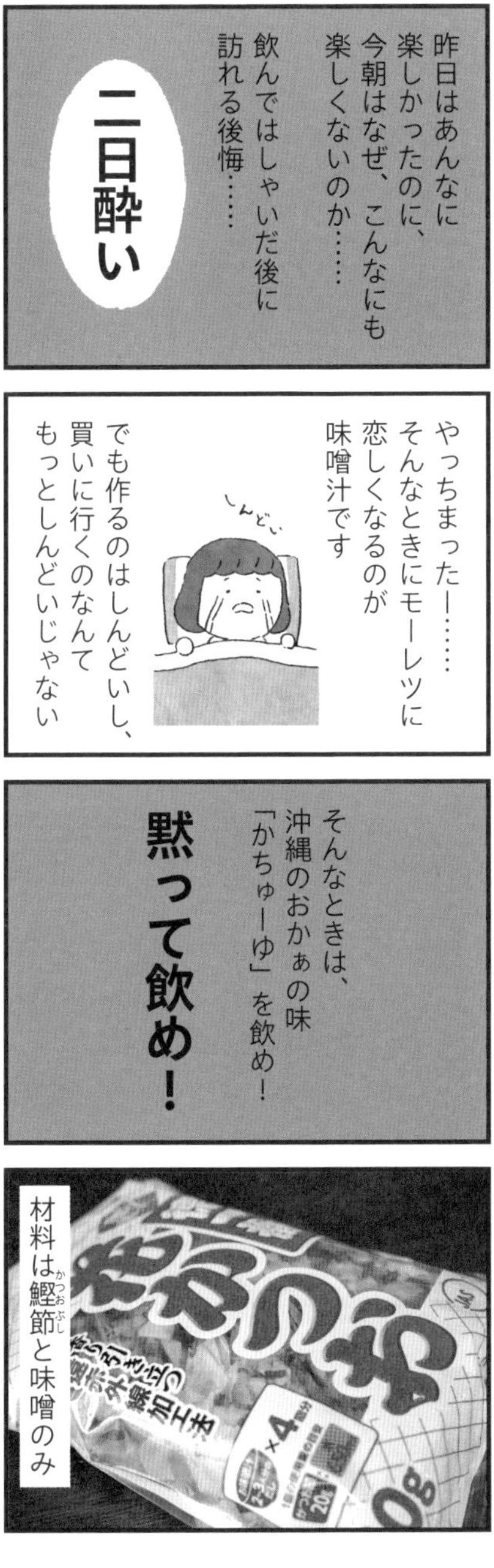
昨日はあんなに
楽しかったのに、
今朝はなぜ、こんなにも
楽しくないのか……
飲んではしゃいだ後に
訪れる後悔……
二日酔い
やっちまったー……
そんなときにモーレツに
恋しくなるのが
味噌汁です
しんどい
でも作るのはしんどいし、
買いに行くのなんて
もっとしんどいじゃない
そんなときは、
沖縄のおかぁの味
「かちゅーゆ」を飲め！
黙って飲め！
材料は鰹《かつお》節《ぶし》と味噌のみ

『メシ通』記事へ

材料 1人分

味噌　スプーン1杯
鰹節　適量
いりゴマ　適量
梅干し　1個
※味噌と鰹節だけでもかまわない

1分で作れる
超時短レシピ

衝撃的なまでに簡単なのに、味噌や鰹節に含まれるアミノ酸やミネラルが肝臓の働きを助けて回復を早めてくれるので、
疲れたときや
弱ったときに
飲むと元気になるのです

①お碗に鰹節をふぁさーっと盛り、味噌を入れる
ごまと梅干しも入れます

失われた
水分と栄養分がとれて、
胃腸も温まり、
具で栄養補給も
できるなんて

神レシピ……！

②あつあつの熱湯をお碗1杯分注ぐ

んーー（ほっこり）

以上！

くたくたになった鰹節を
具として食べると
満足感も出てくるし、
ほぐしながら食べる
梅干しの酸味も
アクセントに

ほっこり

※鰹節から出た出汁でどんどん味が濃くなるので、最初は薄いと感じるぐらいがちょうどよいかもしれません。

大根おろしとなめたけ

とろろ昆布、ネギ

大根の豊富な消化酵素と
ビタミンCが胃腸や
肝臓の働きを助ける

アルコールの分解で酸性
になった体を元に戻す、
海藻のアルカリ性パワー

ズズーーッとすすると
体あったまるわぁ〜〜

うまーーーいっ！

大根はビタミンCが
多く含まれる
皮ごとすりおろします
なめたけに含まれる
食物繊維や
ヌルヌル成分「ムチン」
には整腸作用があり、
胃の粘膜保護に
効果的とか

ビタミンと
吸収率の高いミネラル
たっぷりの
とろろ昆布に
ネギをIN！
美味しい……
これ美味しいなぁ
ネギの清涼感もいいです

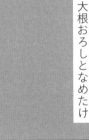

にんにく卵

ロシア人は、二日酔いの
酔い覚ましに生卵をジョ
ッキで飲むらしいです

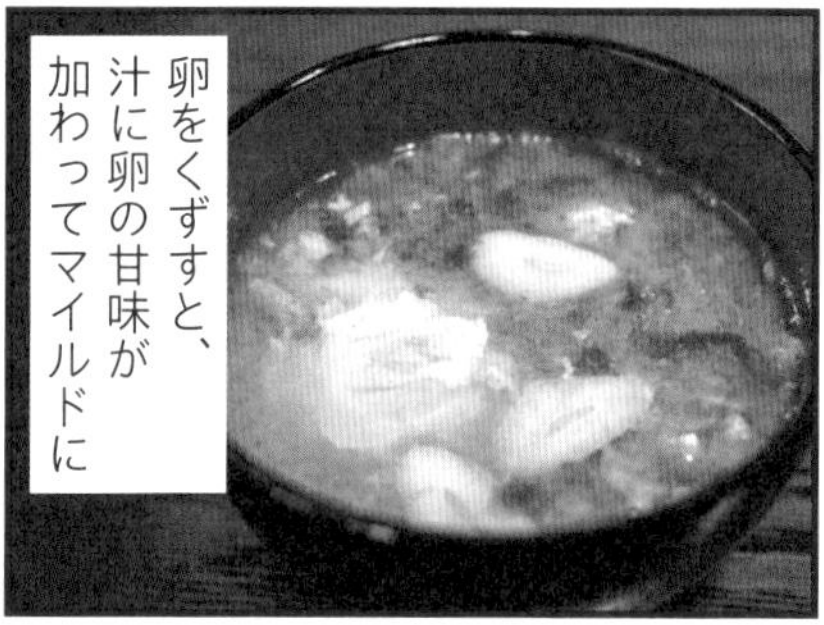
卵をくずすと、
汁に卵の甘味が
加わってマイルドに

にんにくをかじると、
ピリッとした辛みで
味が引き締まる感じ

この組み合わせ……

イケる！

さきいか

さきいかやスルメイカ
には、肝機能を助ける
タウリンがたっぷり

湯を入れたら小皿を
かぶせて、約2分蒸らす

こ、これは……！

さきいかから
「出汁」が出て、
味に深みが出ています

とろろ昆布より濃厚な、
甘じょっぱい
アミノ酸！（調味料的な）
という感じ

少々ジャンクな旨味です

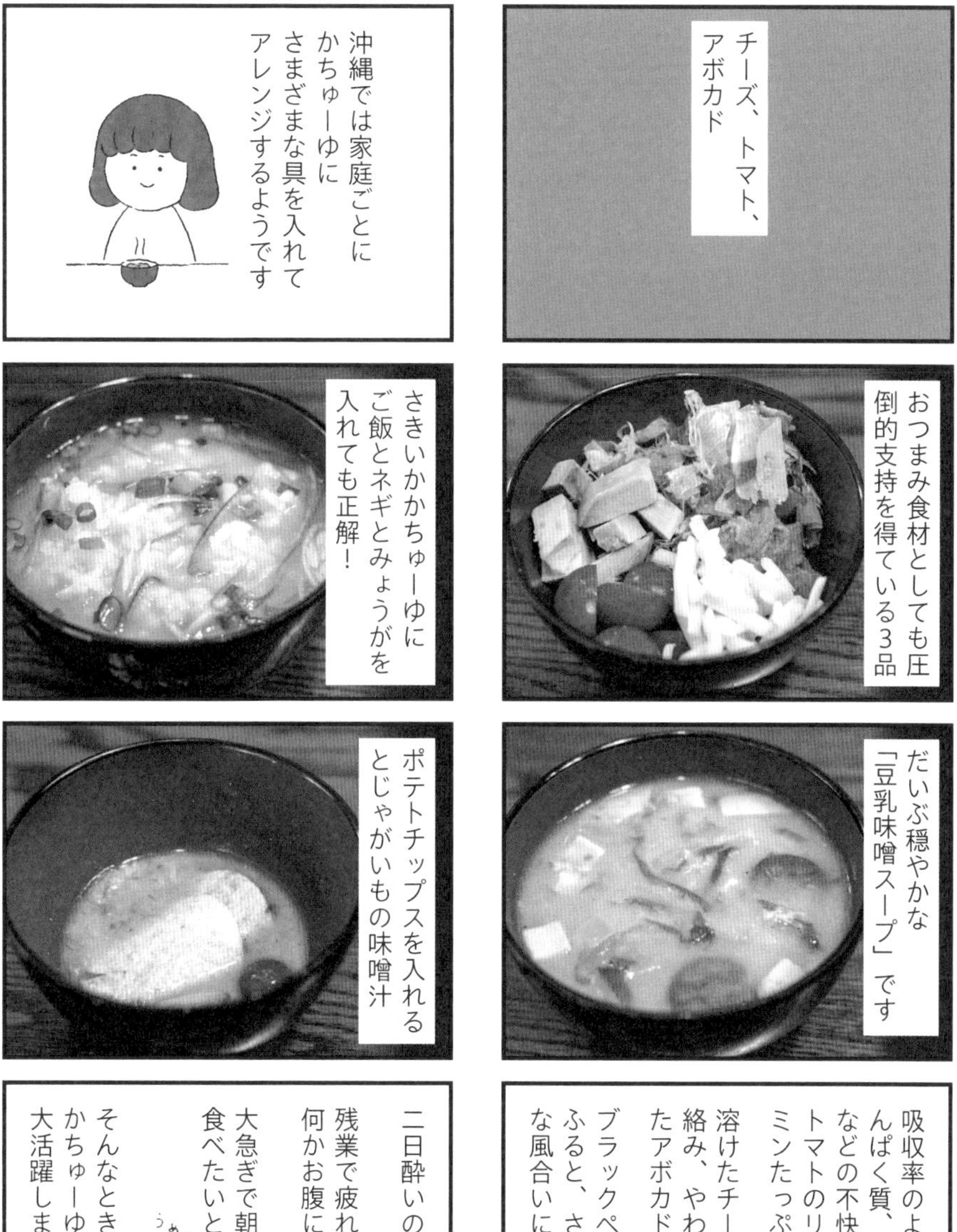
チーズ、トマト、
アボカド
おつまみ食材としても圧
倒的支持を得ている3品
だいぶ穏やかな
「豆乳味噌スープ」です
吸収率のよいチーズのた
んぱく質、頭痛や吐き気
などの不快症状を抑える
トマトのリコピン、ビタ
ミンたっぷりのアボカド
溶けたチーズが鰹節に
絡み、やわらかくとろけ
たアボカドも悪くない
ブラックペッパーを
ふると、さらに和洋折衷
な風合いになります
沖縄では家庭ごとに
かちゅーゆに
さまざまな具を入れて
アレンジするようです
さきいかかちゅーゆに
ご飯とネギとみょうがを
入れても正解！
ポテトチップスを入れる
とじゃがいもの味噌汁
二日酔いのとき
残業で疲れたけど
何かお腹に入れたいとき
大急ぎで朝ご飯を
食べたいとき
そんなときに、
かちゅーゆは
大活躍します
うめぇ

豚とブリでWうま味の長崎料理「ヒカド」が実にうまいので試してほしい

一度も体験してきてない味

文・撮影　白央篤司

『メシ通』記事へ

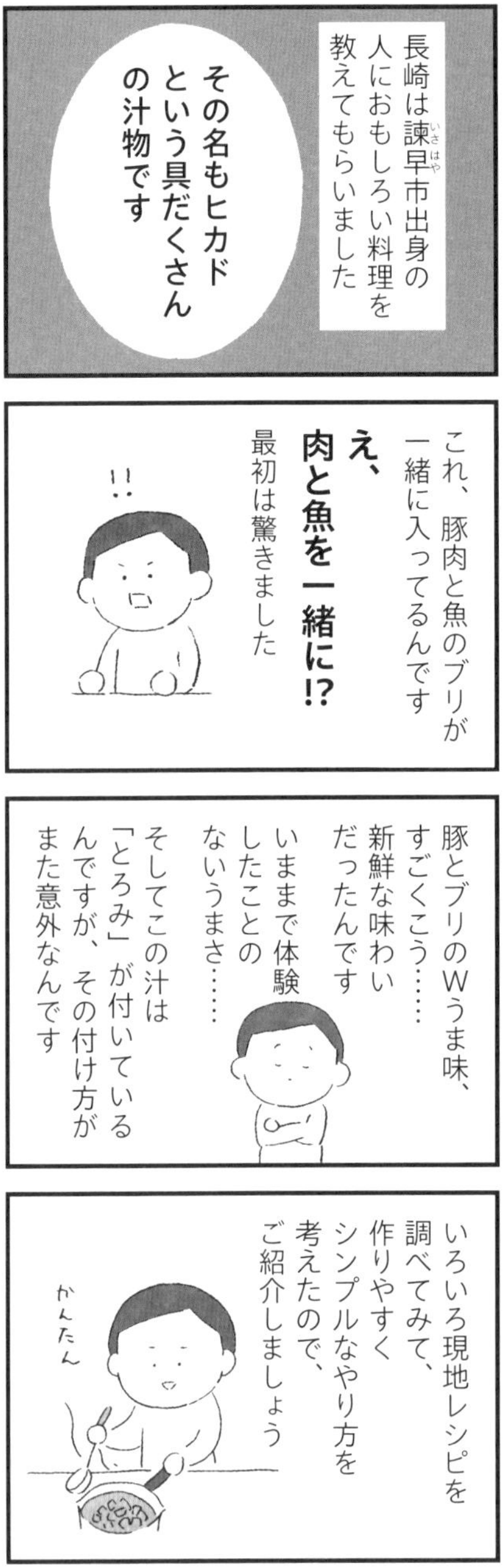

長崎は諫早《いさはや》市出身の人におもしろい料理を教えてもらいました
その名もヒカドという具だくさんの汁物です
これ、豚肉と魚のブリが一緒に入ってるんです
え、肉と魚を一緒に!?
最初は驚きました
!!
豚とブリのWうま味、すごくこう……
新鮮な味わいだったんです
いままで体験したことのないうまさ……
そしてこの汁は「とろみ」が付いているんですが、その付け方がまた意外なんです
いろいろ現地レシピを調べてみて、作りやすくシンプルなやり方を考えたので、ご紹介しましょう
かんたん

材料 4人分

大根 100g
ニンジン 50g
サツマイモ（具として） 約80g
サツマイモ（とろみ用） 約60g
豚ロース 80g
ブリ 80g
出汁 800ml
※好みの出汁でOK

A
酒 大さじ2
みりん 大さじ2
醤油 大さじ3

豚ロース、ブリも
同じぐらいの大きさに
切っておきます

長崎の地元の人からは

**「あんまりきれいに
やろうとせず、
ざっくりでかまわんよ」**

と、ありがたい
アドバイスも

①大根、ニンジンは皮を
むいて1cm角に切ります
まず1cm幅の輪切りにし
て縦横に切ってください

**はい、ざっくり
やらせて
いただきます！**

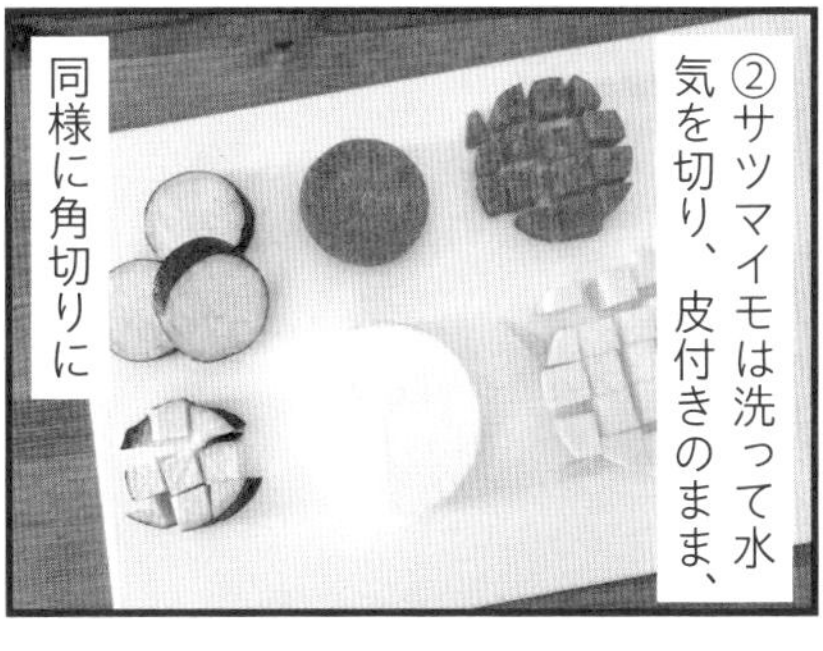
②サツマイモは洗って水
気を切り、皮付きのまま、
同様に角切りに

③鍋に出汁を入れて、
大根、ニンジン、
サツマイモを先に入れ、

④中火で10分煮ます

⑤ブリと豚肉も加えます

⑥**A**も入れます

⑦中火で、ふつふつ
泡立つ程度でさらに
約10分煮ます

⑧アクは随時
取り除いてください

⑨煮ている間に、
皮をむきサツマイモ
をおろします

大さじ2ほどの
おろしサツマイモで
汁にとろみを
付けるのが
ヒカドならでは
かんたん

⑩すりおろした
サツマイモを加えます

⑪ひと煮立ちすると、本当にトロみが付いてくる！
「ヒカド」という名前はポルトガル語が由来で「picado」(細かく刻まれた)から来ているようです
江戸時代にポルトガル人が長崎に来航していた頃、伝わった料理が起源という説があります
器に盛って、完成です
現在は長崎の学校給食でも出るようです
豚とブリの出汁、合わさるとなんとも独特のおいしさ
そしてサツマイモの甘み×醤油がまたいい組み合わせ
ヒカドの具材や細かいポイントは左記のように人それぞれ
●まぐろ、カジキマグロ、ハマチで作る
●豚肉ではなく、鶏肉で作る
●ブリだけで作る
●しいたけ、干ししいたけ、コンニャクなどを加える
●いりこだしに干ししいたけだしを合わせてベースに
●青ネギを刻んで最後に散らす
パッと見はすごくなじみのある日本の汁なのに、
「一度も体験してきてない味だよこれ」感がすごい
うめぇ
ヒカドはサツマイモのおいしい秋冬の料理とのこと
特に寒い季節にお試しください！あったまる料理ですよ！
ぽかぽか
あったまろ

※「ひと煮立ち」とは一度沸かせることです。

MEMO ポルトガルのマデイラ諸島に「picado」という伝統料理がある。牛肉を立方体に刻んでにんにく、塩、クリームやトマトペーストなどで味付けして調理し、フライドポテトを添えて食べる。

【決定版】冷や汁入門！
すり鉢不要&いつもの味噌でOKです
焼き味噌と塩もみキュウリがポイント

文・撮影　白央篤司

『メシ通』記事へ

「冷や汁」、ご存じですか？

冷や汁は宮崎県の郷土料理と思われがちですが

実際は日本各地で昔から食べられているもの

ここでは冷や汁の3本立てでご紹介します

レシピ① ごく簡単な作り方

レシピ② 「本格的にやってみたい」という方向け

レシピ③ ちょっと変化球メニュー

冷や汁って、
普通に味噌汁を作って冷やして、そこに野菜やゴマを入れればいいんじゃないの？
そう思われるかもしれません
しかし……
実際作ってみたのですが、
やっぱり「単なる冷たい味噌汁」と冷や汁って全然別物なんですよ
いろいろ試した結果、
冷や汁を冷や汁たらしめているポイントは2つ
一、味噌に焼き目をつける
一、具材に塩もみキュウリを入れる
ほどよく焼きのついた味噌の香ばしさ、もむことで凝縮されたキュウリの味わいと香りが
うめぇ
冷や汁には欠かせないのです
つくってみましょう
さっそく作ってみましょう

レシピ①ごく簡単な冷や汁の作り方

材料 4人分

出汁入り味噌　大さじ4
水　400㎖
塩　適量
※キュウリ1本につきひとつまみ
キュウリ　2本
すりゴマ　適量
大葉　適量
ミョウガ　適量

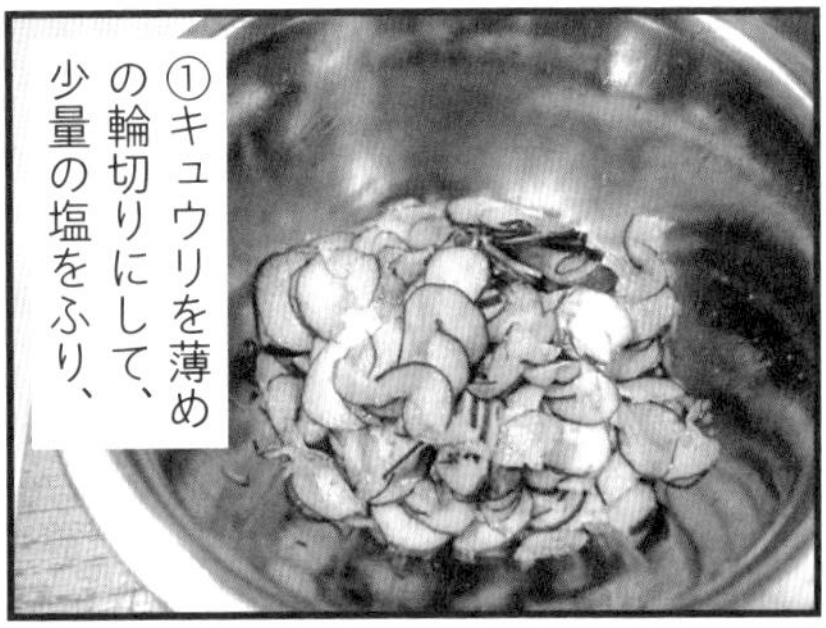

①キュウリを薄めの輪切りにして、少量の塩をふり、

※塩が多すぎると冷や汁自体の味が濃くなるので注意です。

②わしゃわしゃもんでください

③もんだら冷や汁ができるまで冷蔵庫に入れておきましょう

だいたいキュウリ1本で2人前ぐらいになります

④味噌を入れます

宮崎県はじめ、九州地方の冷や汁は麦味噌で作られることが多いんです

さっぱりした麦味噌は実際、冷や汁によく合うんですが東北や関東で日常的に使われる米味噌（信州味噌系）で試してみたところ、まったく問題なく、おいしいです

ここでは値段も手ごろで、全国各地で手に入りやすい「出汁入り合わせ味噌」でトライしてみました

⑤アルミを長方形に折り真ん中に味噌を塗ります

⑥なるべく味噌を平らにしましょう
塗りムラがあると焦げができやすくなります
⑦オーブントースターを使って焼き目をつける
焼き時間は6～10分
⑧焼き時間はオーブントースターによってかなり違うので、
初めて作るときは5分くらい焼いてみて加減しましょう
わくわく
⑨全体的にこんがりとなればOKです
焼き目をつけることで味噌の香ばしさが際立ち
冷や汁らしい香りが生まれてきます
⑩1人分として、焼いた味噌大さじ1を水100㎖ほどで溶きます
味噌によっても濃さが違うので、水を8割ほど入れたところで味見を一度しましょう
⑪濃かったら水を足し、薄かったら醤油を少々加えてください
慣れてきたら、濃いめに作って氷をたくさん入れてもいいですよ
⑫塩もみキュウリ、すりゴマ、刻んだミョウガ、大葉も入れて、

※加熱後はアルミホイルが熱くなっているので、取り出すときも注意してください。

※ひどい焦げじゃないかぎり、さほど味に影響しませんが、焦げてしまったら、その部分だけ削ってください。

⑬具材を入れて完成
ご飯と合わせましょう
冷や汁に合わせるご飯は固めに炊くのがおすすめ
水を気持ち少なめにしてください
もし可能ならば、麦ご飯でぜひ
相性がとってもいいのです
宮崎の「一般的な冷や汁レシピ」は、いりこをすり鉢で味噌とすり和えるのですが、
あれは魚介のうま味を味噌にプラスして味わいアップ……という意味があります
いりことゴマをフライパンで煎ってから、
すり鉢でよーく味噌と練り合わせて作った冷や汁は実にうまい……手間をかけただけある味になります
出汁入りの味噌は最初からこのうま味がプラスされているわけですが、
正直、冷や汁にして、ここまでおいしくなるとは思っていませんでした
簡単に作りたい場合は
うめえ
出汁入り味噌に焼きをつける、これで充分！

※いりこは頭とはらわたを取ったもの。

MEMO 料理人の世界では「擂《す》る」を忌み言葉として使わない人も多く、「あたる」と言うそうです。すり鉢も「あたり鉢」と呼びます。

レシピ②少し本格的に作るツナ缶冷や汁

材料 2〜3人分

ツナ缶（水煮タイプ）　1缶
A［焼味噌　大さじ3
　 ごま　大さじ3
塩もみキュウリ　適量
塩もみナス　適量
水　300㎖

宮崎の冷や汁を取材していたとき、「味噌にいりこを加える」派以外に、焼いたアジだったり、カマスの干物だったり、タイやトビウオを焼いて加える……という人も

中でも印象的だったのが、

「めんどうくさいので、ツナ缶で代用している」という声
シーチキン

①塩もみキュウリを作っておきます
（108ページ参照）

魚を焼いてほぐす手間をはぶいた省略&缶詰の活用レシピ！

うめぇ

実際にやってみたら、さっぱりライトな味わいの冷や汁になるんです

②ここでは鮮度のよいナスも手に入ったので、キュウリ同様に塩してもんでおきました
（塩もみの方法はキュウリと同様に）

慣れてきたら好みの野菜をプラスして自由に楽しんでください

すり鉢をお持ちの方はぜひ試してみてください！

材料のゴマは、そのままでもかまいませんが、フライパンに入れて弱火で3分ぐらいゆすりつつ煎《い》っておくとさらに香ばしくなります

※煎る際は油などをひく必要はありません。

MEMO　塩もみしたキュウリやナスはそのままでもいいつまみになります。そこにおかかなんかを和えるとさらに風味がアップしますよ。

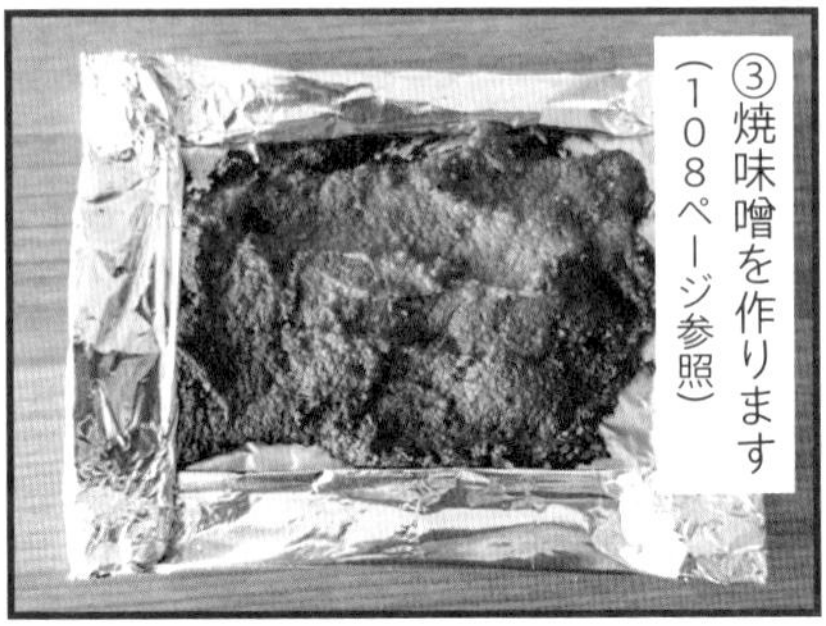
③焼味噌を作ります
（108ページ参照）

④すり鉢にAを入れ、
すり合わせていきます

※ツナ缶（水煮タイプ）は汁ごと入れましょう。宮崎ではここにピーナッツを加える方もけっこういました。

⑤ゆっくりすりましょう

⑥ペースト状
になればOK

※めんどうなら、ツナ缶と味噌だけにして、最後にすりゴマを加えてもいいです。

⑦水に溶きましょう。
まず、分量の⅔を
入れて味見してください

残りを加えつつ、
好みの味にしましょう
好みの濃さになったら、

※味見は3回ぐらいまでを目安にしましょう。何度も味見するとよくわからなくなるものです。

⑧用意しておいた
野菜類を入れます

魚を焼いてほぐす手間を
はぶいた省略＆缶詰の
活用レシピ！

うめぇ

実際にやってみたら、
さっぱりライトな味わい
の冷や汁になるんです

次に、
日本にはいろんな種類の
味噌がありますが、
愛知県や岐阜県で愛され
る八丁味噌を使った「赤
だし」、そして西日本で
おなじみの「白味噌」
この2つは冷や汁に
合うのだろうか？
トライしてみました

レシピ③冷や汁の変化球メニュー「赤だし」

材料 2〜3人分

赤だし　大さじ3
水　300ml
塩もみキュウリ　適量
トウモロコシ
（ゆがいたもの）　適量
※簡単にすませるなら缶詰がおすすめ
クレソン　適量

①オーブントースターで味噌を6分半焼きます
ただし、焼き目をつけることで赤だしの特性であるスッキリした辛さを殺すきらいがあるので、ごく控えめに焼きづけます

②味噌を水で溶いて野菜類を入れます

③正直、「あまり合わないかなあ」と思っていましたが、キリリと冷やすとなかなかにおいしい！

うん、サラダスープ感覚で食べられます！

レシピ④冷や汁の変化球メニュー「白味噌」

材料 2〜3人分

白味噌　大さじ3
水　200ml
塩もみキュウリ　適量
トマト　適量
カイワレ菜　適量
※白味噌の甘さを引き立たせるには酸味や苦味のある野菜がいいようで、スライスした紫玉ねぎ、スプラウト類もおすすめ。クルトンを入れてもおいしい

①オーブントースターで味噌を6分半焼きます
強めに焼き目をつけるのがおすすめです

②味噌を水で溶いて野菜類を入れます

③内心、「ちょっとキワモノなしあがりになるのでは」と思ってたんですが

意外や、イケる！おお、うれしい誤算……

豚バラキャベツにんにく鍋にハマってしまった【ピェンロー鍋を超えた？】知ってる人は知っている穴場レシピ

文・撮影　鷲谷憲樹

豚バラを言い訳に、
キャベツとにんにくを
大量に食べられて
シメの中華麺が
ぶっちぎりで
おいしい
お鍋があるんです

豚バラの脂がおいしくて
味が染みたキャベツを
どっさり食べられて

尋常ならざる量の
にんにくがほくほくで
もう食える食える

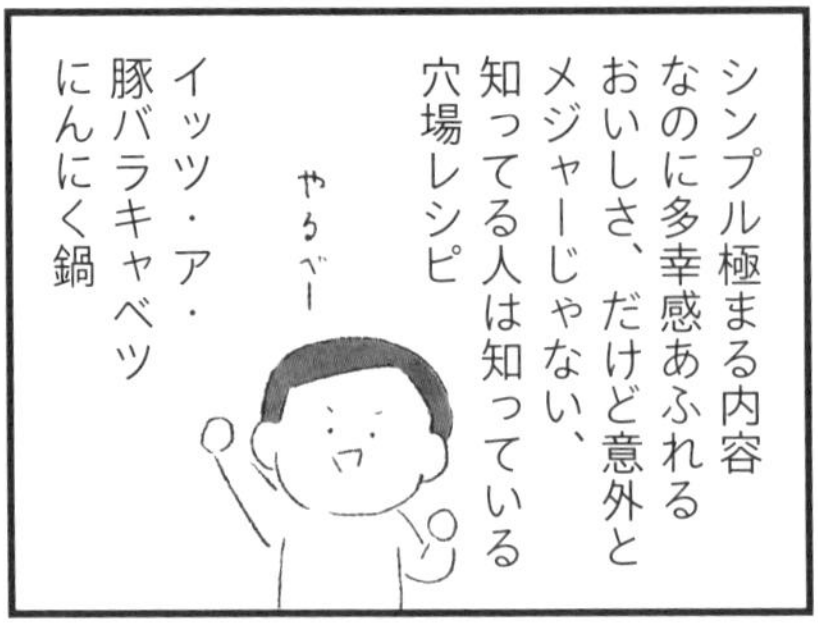
シンプル極まる内容
なのに多幸感あふれる
おいしさ、だけど意外と
メジャーじゃない、
知ってる人は知っている
穴場レシピ
やるべー
イッツ・ア・
豚バラキャベツ
にんにく鍋

『メシ通』記事へ

材料 2人分

豚バラ肉 200～300g
キャベツ 半玉
にんにく 2玉
中華麺 2玉
A ［酒 1カップ
　 ［水 4カップ
塩 小さじ2
黒胡椒 適量

口に入れたとき、
素材そのものの
うまさを感じるサイズに
すると幸せになれます

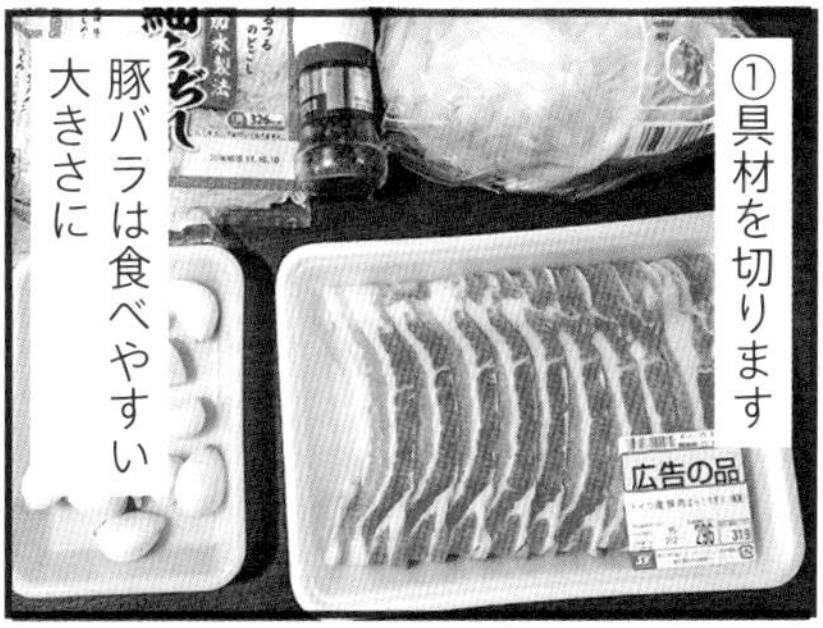
①具材を切ります
豚バラは食べやすい
大きさに
広告の品

②キャベツは食べでの
あるザク切りに

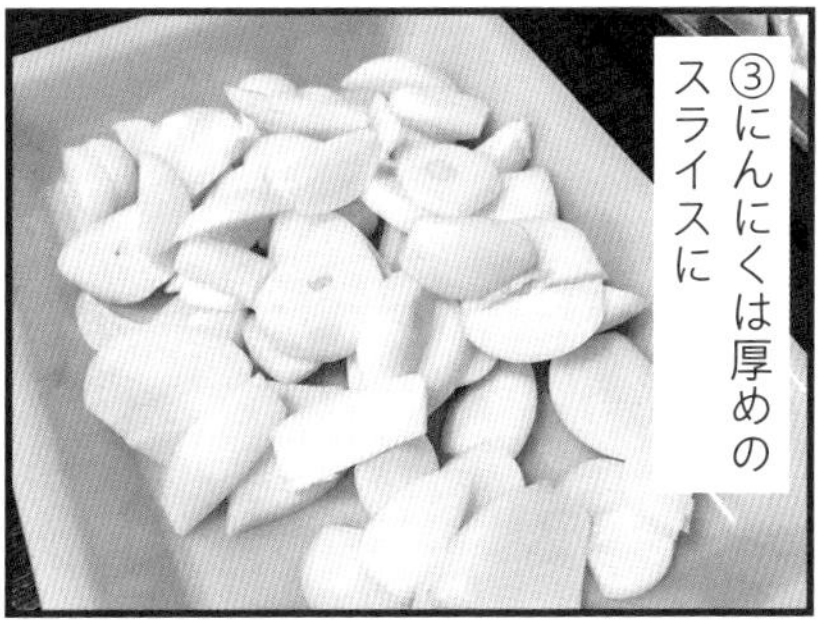
③にんにくは厚めの
スライスに

④**A**を鍋に入れて
沸騰させましたら

⑤にんにくを全量どーん

⑥豚バラもどーんと
入れて、煮立ったら
アクを取ります

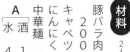

⑦豚バラに火が通ったらキャベツをどっさり入れて
⑧塩で味付け
味付けはこれだけですし、これだけで十分です
⑨フタして煮ます
このキャベツのグリーン、うまそう
なんとこれで完成です
こんなにたくさんのにんにくを食べられる調理法は、他にあまり知りません
辛味や臭みがまるでなくて、ほくほくの食感とあの食欲をあおるガーリックフレーバーがバシッと決まっております
塩味オンリーなので豚にんにくの風味が素材そのまま味わえて、たいそう幸せな気持ちになります
うめぇ
わりとスムーズに食べられてしまうので早々にシメへと移行します
残った汁で中華麺をゆでること1分

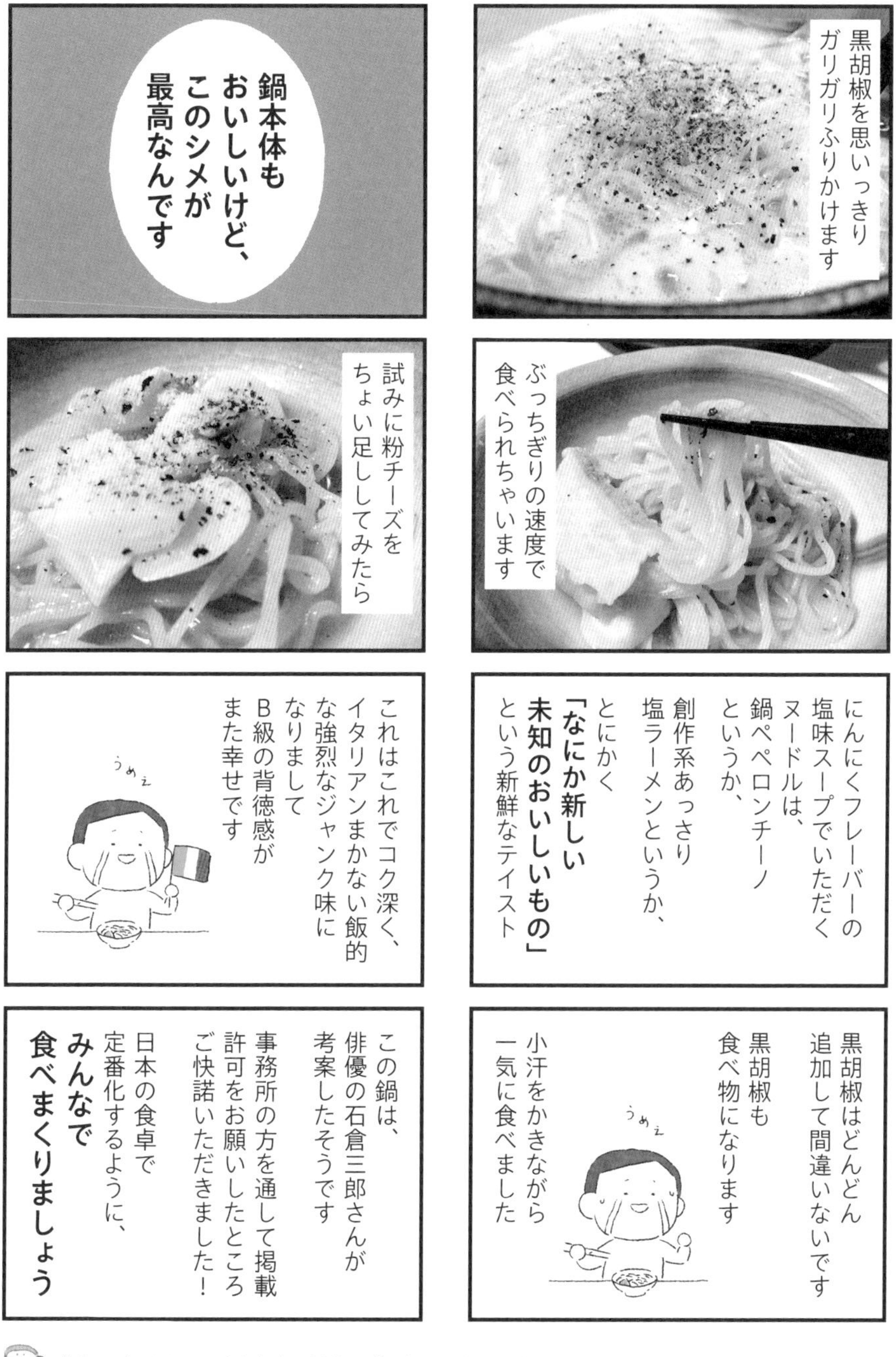
黒胡椒を思いっきりガリガリふりかけます
鍋本体もおいしいけど、このシメが最高なんです
ぶっちぎりの速度で食べられちゃいます
試みに粉チーズをちょい足ししてみたら
にんにくフレーバーの塩味スープでいただくヌードルは、鍋ペペロンチーノというか、創作系あっさり塩ラーメンというか、とにかく「なにか新しい未知のおいしいもの」という新鮮なテイスト
これはこれでコク深く、イタリアンまかない飯的な強烈なジャンク味になりまして B級の背徳感がまた幸せです
うめぇ
黒胡椒はどんどん追加して間違いないです
黒胡椒も食べ物になります
小汗をかきながら一気に食べました
うめぇ
この鍋は、俳優の石倉三郎さんが考案したそうです
事務所の方を通して掲載許可をお願いしたところご快諾いただきました！
日本の食卓で定番化するように、みんなで食べまくりましょう

MEMO 数多くの映画やドラマ、舞台などでご活躍の石倉三郎さん。ありがとうございました!!

山形芋煮戦争
もう、決着しなくていいじゃないか問題
芋煮に貴賤なし

文・撮影　秋葉 実

『メシ通』記事へ

東北では
「川原などで
里芋を煮て食う」
という秋の習慣があり、
なかでも山形は盛んで、
コンビニでは当然のよう
に薪《まき》が売られますし、
毎年開催する「日本一の
芋煮会フェスティバル」
では、ショベルカーが
巨大鍋の芋煮を
かき混ぜたりします

そんな芋煮会ですが、
じつは根深い問題を
抱えています

山形県内では入れる
具材と味付けにおいて
相容れない
勢力争いがあり、
「牛肉なんて正気か？」
「豚汁を食って
楽しいの？」
といった争いが
毎年毎年、
繰り広げられるのです

MEMO
山形では秋になるとコンビニで薪が販売される他、スーパーで鍋の貸し出しもやっている。思い立ったら手ぶらでも芋煮会を開催可能。

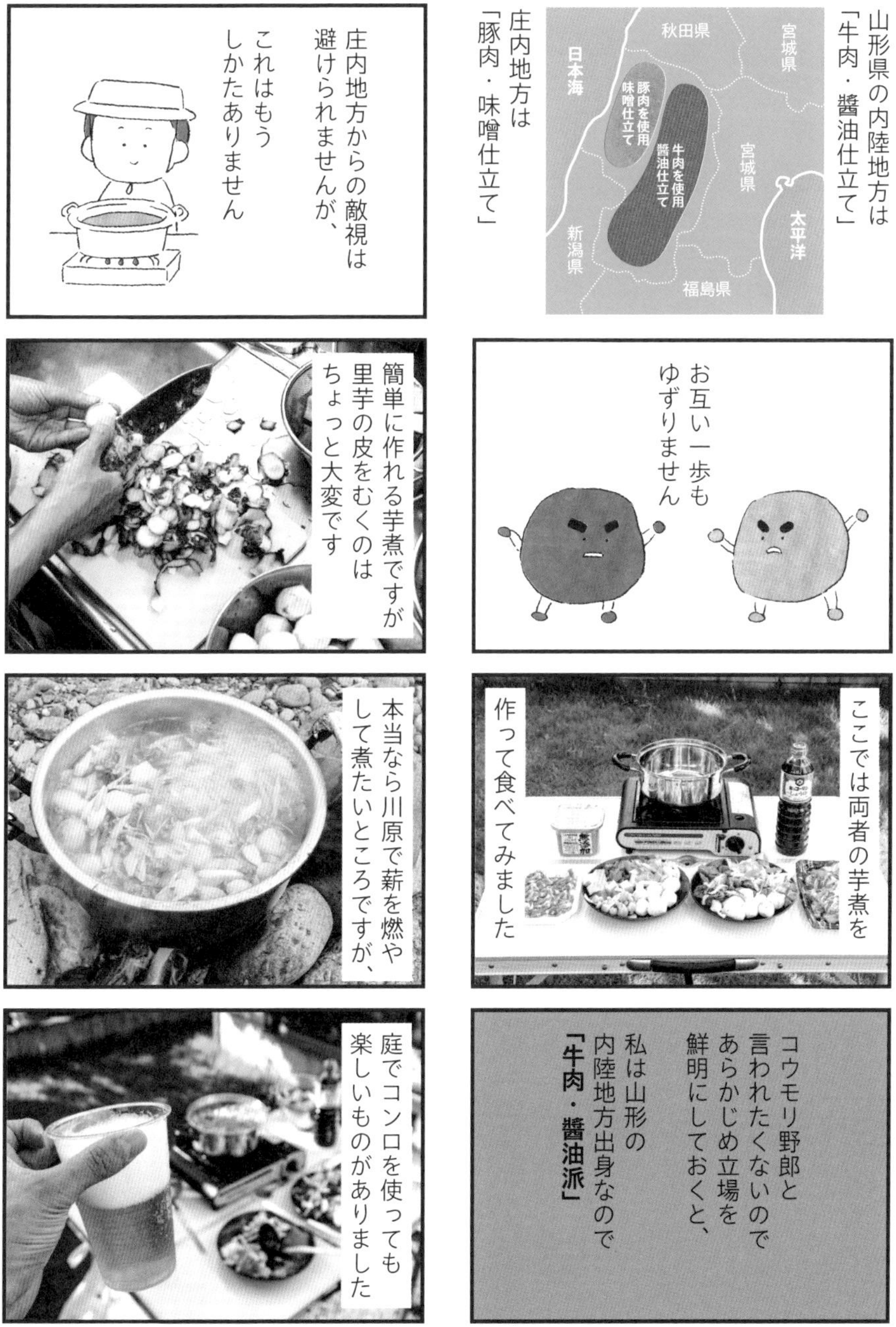
山形県の内陸地方は「牛肉・醤油仕立て」
庄内地方は「豚肉・味噌仕立て」
秋田県
宮城県
日本海
豚肉を使用味噌仕立て
牛肉を使用醤油仕立て
宮城県
太平洋
新潟県
福島県
庄内地方からの敵視は避けられませんが、
これはもうしかたありません
お互い一歩もゆずりません
簡単に作れる芋煮ですが里芋の皮をむくのはちょっと大変です
ここでは両者の芋煮を
作って食べてみました
本当なら川原で薪を燃やして煮たいところですが、
コウモリ野郎と言われたくないのであらかじめ立場を鮮明にしておくと、
私は山形の内陸地方出身なので「牛肉・醤油派」
庭でコンロを使っても楽しいものがありました

MEMO 「日本一の芋煮会フェスティバル」に使われるショベルカーは完全芋煮使用。先っちょのバケットは専用に作られたステンレス製で、可動部の油にはバターや大豆油を使用。ちなみにフェスティバル終了後は油を入れ替え、新古車として販売される。

レシピ①庄内風「豚肉・味噌仕立て」

材料

里芋
豚肉
味噌
厚揚げ
シメジ
ニンジン
長ネギ
こんにゃく
※具材や量はお好みで

厚揚げを入れるのが
ポイントのようです

①まずは里芋を
入れて調理スタート

②沸騰したら一度お湯を
捨てるかどうかなど、
地域や家庭によって
細かいレシピの違いも
ありますが、
基本的に
火の通りにくいものから
投入していきましょう

③肉を入れてアクを取り
火が通ったら味噌を投入

庄内風ならではの
味噌仕立て
内陸地方出身の私には
何やらタブーを
冒しているような……

完成しました。なかなか
おいしそうな豚じ……
おっと失礼、芋煮です

正直、うまかったです
ふと子供の頃の記憶が
蘇りました。
小学校時代は毎年、
何度も何度も
芋煮をやりました。
いろいろな芋煮を
試したものです。
そう、豚肉・味噌仕立て
もそのときに試して
知っている味なのでした。
懐かしい……。

MEMO 芋煮会の場所は川原が定番だが、庄内地方なら海辺というロケーションも楽しむことができ、それは内陸出身者からするとちょっぴりうらやましい。

レシピ②内陸地方風「牛肉・醤油仕立て」芋煮

材料

里芋
牛肉
醤油
舞茸
ニンジン
長ネギ
こんにゃく

※具材や量はお好みで

牛肉以外の具材は
家庭によって違います

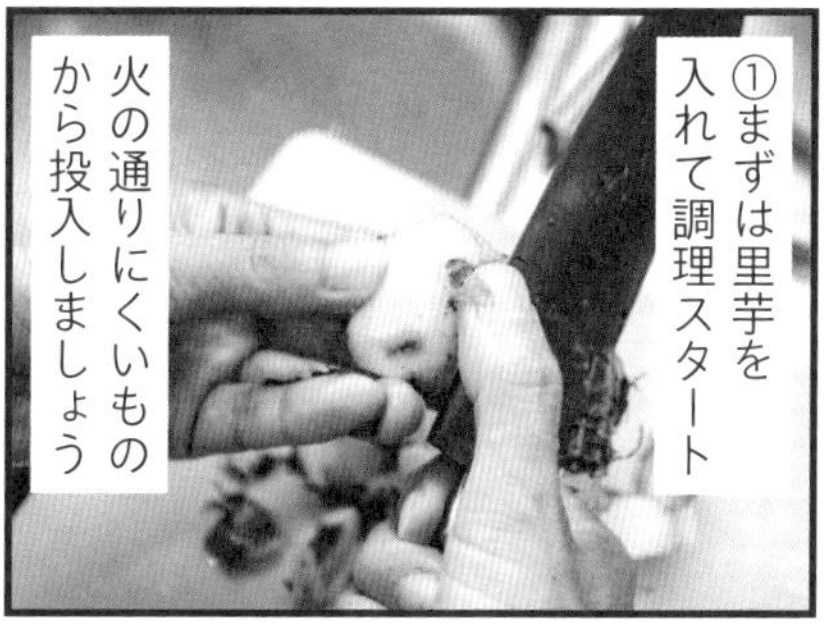

①まずは里芋を
入れて調理スタート
火の通りにくいもの
から投入しましょう

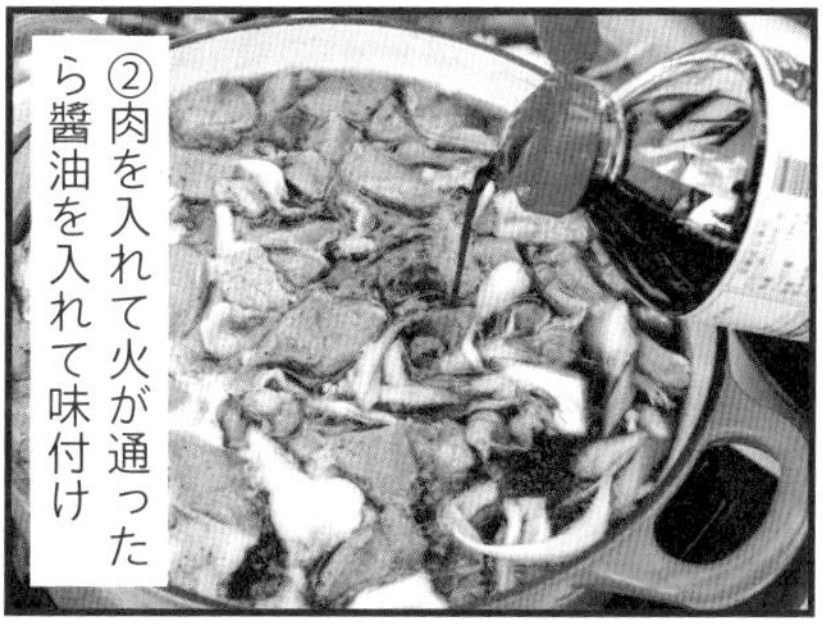

②肉を入れて火が通った
ら醤油を入れて味付け

王道のしあがりです
安定のおいしさでした

※もう少し牛肉を入れて、油が浮いていてもよかったかもしれません。

庄内地方のみなさん
スイマセン
ペこり
「牛肉・醤油仕立て」を
ひいきにすることは
やめられません

「日本一の芋煮会
フェスティバル」が
開催されているのは
内陸地方の
山形市ですし、
「牛肉・醤油仕立て」が
本家、メジャーで
あることはゆるがない
のではないでしょうか

しかし……

MEMO 山形人に芋煮のレシピを訊くと「味付けは醤油のみ」と出汁に触れないことが多いが、それは出汁醤油を使うことが多いため。山形のローカル醤油「味マルジュウ」が定番。

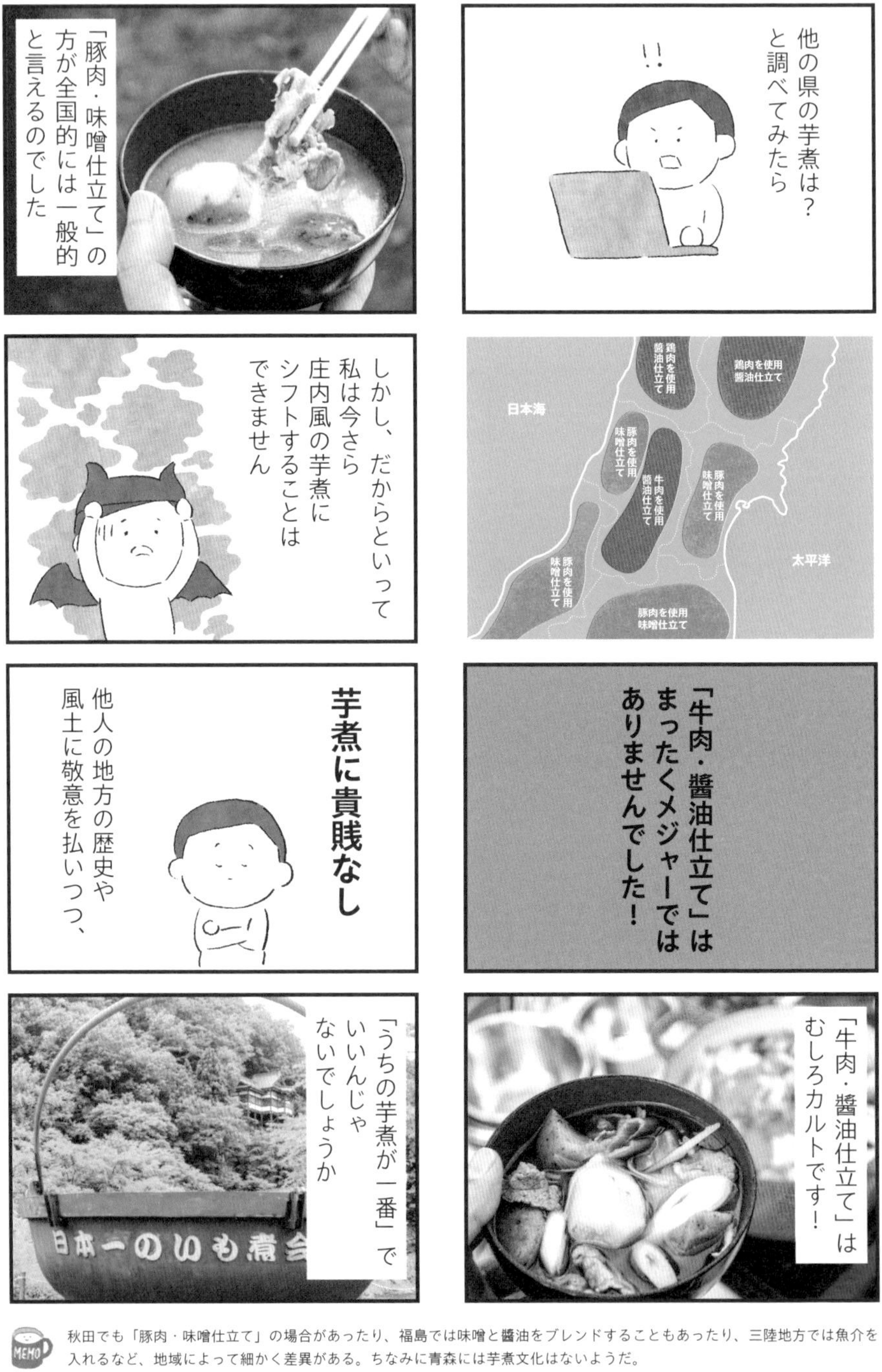

他の県の芋煮は？
と調べてみたら
!!
日本海
鶏肉を使用
醤油仕立て
鶏肉を使用
醤油仕立て
豚肉を使用
味噌仕立て
牛肉を使用
醤油仕立て
豚肉を使用
味噌仕立て
豚肉を使用
味噌仕立て
太平洋
豚肉を使用
味噌仕立て
「牛肉・醤油仕立て」は
まったくメジャーでは
ありませんでした！
「牛肉・醤油仕立て」は
むしろカルトです！
「豚肉・味噌仕立て」の
方が全国的には一般的
と言えるのでした
しかし、だからといって
私は今さら
庄内風の芋煮に
シフトすることは
できません
芋煮に貴賤なし
他人の地方の歴史や
風土に敬意を払いつつ、
「うちの芋煮が一番」で
いいんじゃ
ないでしょうか
日本一のいも煮

MEMO 秋田でも「豚肉・味噌仕立て」の場合があったり、福島では味噌と醤油をブレンドすることもあったり、三陸地方では魚介を入れるなど、地域によって細かく差異がある。ちなみに青森には芋煮文化はないようだ。

ブリ刺身を濃いめ＆どシンプルなつゆで食べる「ねぎブリ鍋」を作ってほしい

ブリは火を通すことで甘味がぐんと引き出されます

文・撮影　魚屋三代目
企画協力　レシピブログ

『メシ通』記事へ

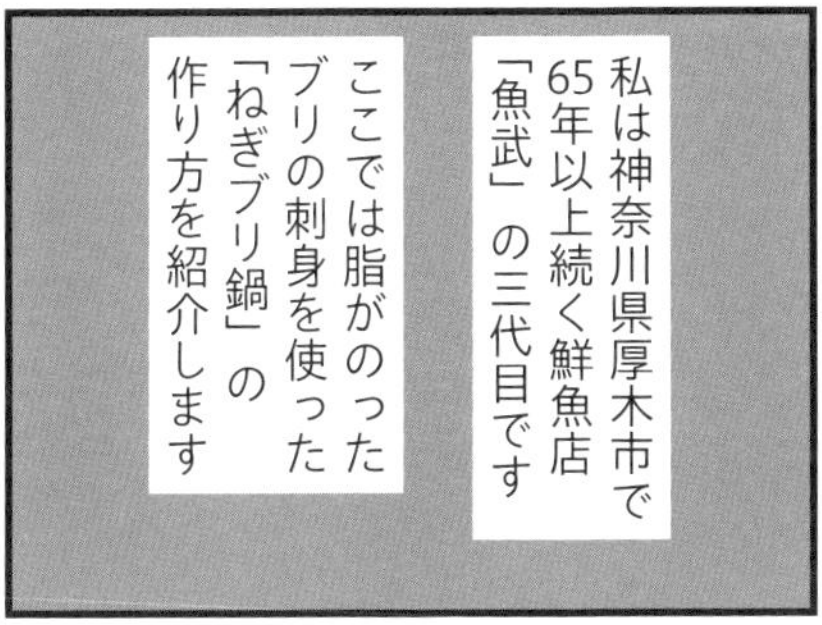
私は神奈川県厚木市で
65年以上続く鮮魚店
「魚武」の三代目です
ここでは脂がのった
ブリの刺身を使った
「ねぎブリ鍋」の
作り方を紹介します

しゃぶしゃぶで
すぐに食べても、
半分レアくらいでも、
お好みでしっかり
火を通しても
おいしいですよ

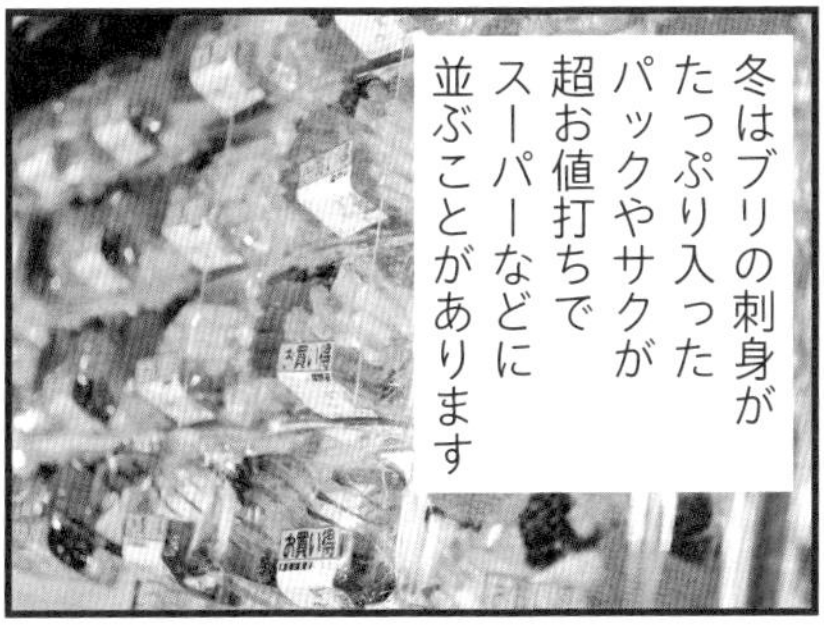
冬はブリの刺身が
たっぷり入った
パックやサクが
超お値打ちで
スーパーなどに
並ぶことがあります

刺身で
食べきれない分を、
趣向を変えて
熱々のねぎブリ鍋にして
楽しむのもいいですね

材料 1人分

ブリの刺身　7切れほど
※あれば厚切りで。サクを約2cmの厚さの刺身にするのもおすすめ
長ネギ　1/2本
※斜めに切る
生姜　スライス3枚
輪切り赤唐辛子　少々
めんつゆ（3倍濃縮）　50mℓ
水　300mℓ
醤油　大さじ2
酒　大さじ2

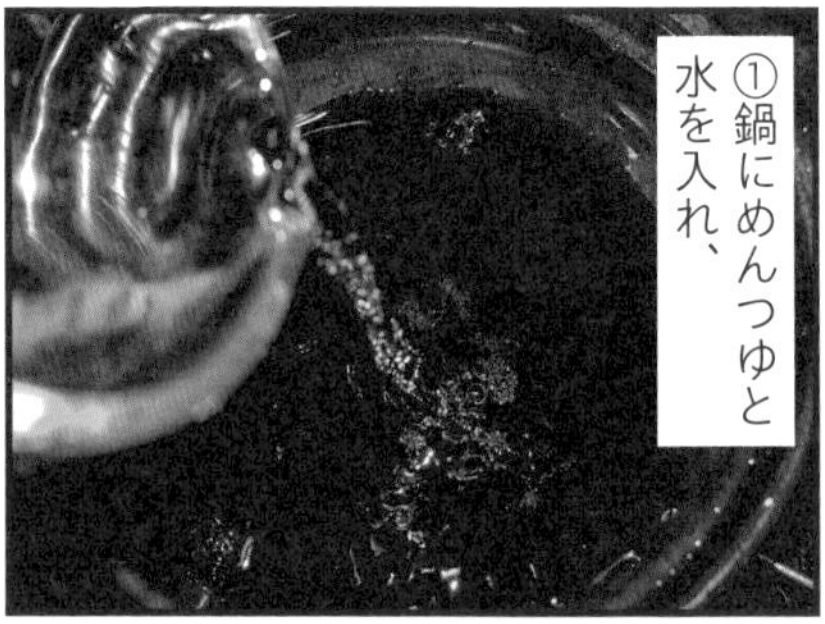
①鍋にめんつゆと水を入れ、

②醤油と酒を加え、

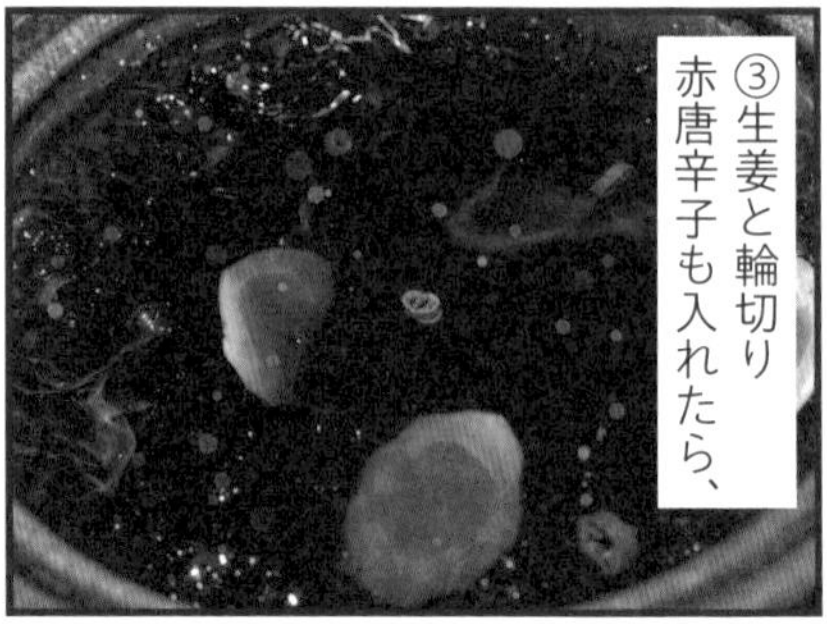
③生姜と輪切り赤唐辛子も入れたら、

④中火でひと煮立ちさせます

⑤長ネギを入れ、

⑥やわらかくなるまで煮ます

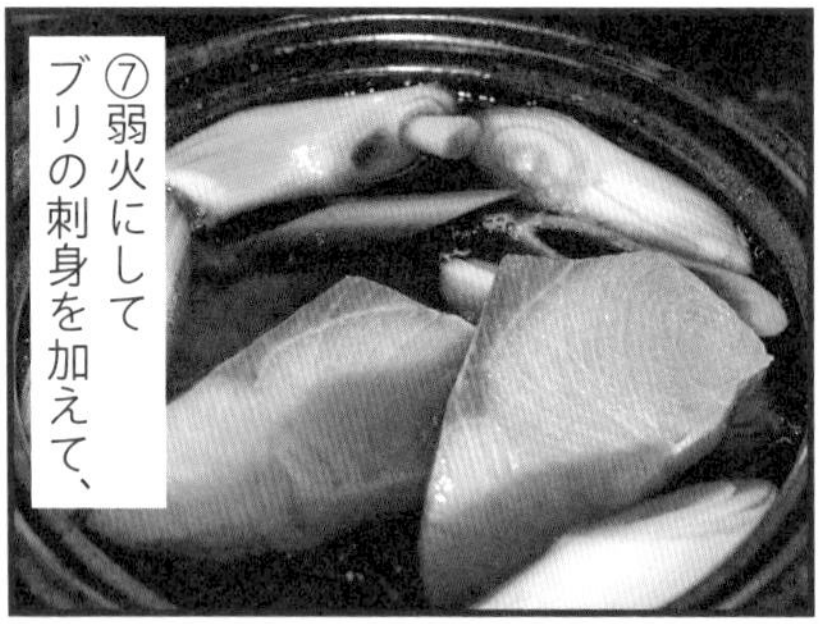
⑦弱火にしてブリの刺身を加えて、

お好きな加減に
火を通していただきます
刺身は煮崩れないよう
できれば厚く切って
あるものがおすすめ！
もし薄めのスライス
でしたら、食べる直前に
鍋に入れて食べると
よいと思います
一度にすべてのブリを
加えて煮てしまうと、
最後の方でブリに
火が通りすぎて
固くなってしまうので
ご注意を
まず半量くらい入れて
食べはじめて、
なくなったら
残りを加えるのが
おすすめです
このねぎブリ鍋を
酒の肴《さかな》にしたら、
迷わず蕎麦で
シメてください
完成
蕎麦が最高に合います！
ブリは火を通すことで
甘味がぐんと
引き出されます
熱燗、ビール、それから
ご飯のおかずにも
お試しください
うめぇ
冷凍蕎麦なら解凍を、
乾麺ならゆでたものを
用意しておいて、
鍋に入れて温めてから
ズズっと！
薬味に七味唐辛子を
パラっとふるのも
いいですよ
ズズッ

「ハリハリ鍋」は財布に優しく手間もいらず野菜もたっぷりとれるスグレ鍋だった

大阪人が愛する名物料理

文・撮影　白央篤司

「メシ通」記事へ

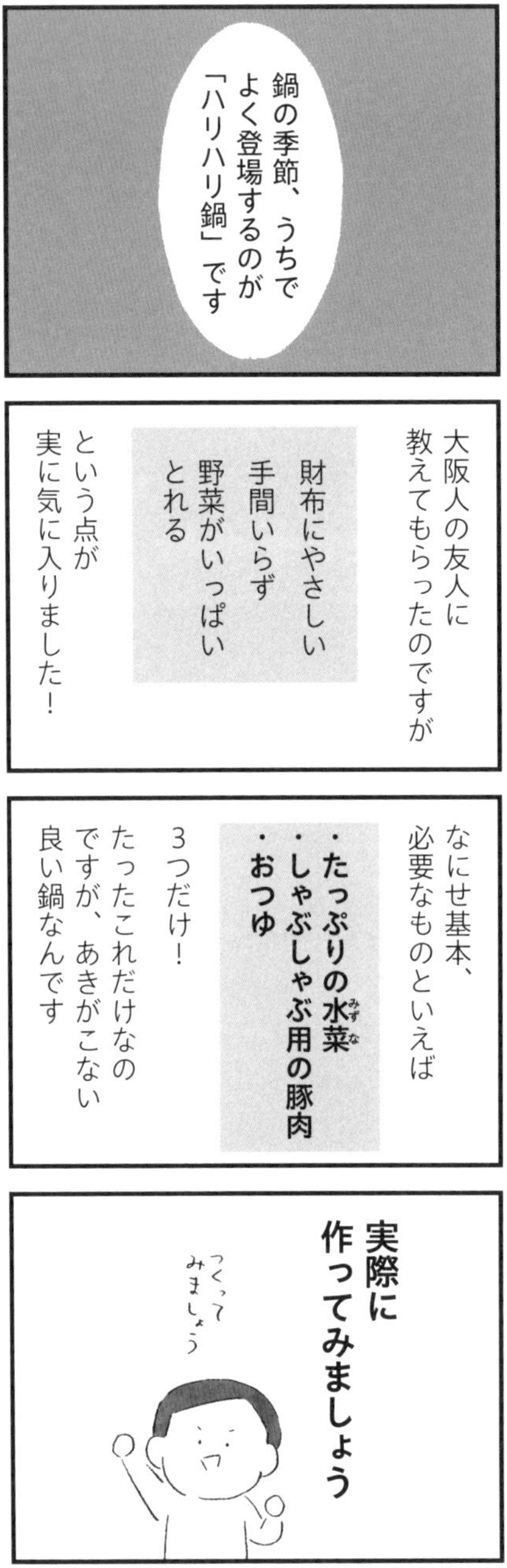

鍋の季節、うちでよく登場するのが「ハリハリ鍋」です
大阪人の友人に教えてもらったのですが
財布にやさしい
手間いらず
野菜がいっぱいとれる
という点が実に気に入りました！
なにせ基本、必要なものといえば
・たっぷりの水菜《みずな》
・しゃぶしゃぶ用の豚肉
・おつゆ
3つだけ！
たったこれだけなのですが、あきがこない良い鍋なんです
実際に作ってみましょう
つくってみましょう

MEMO　ハリハリ鍋は大阪や京都を中心に関西で広く食べられています。

材料 2人分

（おつゆを作る場合）
カツオと昆布の出汁 1ℓ
※好みの出汁でOK

A
酒 大さじ2
みりん 大さじ2
醤油 大さじ3と½
塩 小さじ⅓

※鍋のおつゆは市販の白出汁やめんつゆを使ってもOKです

豚肉 300g
水菜 2束

おつゆを調味料で一から作る場合、**A**を混ぜます
カツオと昆布の出汁は濃いめにしましょう
素材が少ない分、おつゆでうまみをしっかりと！

※甘めが好みでしたら、みりんを大さじ1足してください。

①水菜を冷水に30分ほど漬けておきます

※寒い季節なら、暖房の当たらないところで水道水そのままでOKです。

②水菜の根元を1cm切り5〜6cm幅に切ります

冷水に漬けることでみずみずしく、よりシャッキリした食感が楽しめます
単純な鍋だけに、水菜の食感がかなりキモです

③水菜をこんもりと大皿に盛ります

※大阪の友人いわく、「こんもりと大皿に盛るのがハリハリ風」なのだそうです。

②鍋のおつゆを用意します
簡単にやるなら市販の「白出汁」を使うのが一番！

※個人的にはかつお風味しっかりの「特選 料亭白だし」（七福醸造）が気に入っています。

ちなみに「ハリハリ」とは水菜のシャキシャキした食感からきているそうですよ

MEMO 「白出汁」はカツオや昆布などの出汁に塩気や甘味を加えて作られ、各社からいろいろなものが発売されています。昆布の味わいが強調されていたり、鶏出汁を加えたものがあったり、個性もいろいろ。

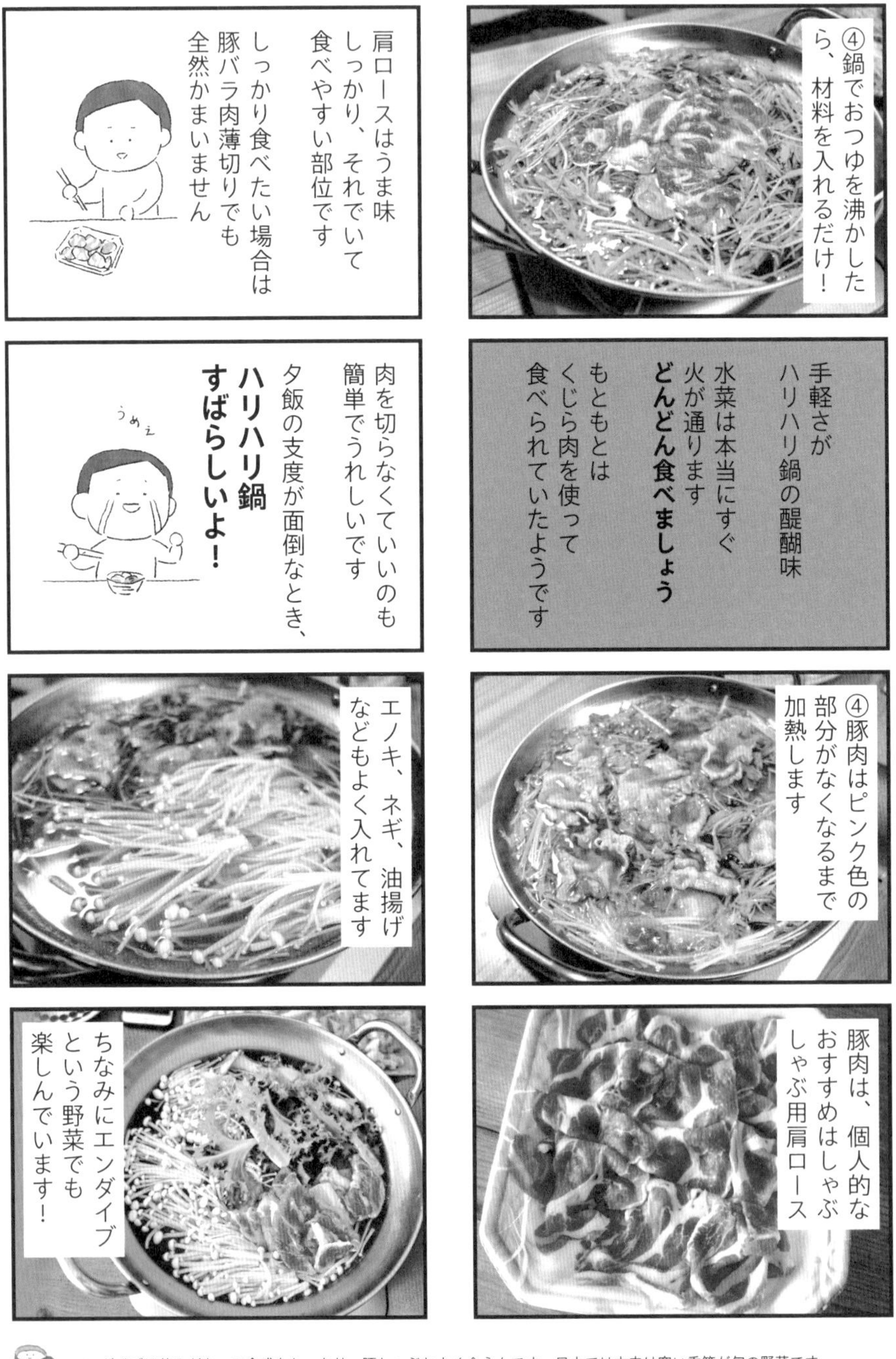

④鍋でおつゆを沸かしたら、材料を入れるだけ！
手軽さがハリハリ鍋の醍醐味
水菜は本当にすぐ火が通ります
どんどん食べましょう
もともとはくじら肉を使って食べられていたようです
④豚肉はピンク色の部分がなくなるまで加熱します
豚肉は、個人的なおすすめはしゃぶしゃぶ用肩ロース
肩ロースはうま味しっかり、それでいて食べやすい部位です
しっかり食べたい場合は豚バラ肉薄切りでも全然かまいません
肉を切らなくていいのも簡単でうれしいです
うめぇ
夕飯の支度が面倒なとき、
ハリハリ鍋すばらしいよ！
エノキ、ネギ、油揚げなどもよく入れてます
ちなみにエンダイブという野菜でも楽しんでいます！

※昔のハリハリ鍋はクジラの尾の肉やコロ（皮）と水菜で作られていたそうです。

※ちょっと七味や山椒をふって味わいを変えても楽しめます。

※大阪の人が言うには「多くても具材は3種類ぐらい。あまりいろいろ入れるとハリハリ鍋っぽくなくなる」

MEMO エンダイブは苦みがあって食感もしっかり、豚しゃぶとよく合うんです。日本では本来は寒い季節が旬の野菜です。

第4章 野菜編

超シンプル「ザワークラウト」自作で野菜消費量3倍を目指す【塩とキャベツだけ】

文・撮影　ちみを

忙しい現代人
食べているつもりで食べていないのが、
野菜
私もいちおう食生活には気を使っているつもりではあったのですが、
先日、冷静に1日の献立を思い返してみると、ちょっとゾッとするものがありまして……
朝：抜き（前夜飲みすぎにつき）
夜：ビール（ツマミなし）
昼：カツ丼
コレはいい年した大人の食生活として非常に恥ずべき状態ではないかと、
我ながら得も言われぬ強い焦燥感を覚えたのです

『メシ通』記事へ

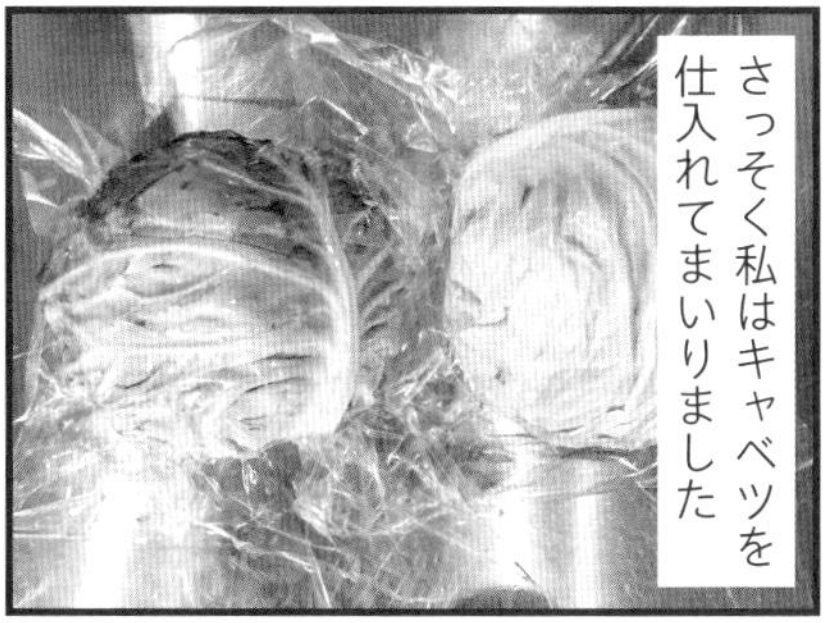
さっそく私はキャベツを
仕入れてまいりました

※新鮮なキャベツを使いましょう。

①保存する瓶（密閉できるもの）をきれいに洗い、消毒します

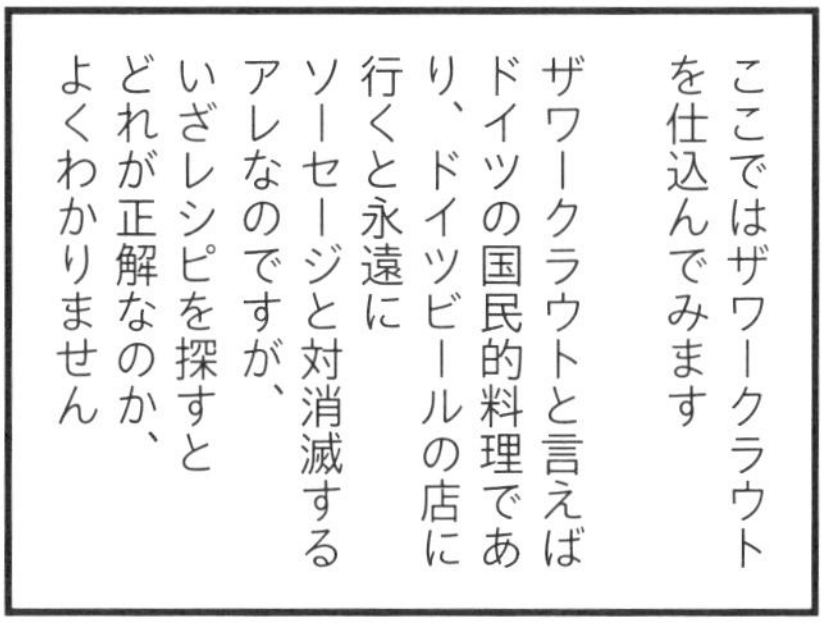
ここではザワークラウトを仕込んでみます
ザワークラウトと言えばドイツの国民的料理であり、ドイツビールの店に行くと永遠にソーセージと対消滅するアレなのですが、いざレシピを探すとどれが正解なのか、よくわかりません

煮沸消毒が面倒な場合は、食器に使ってＯＫな市販のキッチン用アルコール除菌スプレーを使いましょう
かんたん

しかし実は、絶簡単にできます
材料の重ささえ量れば、難しいことはありません
材料はなんと2つだけ、「塩とキャベツオンリー」
かんたん

②キャベツを洗って千切りにし……

※まな板や包丁を消毒しておくなど、清潔な環境で行いましょう。

③キャベツが約1000gだったので20gの塩を加え……

材料

キャベツ　1玉
塩　キャベツの重量に対して2％

MEMO 条件次第で発酵が早く進んだり、逆に進まずに腐敗したりする場合があります。調理する場合は十分に注意して行ってください。

④軽くもんで
クタッとさせる

⑤しばし放置し水分が出
てきたらそれごと瓶に詰
め、日陰の常温で1週間
ほど放置したら完成

⑥あとは
キャベツに付着した
乳酸菌が大暴れする
さまを毎日見届ける
だけです

⑦発酵が進むと、さらに
水分が出てくるので気が
向いたら混ぜましょう

⑧発酵の進む過程でフタ
を開けると「ブシュン」
とガスが噴き出しますが
成功している証しですね

※破裂の恐れがあるので、朝晩フタを
開けてガス抜きしましょう。

⑨発酵の浅いうちは
若干の腐敗臭がしますが、
1週間もすると
落ち着きます
ドッシリかまえて、
できあがりを
待ちましょう
できあがったら冷蔵庫で
1年くらいは持ちます

⑩1週間後……
市販のものより
シャキッとしてうまい
完全にこの密閉空間を
乳酸菌が支配しており
ワイルドな酸味が
すばらしい

※夏は1~3日、冬は3~7日ほど
常温で置くのが目安です。

せっかくなのでいろいろ
料理したいと思います
ザワークラウトは優秀な
常備菜でありつつ
食材としての汎用性も
申し分ないという
非凡なユーティリティー
プレイヤー
食べ方バリエが
無限なのです

レシピ①ザワークラウトのツナトマトスープ

材料

トマト缶　1個 ※400g
ツナ缶　1個
ザワークラウト　約200g
コンソメ　キューブ1個

①鍋に全部突っ込んで、

②煮込むだけ
かんたん

③包丁も使いません

完成！　色彩も風味も
バチさわやかな奴

さわやかな酸味は
起床後のまどろみの
なかですすするには
ピッタリの逸品
うめぇ

塩味はザワークラウトの
塩分で必要十分

コクになるので
ツナ缶は油ごと投下、
ザワークラウトは
汁もレッカーなので
（ドイツ語で「おいしい」
の意味）
一緒に入れると
よいでしょう

しあげにパセリや
バジル、粉チーズなど
を添えるのもいいです

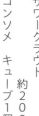

レシピ②ザワークラウトの巣ごもりトースト

材料

食パン（厚め）　1枚
卵　1個
ザワークラウト　適量（どっさり）

※卵を常温に戻しておきましょう。パンの方が先に焦げることを防げます

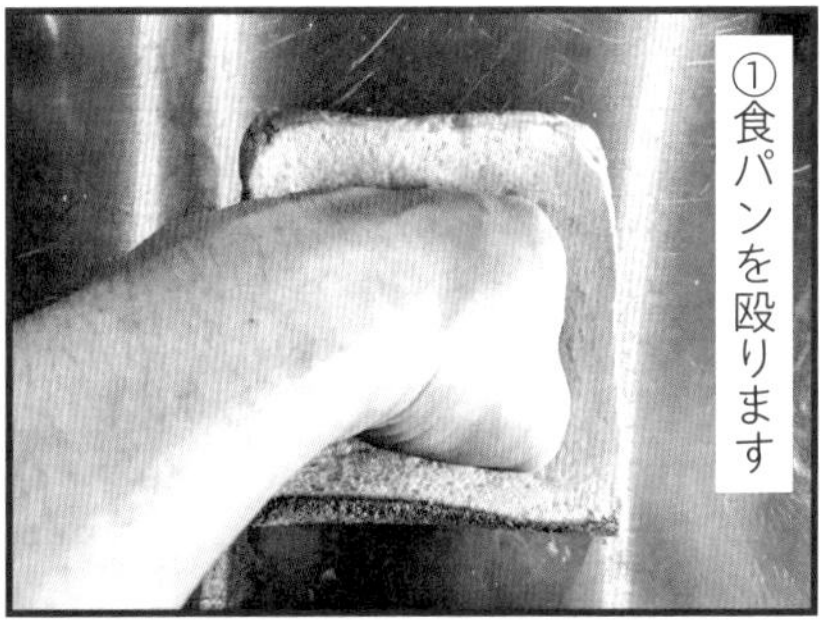
①食パンを殴ります

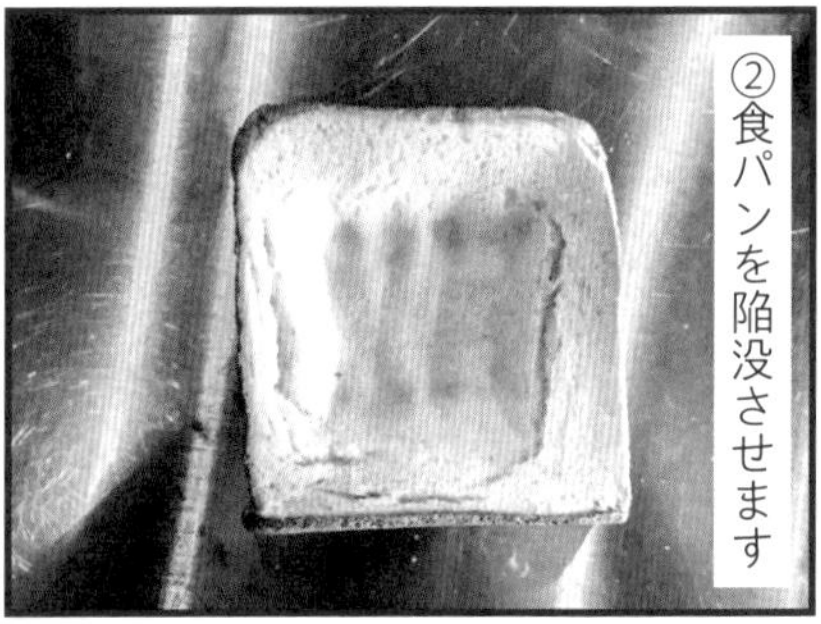
②食パンを陥没させます

③表面にまんべんなくザワークラウトを散りばめます

④中央のクレーターに卵を落とします

⑤グリルかトースターで弱火で5分ほど焼きます
卵の表面が白くなってきたら完成

⑥ケチャップは好みでぶっかけると食べ応えが増します

休日のランチにぴったりなオシャレそうでオシャレじゃない、ちょっとオシャレなトースト
うめぇ

レシピ③ザワークラウトとソーセージのカレー炒め

材料

ソーセージ　1袋
ザワークラウト
　200gくらい
カレー粉　小さじ½
クミン　小さじ½
にんにく　適量
※チューブでOK
胡椒　適量
サラダ油　適量

①ソーセージを適度な
大きさにカット

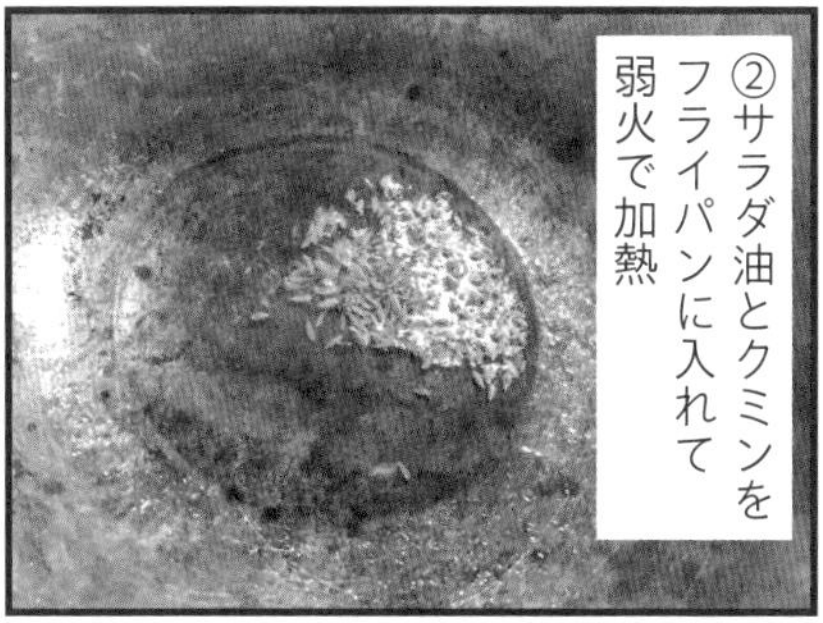
②サラダ油とクミンを
フライパンに入れて
弱火で加熱

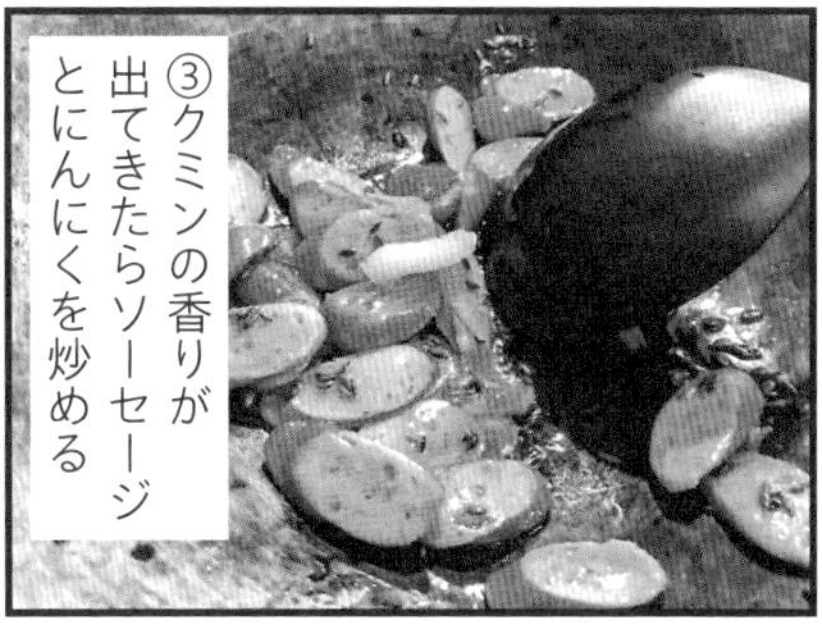
③クミンの香りが
出てきたらソーセージ
とにんにくを炒める

④火が通ったらザワー
とカレー粉と胡椒を
入れ、さらにさっと
炒めたら完成

やっぱソーセージっしょ
君しかいないっしょ

1kgも仕込んだのに
できあがり初日で
ほぼ半分食べて
しまうくらい
すばらしすぎる食材、
ザワークラウト
うめぇ

しかし、ゆでただけの
ソーセージとザワー
クラウトをボリボリ
やっていくのも不変の
真理ではあります

手軽な山形の「だし」の作り方。だいたいでいい。だいたいでなくてもいい。白いご飯にのせて食べる夏の風物詩

文・撮影　秋葉 実

『メシ通』記事へ

関東のスーパーでも
見かけることのある
山形の「だし」
夏野菜を刻んで、
粘りをもった……と、
ちょっと説明に困る
ローカルなご飯のお供、
山形では白いご飯に
のせて食べる
夏の風物詩なんですが、
山形出身の私からすると
「わざわざ買って
食べるものか？」
という疑問があります
本来は「冷蔵庫に
特に何もないときに
サッとできる手軽な
家庭料理」なんです
というわけで
山形の「だし」、
作ってみましょう

材料

キュウリ　2本
ナス　1本
ミョウガ　2本
シソ　5枚
納豆昆布　適量
めんつゆ　適量

※私の家ではキュウリ、ナス、ミョウガ、シソがレギュラーですが、ニラやネギをメンバーに加えるとスタミナ食っぽくなります。オクラやモロヘイヤで粘りを出す場合もあります。ゴーヤなどもいいでしょう

①夏野菜を用意して、

②材料を細かく刻みます

③ナスは水に漬けてアクを抜きます

④納豆昆布をのせ、めんつゆで味つけします

「納豆昆布」はわが家のねばり担当

どのぐらいの細かさに
刻むかというと、
これまたお好みでOK

好みのザクザク感に
応じて、刻む大きさを
調整しましょう

納豆昆布は
一本一本が細いので
野菜と混ざりやすく、
粘りが出やすいのが特徴

ちなみに塩昆布を使う
家庭もありますし、
そもそも「だし」に
粘りを求めず
(昆布類を加えず)、
サラサラ派の
家庭も存在します

MEMO カツオ出汁に酒と醤油でつゆを作ってもいいが、「だし」はアバウトに、手軽に作ってナンボ。夏に火を使いたくない、パパっと済ませたい、そんな要望が反映されているメニューかもしれない。

よーく混ぜたら完成です
唐辛子なんかをかけると
さらに食欲倍増でしょう
冷蔵庫にひと晩寝かせ、
味をなじませるのが
王道ではありますが、
できたてをサラサラっ
といただくのも
間違いじゃありません
ご飯だけでなく
冷奴にもよく合います
ホカホカご飯に
のせていただきます
ビールは
もちろんのこと、
カッパ酎なんて
最高でしょうね
うめぇ
さっぱりとした
さわやかな風味で、
食欲の落ちる夏でも
ご飯がスルスルと
胃に入っていきます
うめぇ
興味を持った方は
ぜひお試しください
材料も作り方も
だいたいでいい
そんな山形の夏メニュー
「だし」の紹介でした

MEMO 火を使わないとはいえ、野菜を細かく刻むのはなかなかの手間。作る人に「簡単にだしでいいよ」とは言いにくい。

普茶料理の「もどき蒲焼」で子どもも納得するか試してみた
うなぎが高ければ山芋を食べればいいじゃない！

文・撮影　飯炊屋カゲゾウ

『メシ通』記事へ

懐を気にせずうなぎを
食べる方法はないか

なんて考えていたら、
普茶《ふちゃ》料理なるものの
存在を知りました

普茶料理とは、
江戸時代初期に
明の僧であった
隠元《いんげん》禅師《ぜんじ》によって
もたらされた
中国式精進料理のこと

そんな普茶料理には
山芋などの野菜を使った

もどきうなぎ

が、あるという
じゃないですか！

それなら１人１尾
食べたって
食材費は知れてます

さっそく自宅で挑戦！
「父ちゃんがうなぎを
食わしてやる」と偽って、
子どもたちに振舞ってみ
ました

MEMO
普茶料理には「うなぎもどき」のほかに、長イモで作る「かまぼこもどき」などがある。

材料 2人分

A
- 大和芋 100g
- レンコン 50g
- ゴボウ 30g
- 豆腐 ¼丁 ※水切りしたもの

焼き海苔 半切2枚
片栗粉 大さじ1
蒲焼のタレ（市販品） 適量

①豆腐以外のAの皮をむいて、ざく切りにし、片栗粉を加えてフードプロセッサーにかけます

②ペースト状になればOK！ ゴボウを入れるのはツブツブの食感がうなぎの小骨っぽいからみたいです

※フードプロセッサーがなければおろし器ですりおろします。

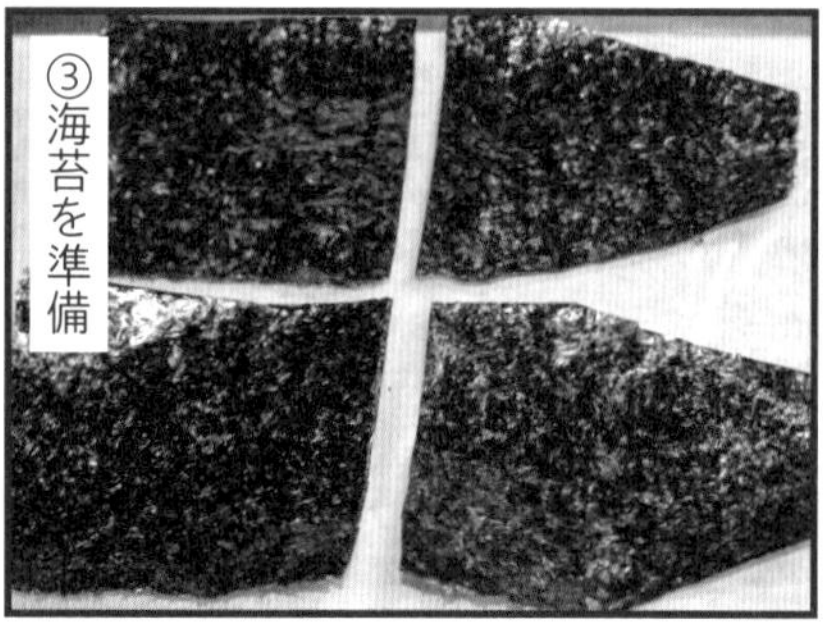
③海苔を準備

※海苔はうなぎの皮に見立ててそれっぽい形に切っておきましょう。

④②のペーストを塗りつけていきます

⑤フライパンにやや多めに油をひき、海苔を下にして中火で揚げ焼きにします

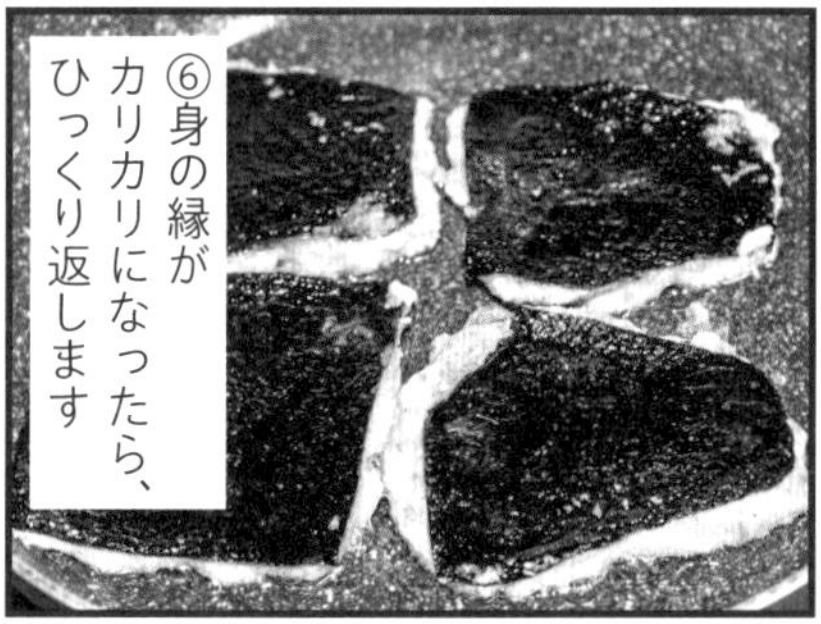
⑥身の縁がカリカリになったら、ひっくり返します

⑦身がキツネ色になればOKで、うなぎっぽく見えるように筋を入れます

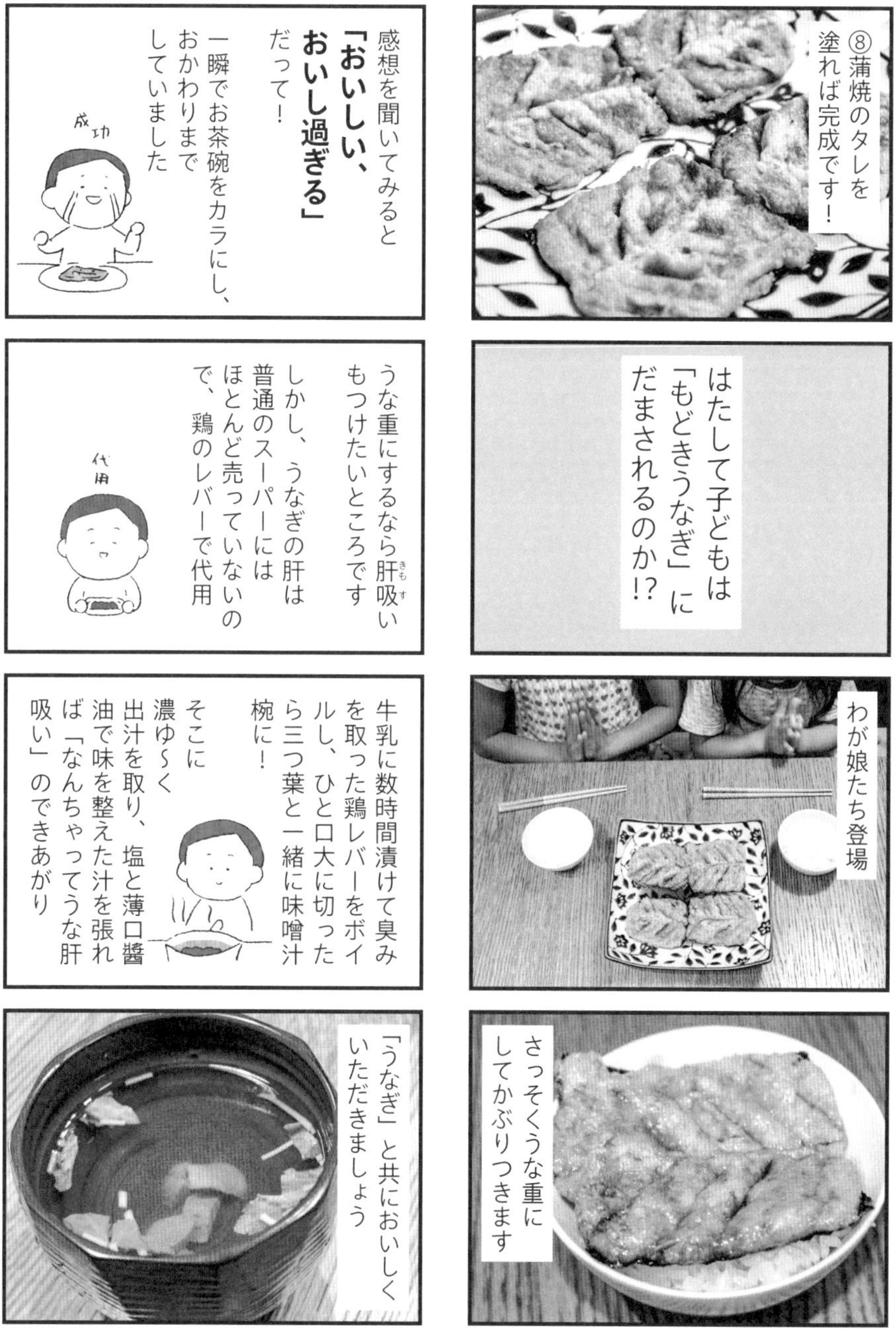
⑧蒲焼のタレを塗れば完成です！
はたして子どもは「もどきうなぎ」にだまされるのか!?
わが娘たち登場
さっそくうな重にしてかぶりつきます
感想を聞いてみると「おいしい、おいしし過ぎる」だって！
一瞬でお茶碗をカラにし、おかわりまでしていました
成功
うな重にするなら肝吸《きもす》いもつけたいところです
しかし、うなぎの肝は普通のスーパーにはほとんど売っていないので、鶏のレバーで代用
代用
牛乳に数時間漬けて臭みを取った鶏レバーをボイルし、ひと口大に切ったら三つ葉と一緒に味噌汁椀に！
そこに濃ゆ〜く出汁を取り、塩と薄口醤油で味を整えた汁を張れば「なんちゃってうな肝吸い」のできあがり
「うなぎ」と共においしくいただきましょう

【5分でできる】塩・胡椒・ごま油だけで作れる簡単ナムル
ビールのお供にマスト！

文・撮影　藤田佳奈美

『メシ通』記事へ

みなさんの宅飲みにおけるビールのお供は何ですか？

つまみには低コストなものが理想

私がいつも作っている、ものの5分で作れてコスパがいいおつまみ

「簡単ナムル」

をご紹介します

材料　いずれも適量で

塩
胡椒
ごま油
食べたい野菜
※トマト、キュウリ、アボカド、コーン、オクラなどお好みで

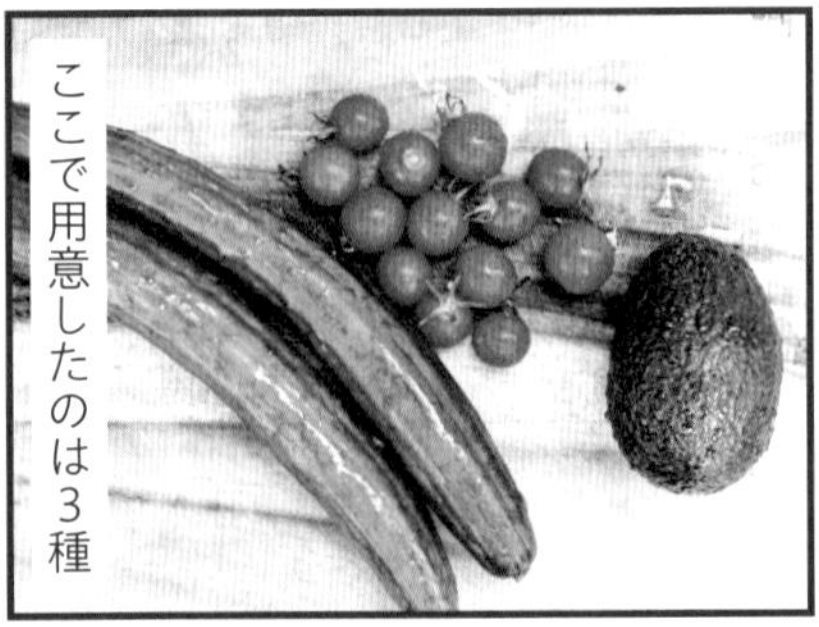

キュウリやトマトに
含まれているカリウムは、
余分な塩分を排出する
効果や利尿作用が
飲んだ翌朝のむくみ予防
にもよさそうなので、
野菜のナムルはまさに
飲んべえのためのおつまみですね

はい、完成

切り方は
ざっくりで大丈夫

リアルに5分以内で
作れます
ごま油の香ばしさと
胡椒のアクセントが
最高に相性抜群なので
オススメです

キュウリなんかは
手でちぎりました
ちぎったほうが、
食感に違いが生まれて
楽しいかも

かんたん

キュウリとアボカドは
想像通りのおいしさ
ミニトマトは塩味により
甘さが増していて
フルーツのような味わい
になるから不思議

うめぇ

これらをボウル、
または
深めの器に入れ、
塩・胡椒・ごま油を
適量入れて混ぜるだけ。
塩加減はつまみながら
確かめて
調整してください

ちなみに
生姜やにんにくの
チューブが
冷蔵庫に眠っている人は、
それをちょい足ししても
おいしくいただけます
レモン汁を加えても◎

キッチンで自作した納豆は高級納豆の味だった【超簡単・コスパ良し】

文・撮影　工藤真衣子

『メシ通』記事へ

納豆を自分で作ってみました
もちろん、豆の状態から作るんです
そう、発酵させるんですよ！
難しいんじゃないかって？
いやいや、それがびっくりするほど簡単だったんですよ
しかも、当然コスパは最高
朝にも夜にもネバネバが欲しい納豆ラバーのみなさま、
レッツトライ！

材料

大豆（乾燥）　150g
※大豆は好みの量でOKです。
市販の納豆　1パック
湯（消毒用）　たっぷり
湯（納豆菌用）　食事用スプーン3杯分ほど
※食事用スプーンの容量は計量用の大さじと同じくらい

道具

小皿
食事用スプーン
ボウル
発酵容器
ふきん
※ここでは3種類の発酵方法を試してみるので、発酵容器は3種類あります。実際に用意するのは自分のやりやすいもの1種類で大丈夫です

①乾燥大豆を洗って水にひと晩浸けます

※水はたっぷりの量で。

②ひと晩浸けると、ふっくらしてくるので

③浸け水ごと圧力鍋に入れて

④フタを開けたまま沸騰させます

⑤沸騰したら一度ザルにあけ、軽く水洗いして、また圧力鍋に戻し、豆の2倍ほどの水を入れて、

⑥フタをしてもう一度火にかけます

⑦圧力鍋はなんでもOK
火にかけて圧がかかったら、火を止めて、そのままフタが開くようになるまで放置します

※圧力鍋がない場合は、普通の鍋で、コトコト弱火で3～4時間、煮豆くらいのやわらかさになるまでゆでます。

MEMO
※調理中に雑菌が繁殖しないよう、よく洗った清潔な手で作業しましょう。衛生管理をきちんと行い、熱湯などで殺菌消毒した容器やスプーンを使用するようにしましょう。

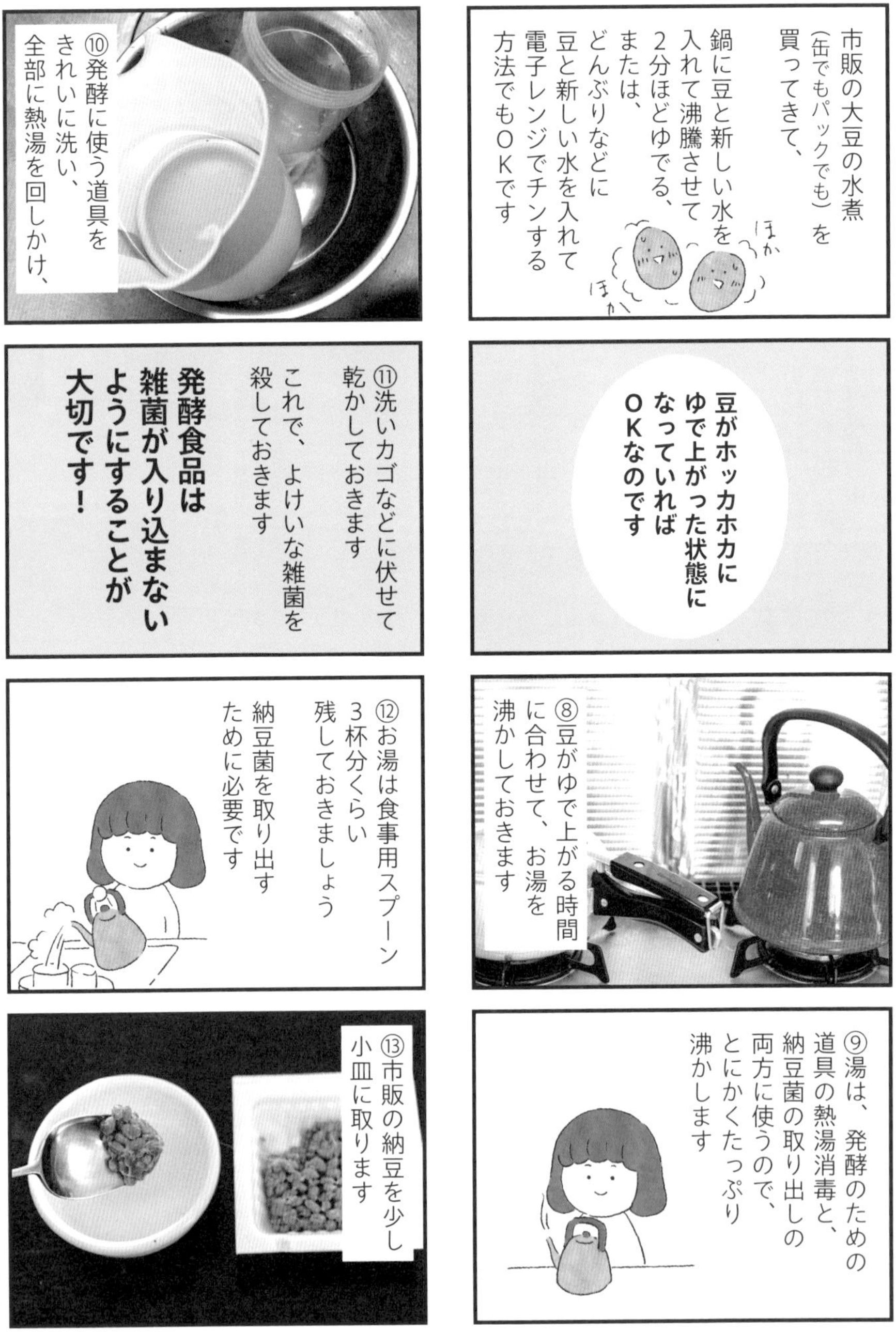
市販の大豆の水煮（缶でもパックでも）を買ってきて、
鍋に豆と新しい水を入れて沸騰させて2分ほどゆでる、または、どんぶりなどに豆と新しい水を入れて電子レンジでチンする方法でもＯＫです
ほか
ほか
豆がホッカホカにゆで上がった状態になっていればＯＫなのです
⑧豆がゆで上がる時間に合わせて、お湯を沸かしておきます
⑨湯は、発酵のための道具の熱湯消毒と、納豆菌の取り出しの両方に使うので、とにかくたっぷり沸かします
⑩発酵に使う道具をきれいに洗い、全部に熱湯を回しかけ、
⑪洗いカゴなどに伏せて乾かしておきます
これで、よけいな雑菌を殺しておきます
発酵食品は雑菌が入り込まないようにすることが大切です！
⑫お湯は食事用スプーン3杯分くらい残しておきましょう
納豆菌を取り出すために必要です
⑬市販の納豆を少し小皿に取ります

※雑菌が入らないよう道具はふきんでふかない方がいいでしょう。そして火傷をしないように注意。

※量はだいたいで大丈夫。仕込む納豆の量に合わせて加減してくださいね。

MEMO 市販の納豆を使いますが「納豆、あるやんっ！」ってツッコミはご容赦ください！　わずかな市販納豆から、美味くて安い納豆が大量にできるところが、手作り納豆の良さなのです。

⑭⑫で残しておいた熱湯が少しだけ冷めた状態（80℃以上）のものを
⑬の納豆にかけ、よく混ぜます
⑮このお湯で納豆菌を取り出します
⑯ホッカホカ状態の豆をザルにあけ、
⑰豆をボウルに入れ、納豆菌の入ったお湯を全部入れて、
⑱熱いうちによく混ぜ、納豆菌を全体に行き渡らせます
これで、仕込みは完了です
簡単でしょ？
さて、いよいよ発酵です
納豆菌が元気に活動できる温度は40℃前後
40℃に保てて衛生的な方法であれば、納豆菌は元気に繁殖してくれます
ここでは3種類の発酵方法を同時進行してみました

3種類の方法で発酵させてみます

方法A
ヨーグルトメーカーを使って発酵

方法B
炎天下に放置して発酵

①ホームベーカリーのヨーグルト作りモードを私は利用しています

※ヨーグルトメーカーの温度は約40℃なので、納豆菌の活動温度にドンピシャなのです。

①適当な容器に入れて、

ヨーグルトメーカーがあれば一番簡単！

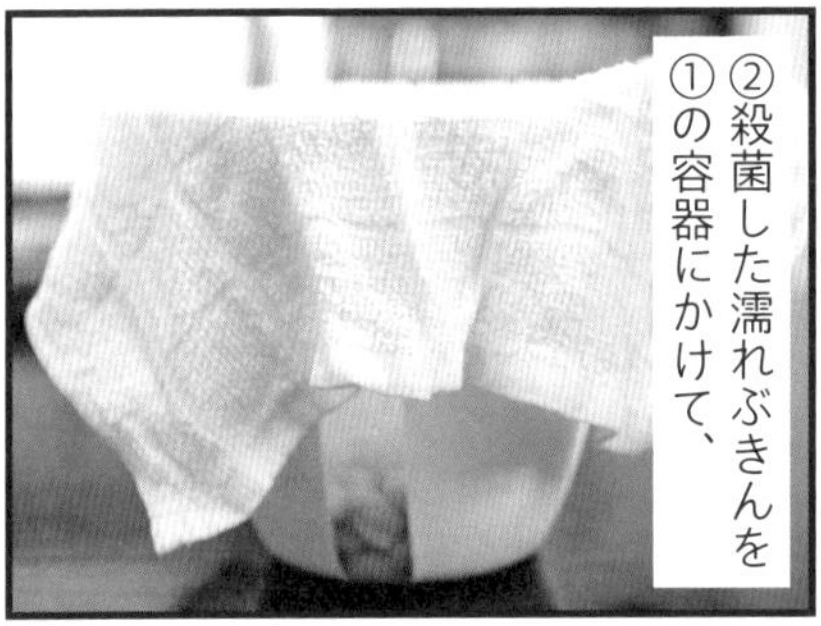
②殺菌した濡れぶきんを①の容器にかけて、

※きれいに洗って絞ったあと、電子レンジでチンして（500Wで1分を目安に）熱消毒しておきます。

とりあえず6時間置くことにしました
1斤
1.5斤
2斤
マナー
タイマー
加熱
こねる
ねかす
メニュー
出来上がりまで
19 6:00
うすい
ふつう
こい
作業
発酵
焼く
保温
終了
焼き色
サイズ

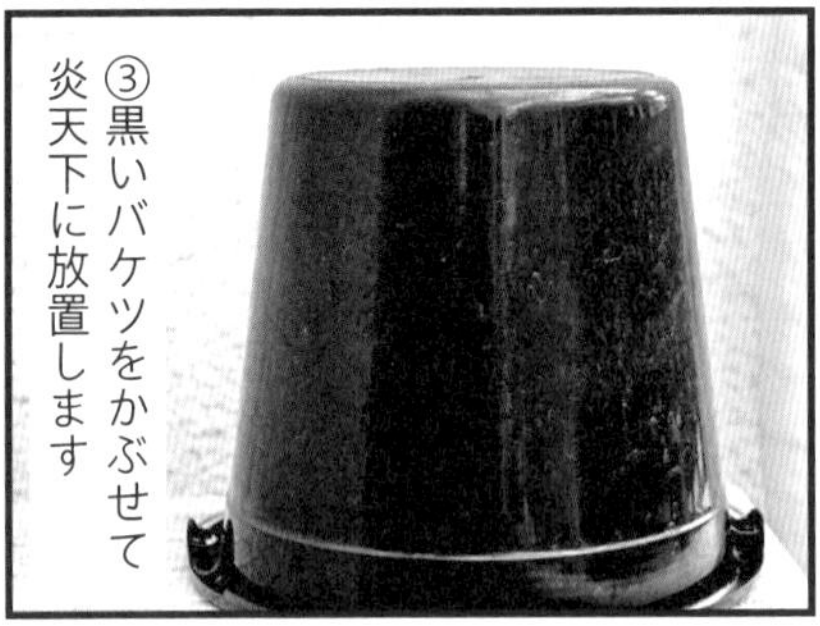
③黒いバケツをかぶせて炎天下に放置します

※ダンボールに入れるなど、個々に工夫してみてください。作業中は雑菌に触れないように注意しましょう。

MEMO ヨーグルトメーカーは4,000〜5,000円で家電店、ネット通販でも購入可。「納豆も作れる」とうたっている製品を選んでください。

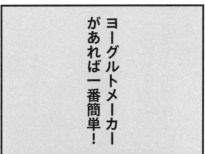

方法C
保温水筒を使って
発酵

①約70℃の湯を水筒の
半分ほどまで入れます

②丈夫できれいな
新品のビニール袋
に豆を入れます

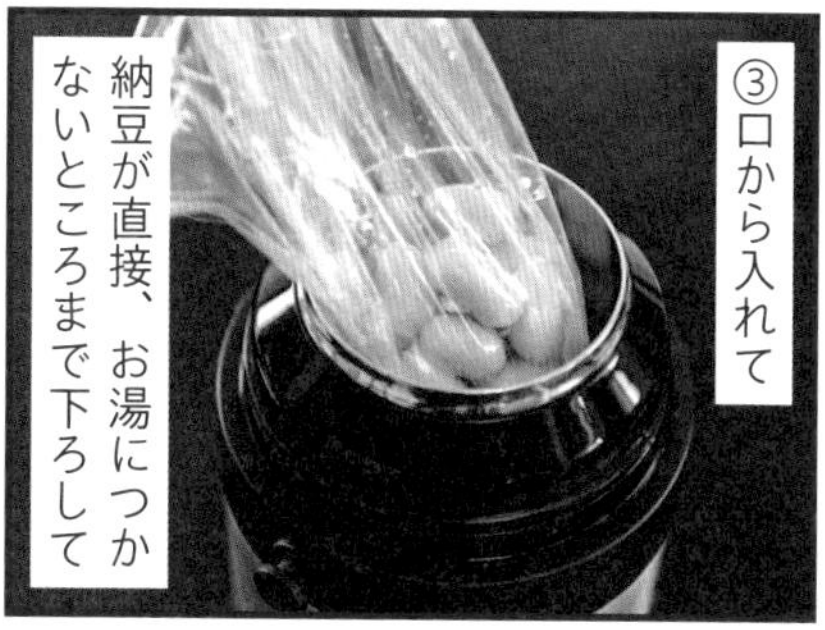
③口から入れて
納豆が直接、お湯につか
ないところまで下ろして

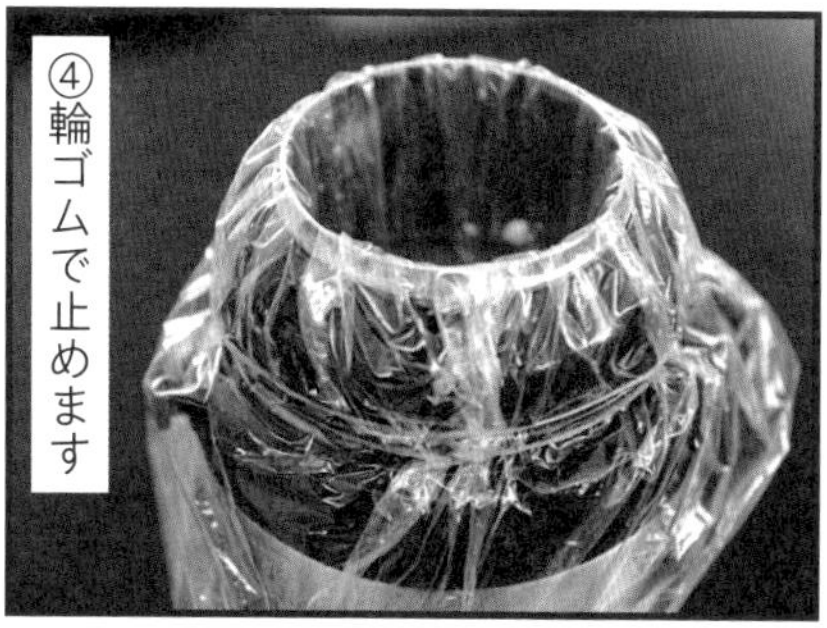
④輪ゴムで止めます

ビニール袋を固定して
から豆を入れても
いいかもしれません

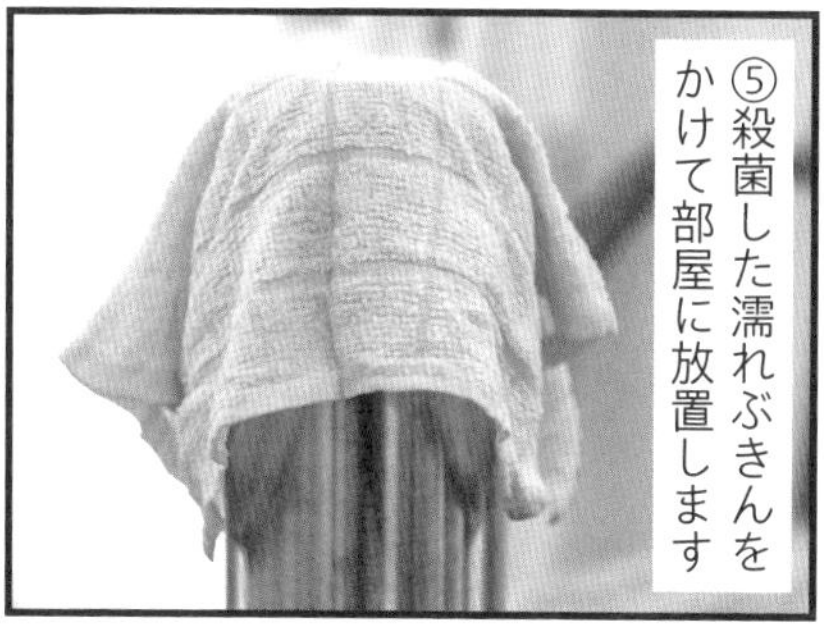
⑤殺菌した濡れぶきんを
かけて部屋に放置します

濡れふきんをかける
理由は、
乾燥を防ぐためと、
納豆菌の発酵には
空気が必要だから
です

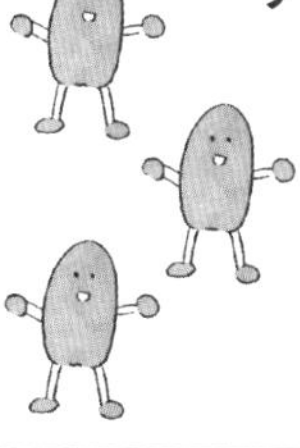

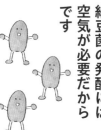

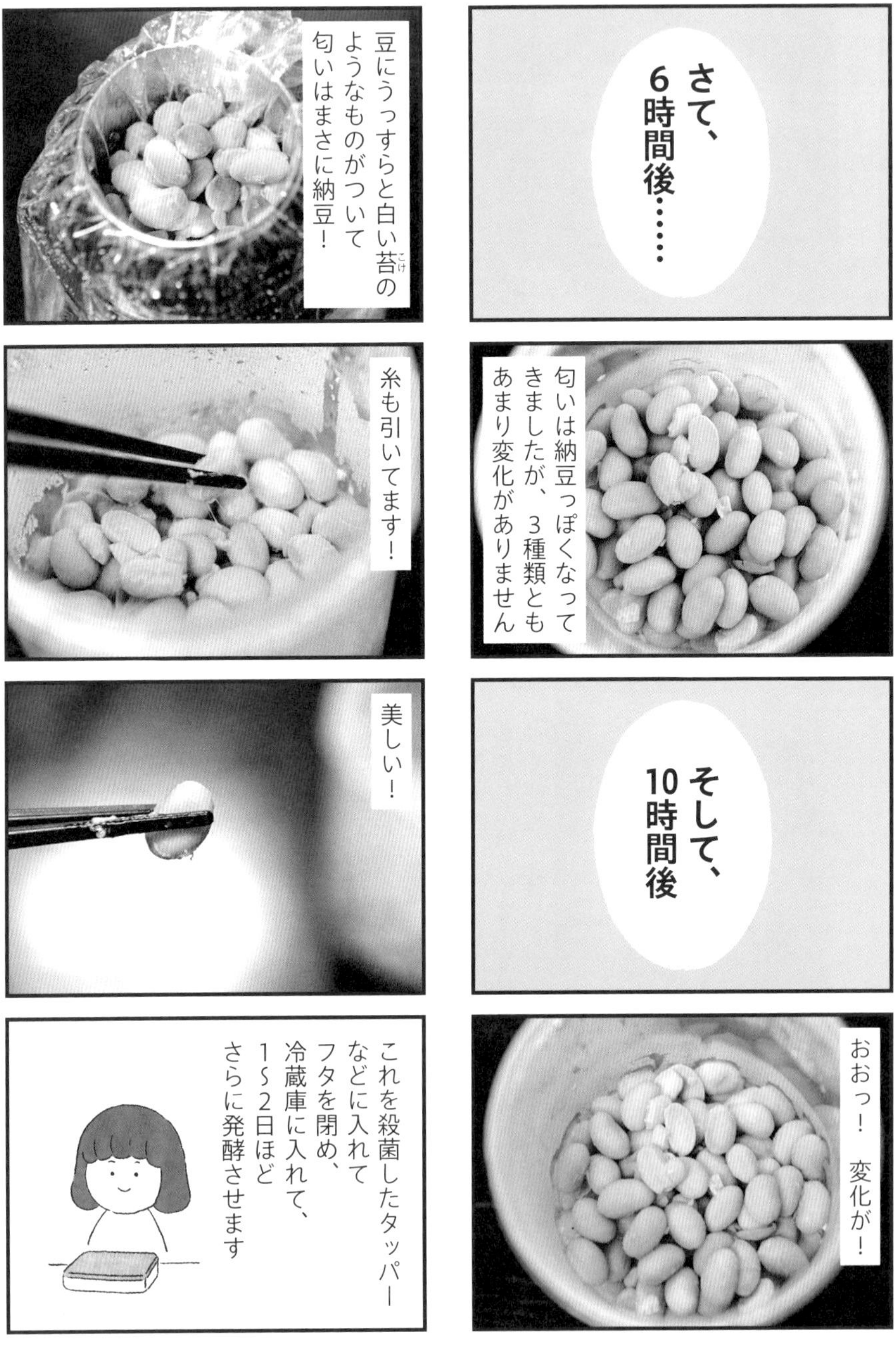
さて、
6時間後……
匂いは納豆っぽくなってきましたが、3種類ともあまり変化がありません
そして、10時間後
おおっ！　変化が！
豆にうっすらと白い苔《こけ》のようなものがついて匂いはまさに納豆！
糸も引いてます！
美しい！
これを殺菌したタッパーなどに入れてフタを閉め、冷蔵庫に入れて、1～2日ほどさらに発酵させせます

次の日になると……
美味い!!
ふっくらとした食感、
ふんわり甘い豆の香り
あきらかに味のレベルは
高いです
これは……私が普段
食べてるのとは違う、
高級納豆の味！
3つとも立派な納豆に！
保温水筒
炎天下放置
ヨーグルト
メーカー
手作り納豆ご飯！
見た目は3種類ほぼ同じ
しかし、匂いは
3位　保温水筒
2位　炎天下放置
ヨーグルトメーカーの匂いが一番強い！
発酵の進み具合が
一番良かったようです
WINNER
つやつや～！
代表してヨーグルトメーカーの納豆を食べると、
ヤ、ヤバい
これ……
ウマすぎます！
うめぇ
どうですか、
手作り納豆！
あなたも作ってみたく
なったんじゃ
ないでしょうか？

ハマる調味料「花椒オイル」の鮮烈さに第3の目が開きました【味覚の目覚め】

簡単に〝宅シビれ〟ができるアイテム

文・撮影　ちみを

シビれてますか？
私はもちろんシビれてます！
シビれの根源である花椒《ホアジャオ》を駆使した「宅シビれ」イニシエーションを夜な夜な楽しんでおります
宅シビれができる「花椒オイル」という調味料があり、前頭葉にくる鮮烈な風味を手軽に楽しめる「シビれヘッズ」に欠かせないアイテムなのです
自宅でも簡単かつ手軽に精製できるのでぜひ習得していただきたいです

『メシ通』記事へ

材料

花椒（ホール）　10～15g
※好みでもっと多くてもOK
サラダ油　150cc

①花椒を粉砕し、
ステンレスか
ガラスの容器に入れ、
スプーンひとさじの
水を加えて混ぜる

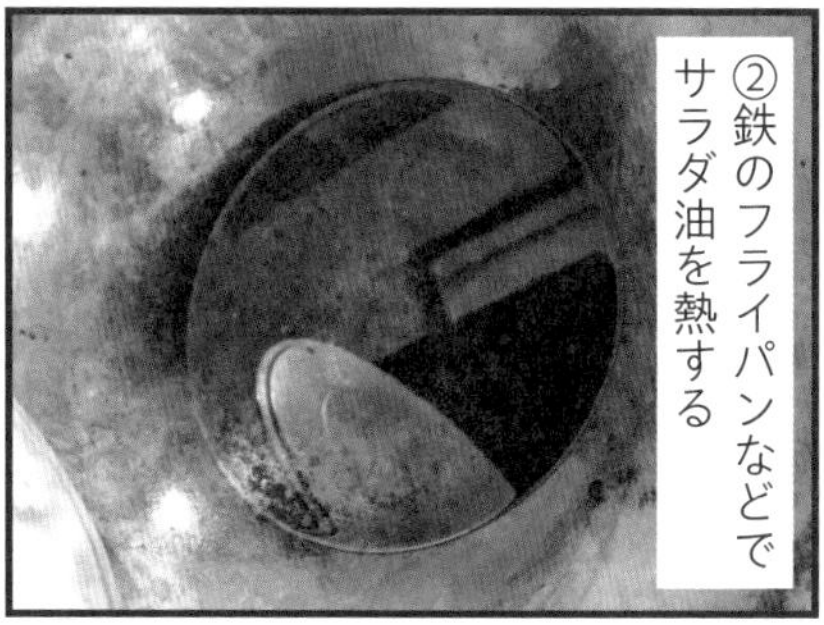
②鉄のフライパンなどで
サラダ油を熱する

※煙が出る直前くらいまで熱しましょう。

③粉砕した花椒に
②の油をかけて
ジューと言わせる

④軽く混ぜたら
フタをして
冷めるまで待つ

⑤キッチンペーパーと
じょうごで濾して、

⑧清潔な瓶に詰めて
花椒オイルが完成
数カ月は日持ちします

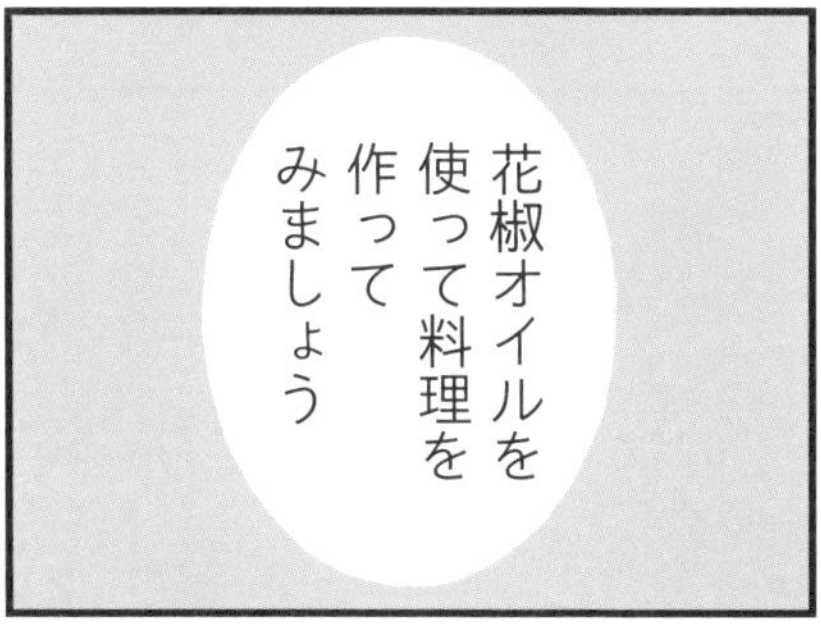
花椒オイルを
使って料理を
作って
みましょう

MEMO
さまざまなレシピを試みたのですが、ホールの花椒を一度粉にしたものを短時間加熱する手法が、一番香りが冴え渡りました。また、初めに花椒に水を加えることで、香りが開くと言われています。

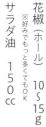

レシピ①シビれたたききキュウリ シビれランク★★☆☆☆

材料 2〜3人分

キュウリ　2本
塩　ふたつまみほど
花椒オイル　好みの量で

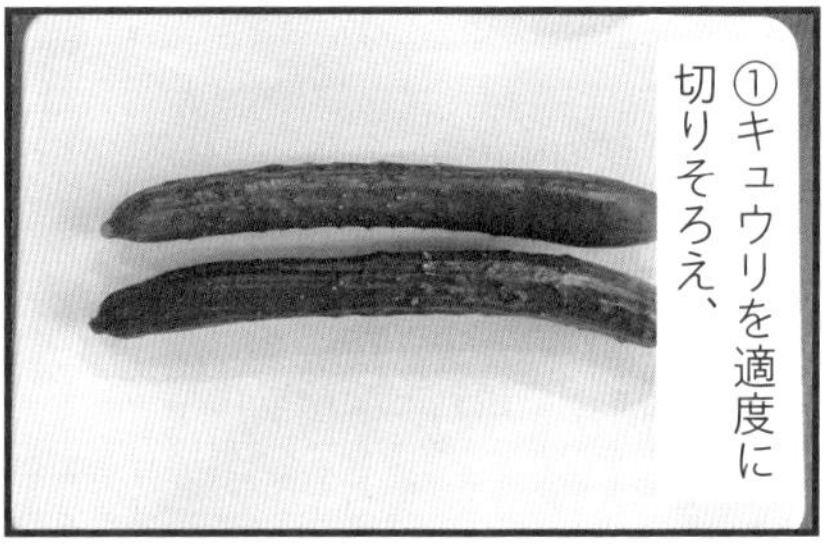

①キュウリを適度に切りそろえ、

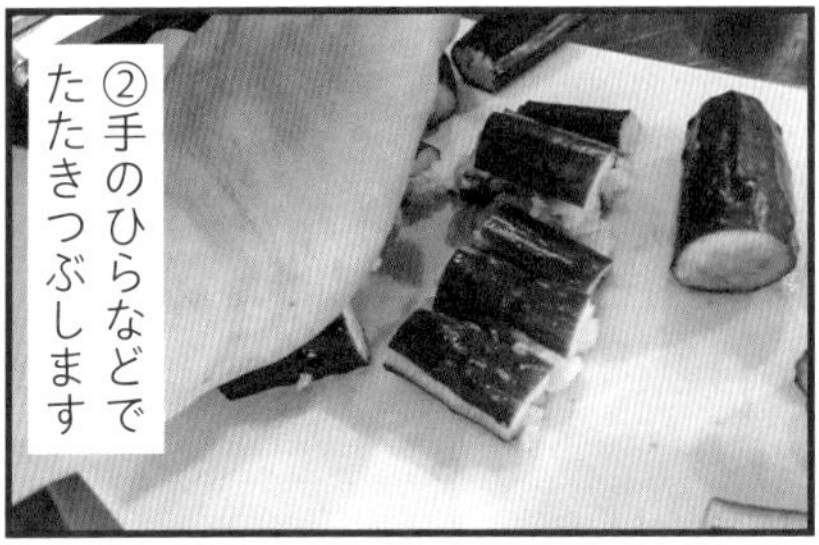

②手のひらなどでたたきつぶします

②ビニールバックに材料全部入れて軽くもみます

冷蔵庫で少し休ませたら完成

※シビれが足りなければ砕いた花椒をさっとふりかけると延髄にキます。

レシピ②シビれニラ シビれランク★★★☆☆

材料

ニラ　2把
塩　ひとつまみほど
花椒オイル　好みの量で

①新鮮なニラを生のままガツンと切って

②材料をふりかけます

おいしくなるコツは恐れずに花椒オイルをガンガンいくことです

ご想像どおり凄烈なしあがりですが、焼酎などには劇的に合います

レシピ③シビれ鯛マリネ シビれランク★★☆☆☆

材料 1人前

鯛の刺身　1人前
※白身の魚ならなんでもOK
玉ねぎ　¼個
※新玉ねぎがおすすめ
パプリカ　約½
※2、3色のバリエーションがあるときれい
酢　大さじ2
花椒オイル　大さじ2
塩　ふたつまみほど
砂糖　ひとつまみほど
※あればしあげにパセリを振りかけると鮮やかです

①材料を薄く切りそろえ、調味料と和えます

②冷蔵庫で少し休ませたら完成

シビれ度は高くないですが、食べやすくてしゃれてます
コツは花椒オイルを適度にいくことです

レシピ④シビれサバ缶 シビれランク★★☆☆☆

材料

サバ缶（水煮）　1缶
花椒オイル　好みの量で

①サバ缶の水を切って皿に盛って、
さば水煮

②花椒オイルをかけて

完成！
おいしくなるコツは花椒オイルをガンガンいくこと

レシピ⑤覚醒麻婆豆腐 シビれランク★★☆☆☆

材料

合いびき肉　約200g
豆腐（木綿）　1丁

A
- 味噌　小さじ1
- 豆板醤　小さじ1
- 甜麺醤　小さじ1
- おろしにんにく　小さじ1
- おろし生姜　小さじ1

B
- 玉ねぎ　約½個
- 長ネギ　約¼本

C
- 顆粒鶏ガラスープ　小さじ1
- 水　200cc

片栗粉　大さじ1
すりおろした花椒　小さじ1
※多ければ多いほどおいしい
花椒オイル　適量
※え!?　っていうくらいの量。おおよそお玉で半分くらいは入れるといいでしょう

①フライパンを強火で熱しひき肉を炒める
火が通ったらAを入れよく絡めながら軽く炒める

※ひき肉自身から出る脂で焼くのがコツです。

③味がなじんだらみじん切りにしたBを投入

④③に火が通ったらCを投入、がぜん強火に

⑤沸騰したら豆腐を投入
がぜん強火で5分

※多少焦げてもひるまず強火のままで。強火でしっかり豆腐を煮込みます。

⑥水かさが減ったら水溶き片栗粉を入れてとろみ付け
しあげに花椒オイルを！

すりおろした花椒をまぶして完成！
多量に投入された花椒が彩る痛快なシビれ「麻味《マーウェイ》」を楽しみましょう

MEMO　余談ですが、「青花椒」というのもまた違った風味、かつシビれがバチバチなのでお試しあれです。麻婆豆腐との相性もガチ。東京の上野や通販で買えます。

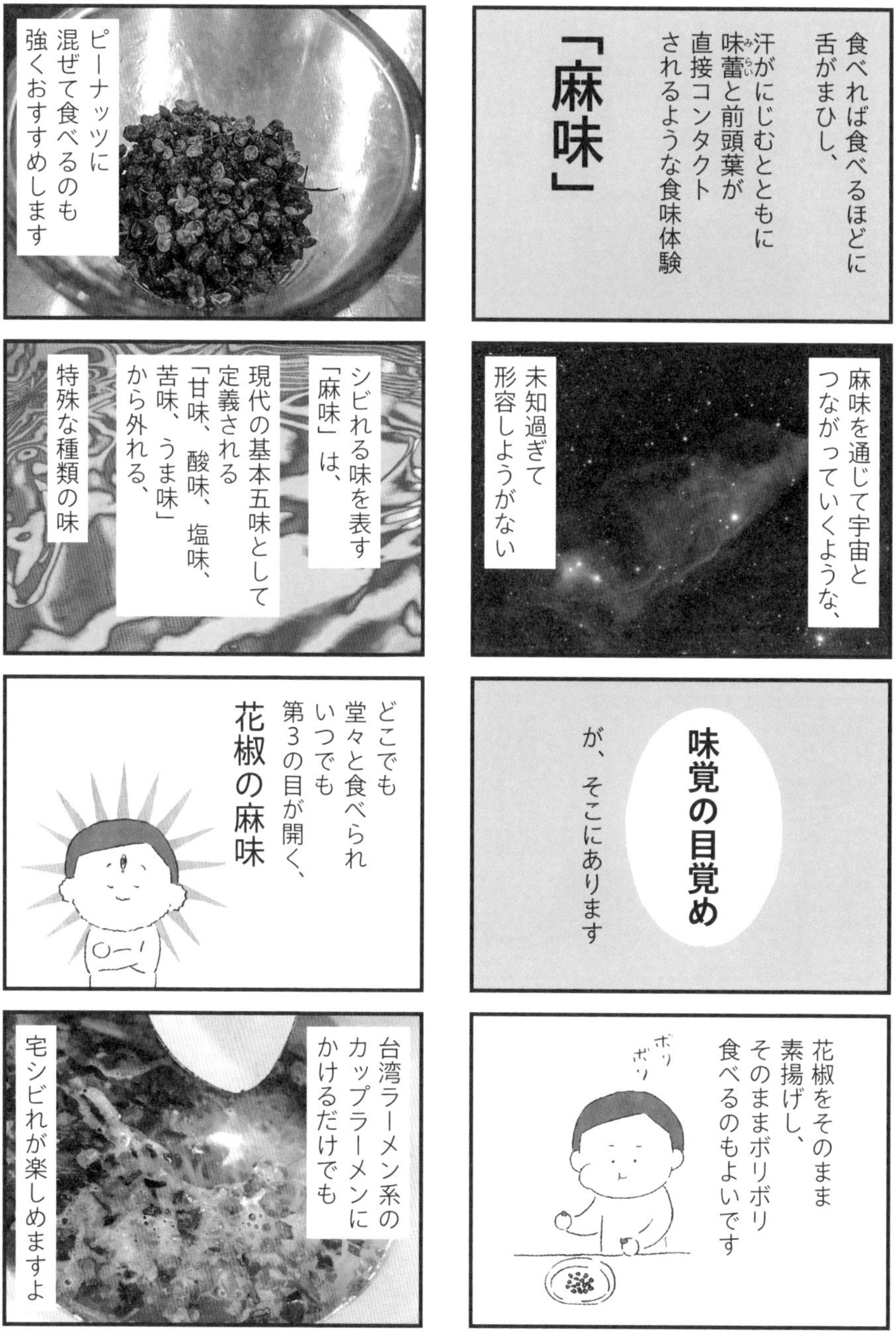
食べれば食べるほどに
舌がまひし、
汗がにじむとともに
味蕾《みらい》と前頭葉が
直接コンタクト
されるような食味体験
「麻味」
麻味を通じて宇宙と
つながっていくような、
未知過ぎて
形容しようがない
味覚の目覚め
が、そこにあります
花椒をそのまま
素揚げし、
そのままボリボリ
食べるのもよいです
ボリ
ボリ
ピーナッツに
混ぜて食べるのも
強くおすすめします
シビれる味を表す
「麻味」は、
現代の基本五味として
定義される
「甘味、酸味、塩味、
苦味、うま味」
から外れる、
特殊な種類の味
どこでも
堂々と食べられ
いつでも
第3の目が開く、
花椒の麻味
台湾ラーメン系の
カップラーメンに
かけるだけでも
宅シビれが楽しめますよ

ブロッコリーを大量にもらったので、毎日食べても飽きない方法を考えてみた「野菜の王様」を毎日食べられるようアレンジ

文と絵　なかむらみつのり

『メシ通』記事へ

はい　お土産
ドサ
YAYAYA
大量ブロッコリーが
我が家にやってきた！
コイツは姪っ子の
なつこ近くに住んでる
20代会社員だ
特売で安かった
からさっ
気持ちは
わかるよ……
ブロッコリーは
野菜室で日持ちいいし
ゆでて冷凍保存も
できる
何より調理
しやすいよね
でも……この量
毎日食べるの
大変だろ〜
スゴイ量ね
ブロッコリー
何言ってんの
むしろ毎日食べても
いいくらいよ

ブロッコリー最強説！
なつこは栄養士の資格をもっている
●レモンよりビタミンＣが豊富
●ビタミンＣで免疫力ＵＰ
●食物繊維が豊富で整腸作用がありダイエットにも！
●植物性タンパク質も豊富で筋トレしてる人にも向いてる野菜なのです
ブロッコリーは栄養豊富でこのように
最強野菜なの
なるほど凄い野菜だ
漬物
ブロッコリーアレンジレシピ
炊き込みごはん
ナムル
ポタージュ
って訳で今回は最強野菜ブロッコリーアレンジレシピです
お〜！なつこが作ってくれるのか〜！
私もう帰るから自分で作って
じゃっ
はい レシピね
パシ
まぎらわしいタイトルコールせんでほしーわ
あっそ……
って訳で……まずは
Let's
ブロッコリーの茎の漬物調理
〜材料〜（２〜３人前）
ブロッコリーの茎１本　すし酢大さじ2
醤油大さじ2　砂糖大さじ1　唐辛子１本
ブロッコリーの余った茎の皮を包丁でそぎます
茎を輪切りにスライスします
レシピには無かったけど房の部分も少し入れてみました

房はケバケバがあるので漬かりづらくちょっと青臭さがあるね～
小4なのに最近色々と食べてるせいかコメントがしっかりしてきた息子
本当だ
こりゃレシピ通り茎だけで漬けた方が正解だね
次に……
Let's
ブロッコリーナムル 調理
～材料～（2～3人前）
ブロッコリー半分　中華スープの素小さじ1
ゴマ油ひとまわし　ごま適量
因みにブロッコリーはゆでるとビタミンCが出てしまうので
耐熱皿でチン
蒸すかレンジに水を大さじ1～2程入れてチンすると栄養が逃げずにとれます
との事なので……
レンジか蒸して加熱したブロッコリーに
中華スープの素小さじ1ゴマ油をひと回し
ジッパー付き保存袋に入れ
すし酢・醤油・大さじ2砂糖大さじ1を混ぜたものを用意して
唐辛子1本を入れ混ぜ入れます
手でもみもみしてあげると漬かりやすいです
一晩漬けこめば……
完成
こりゃいい
パリ
ポリ
下茹でしてないから固いと思ったけどゴボウ漬けみたいに心地いい歯ごたえね

ゴマを入れて
混ぜ合わせます
ブロッコリー
ナムル完成
こりゃうまい
こんな食べ方も
あるんだねー
プハッ
中華風で酒の
アテにもいいわね

続いて……

Let's
ブロッコリーポタージュ調理

～材料～（2～3人前）

ブロッコリー150g（3分の2程）
玉ネギ4分の1　固形コンソメスープの素1個
バター1片　水200cc 牛乳300cc
塩コショウ少々　粉チーズ大さじ1
水溶き片栗粉（片栗粉大さじ1・水大さじ1）

ミキサーいらずの
ポタージュです
加熱したブロッコリーをラップ
などでくるんで冷凍します
カチ
カチ
冷凍でカチカチに
なったブロッコリーを……
すりおろします
もちろんミキサー
でもOK
うまくすりおろせなかった
部分はみじん切りに

鍋にバター1片を入れ
中火でスライスした
玉ネギを軽く炒めます

ブロッコリーを
水200ccを入れ
固形コンソメスープの
素を1個入れ

かき混ぜながら
中火で5分

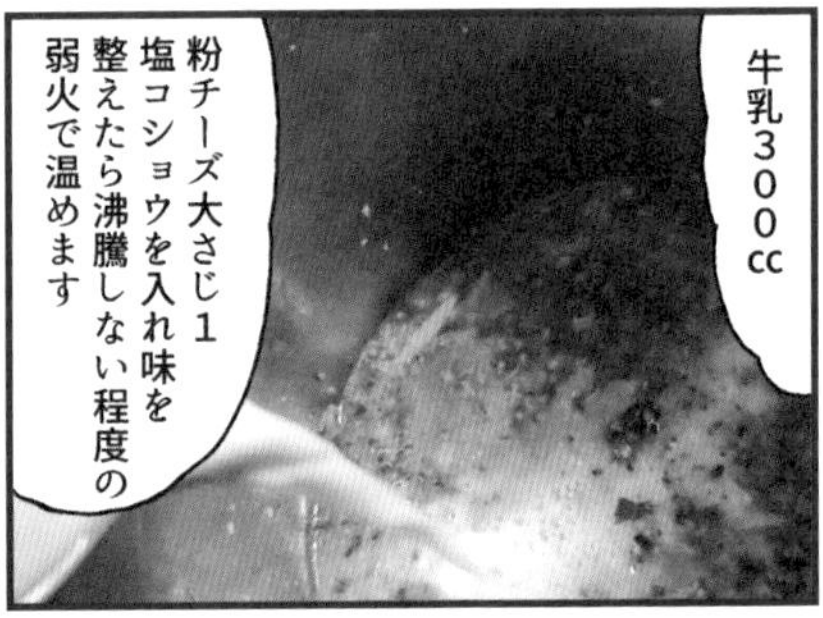
牛乳300cc
粉チーズ大さじ1
塩コショウを入れ味を
整えたら沸騰しない程度の
弱火で温めます

最後に水溶き
片栗粉を入れ
とろみが
ついたら……

完成

ふ〜ふ〜
おいしい〜
あたたまるぅ〜〜
ブロッコリーの
旨みがたっぷりの
ポタージュだわ〜
うんうん

ラスト……

Let's
ブロッコリーの炊きこみごはん調理

〜材料〜（2〜3人前）

米2合　酒大さじ1　醤油大さじ2

固形コンソメスープの素1個　バター1片

ブロッコリー1個　ベーコン50g

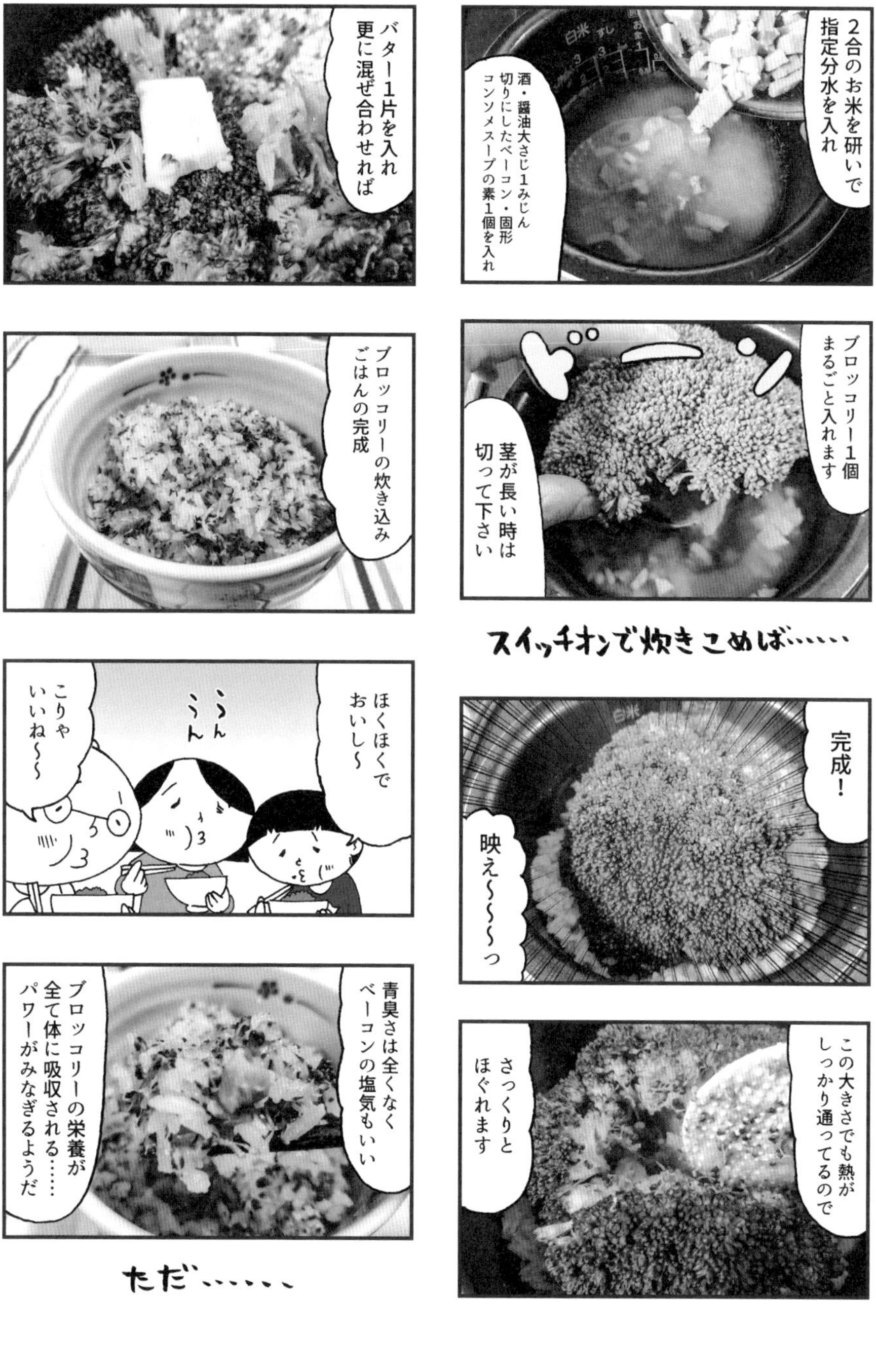
2合のお米を研いで 指定分水を入れ
酒・醤油大さじ1みじん切りにしたベーコン・固形コンソメスープの素1個を入れ
ブロッコリー1個 まるごと入れます
茎が長い時は 切って下さい
スイッチオンで炊きこめば……
完成!
映え〜〜〜っ
この大きさでも熱が しっかり通ってるので
さっくりと ほぐれます
バター1片を入れ 更に混ぜ合わせれば
ブロッコリーの炊き込み ごはんの完成
ほくほくで おいし〜
うん うん
こりゃ いいね〜〜
青臭さは全くなく ベーコンの塩気もいい
ブロッコリーの栄養が 全て体に吸収される…… パワーがみなぎるようだ
ただ……

茎のスジが気になるわね
あ……こっちもあった
スジをそいでから入れた方がいいかもね

こんなに食べ方があるとは驚きだ

きっとブロッコリーは他にも色々食べ方があるんだろうね
皆さんも私だけの食べ方！あったら教えてね！

数日後……

また特売だったから買ってきちゃった
ま……またスゴイ量を
あ……ありがとね
ドッサリ

〜おまけレシピ〜

ブロッコリーバター醤油

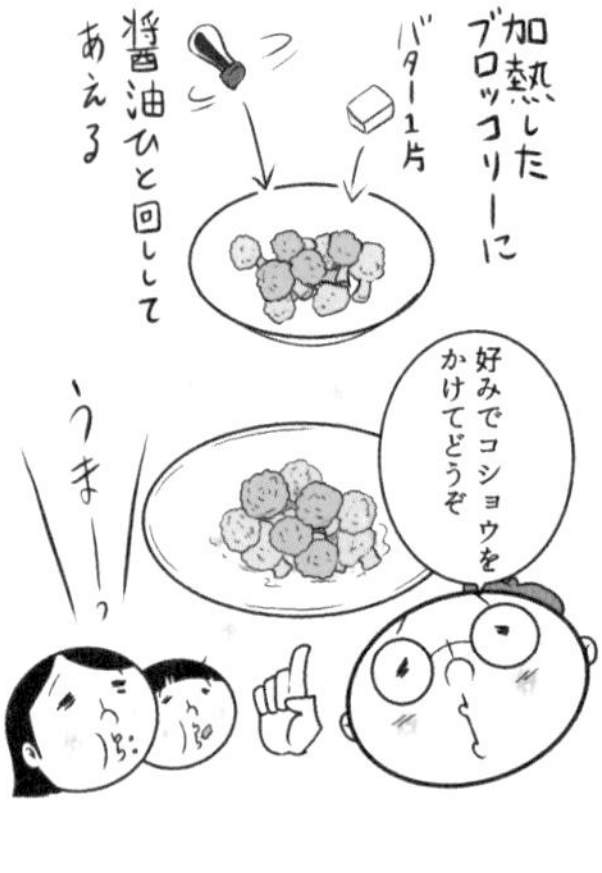
加熱したブロッコリーに
バター1片
醤油ひと回ししてあえる
好みでコショウをかけてどうぞ
うまーっ

第5章　魚編

【超シンプル】絶品！「塩まぐろ」の作り方 森田釣竿氏に聞く究極のまぐろの食べ方

文・撮影　多部留戸元気

浦安魚市場
かつて千葉県浦安市にあった「浦安魚市場」

※浦安魚市場は２０１９年3月に閉場。現在はマンションが建っている

昭和初期から浦安の「町の台所」であり続けた
ここでは……

泉　浦安　銀
天然本まぐろ
かつて浦安魚市場にあった天然マグロ・クジラ専門店「泉銀《いずぎん》」３代目店主であり、

※泉銀は現在、浦安市堀江の店舗とオンラインショップで営業中。

泉　銀
フィッシュロックバンド「漁港」のリーダーでもある森田釣竿《つりざお》さんに
「究極のまぐろの食べ方」を教えていただきました

『メシ通』記事へ

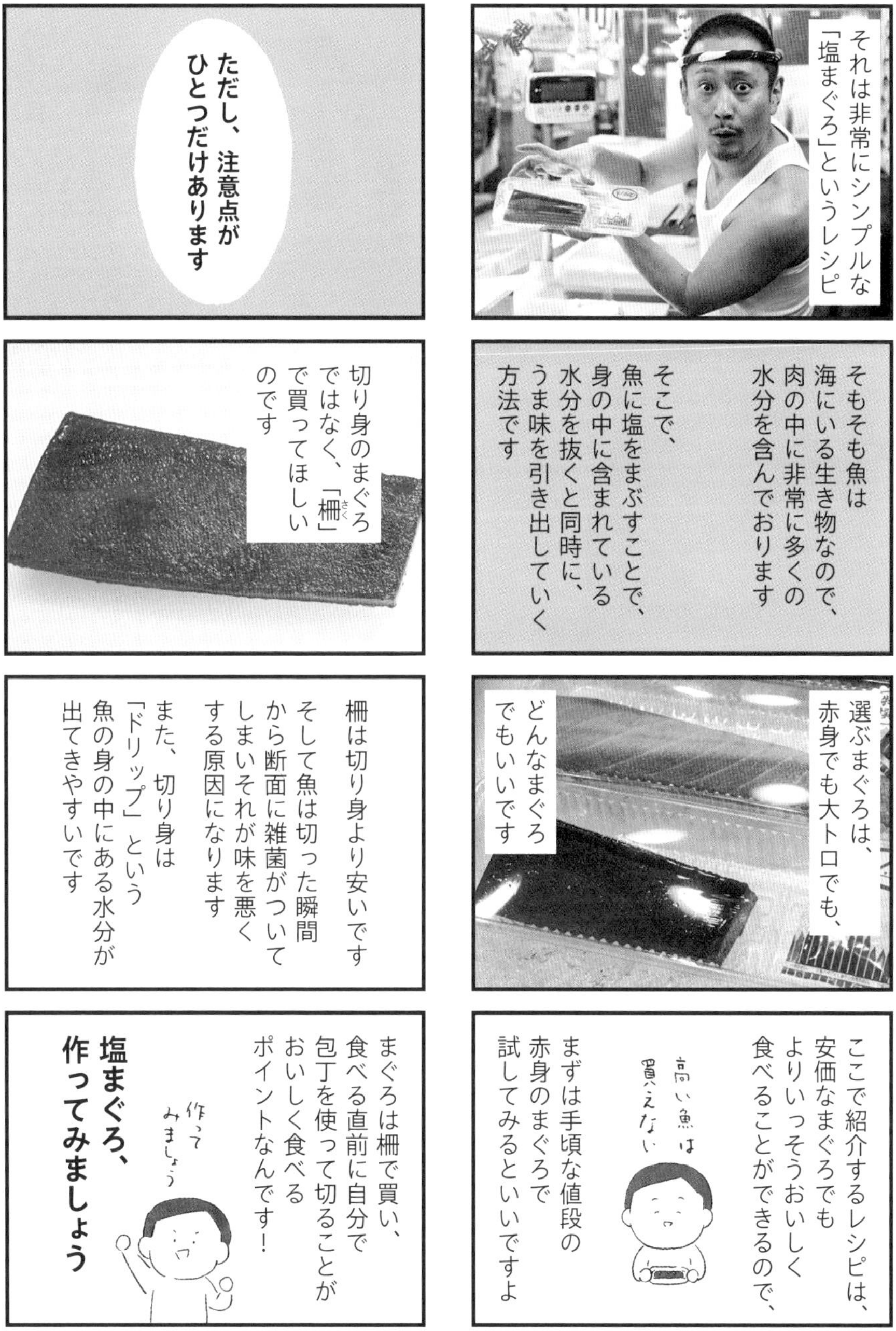
それは非常にシンプルな「塩まぐろ」というレシピ
ただし、注意点がひとつだけあります
そもそも魚は海にいる生き物なので、肉の中に非常に多くの水分を含んでおります
そこで、魚に塩をまぶすことで、身の中に含まれている水分を抜くと同時に、うま味を引き出していく方法です
切り身のまぐろではなく、「柵《さく》」で買ってほしいのです
選ぶまぐろは、赤身でも大トロでも、
どんなまぐろでもいいです
柵は切り身より安いです
そして魚は切った瞬間から断面に雑菌がついてしまいそれが味を悪くする原因になります
また、切り身は「ドリップ」という魚の身の中にある水分が出てきやすいです
ここで紹介するレシピは、安価なまぐろでもよりいっそうおいしく食べることができるので、
高い魚は買えない
まずは手頃な値段の赤身のまぐろで試してみるといいですよ
まぐろは柵で買い、食べる直前に自分で包丁を使って切ることがおいしく食べるポイントなんです！
作ってみましょう
塩まぐろ、作ってみましょう

※スーパーなどでも見かける、板状の長方形になっているものがいわゆるまぐろの柵です。

※基本的に雑菌は水で洗い流してしまえばOKです。

MEMO　泉銀　千葉県浦安市堀江３丁目25－1　https://www.gyoko.com/　※ネット通販も利用できます。

①柵で買ってきたまぐろ
をバットにおきます

②まぐろの身の
全面にガッツリと
塩をまぶします

③全面にくっつけて
なじませて……

④このまま待っていると
浸透圧で塩が染み込んで

⑤身の水分がじわじわと
表面に出てきます

⑥バットを斜めにして
水分が下に垂れるのを
待ちます

⑦約10～15分待ちます

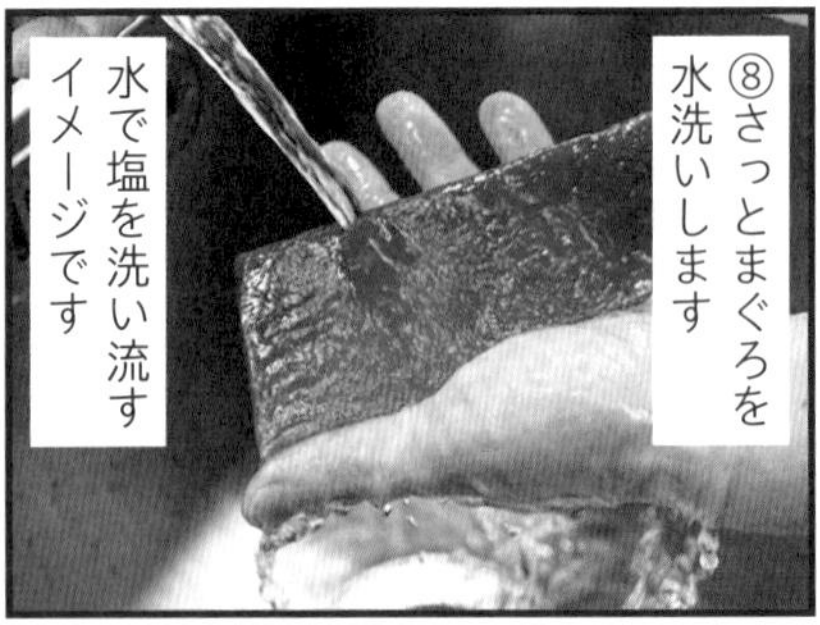
⑧さっとまぐろを
水洗いします
水で塩を洗い流す
イメージです

※塩は基本的にどんなものでも大丈夫です。最初は家にある塩で、凝りたくなったら高級塩なども試してください。

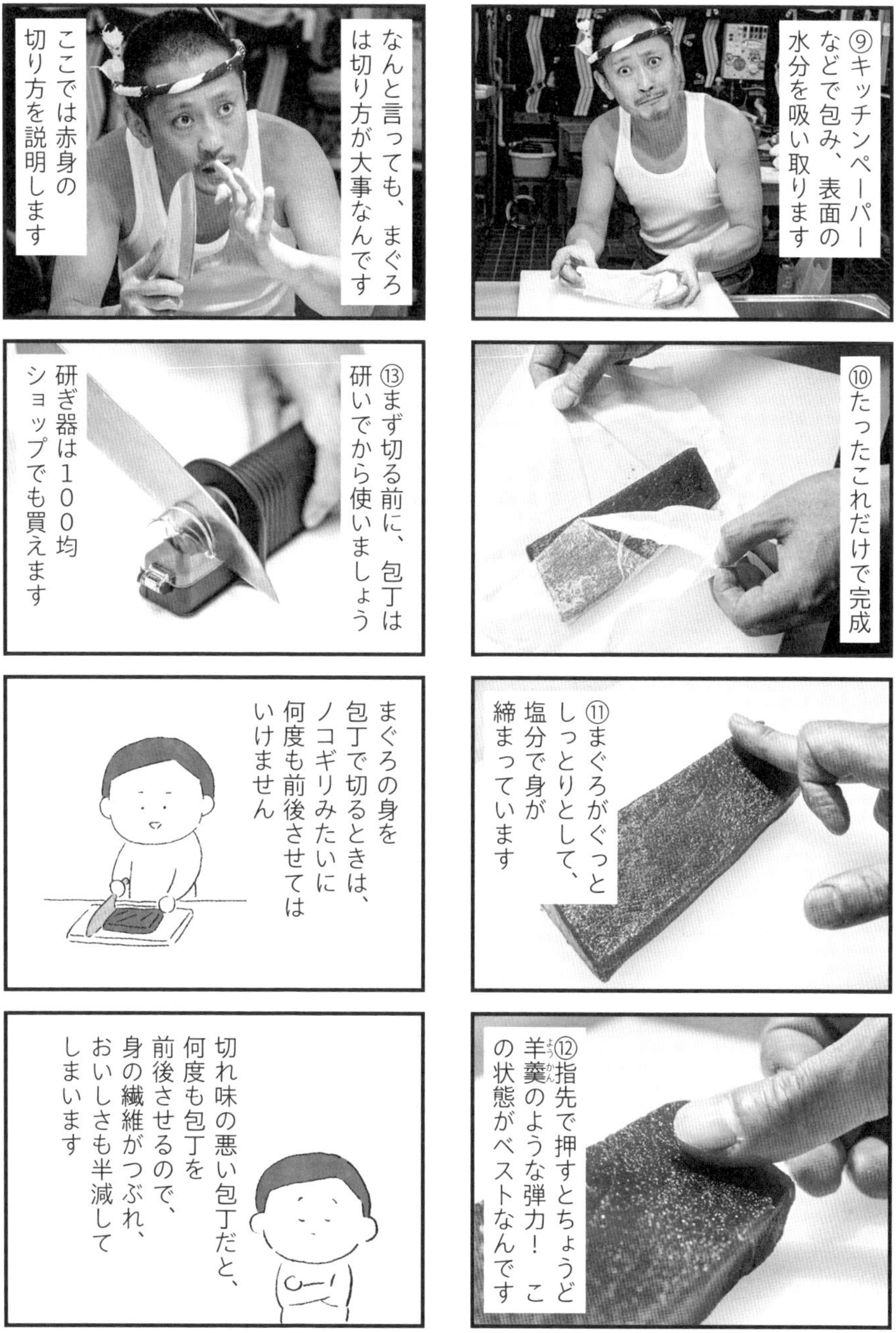
⑨キッチンペーパーなどで包み、表面の水分を吸い取ります
⑩たったこれだけで完成
⑪まぐろがぐっとしっとりとして、塩分で身が締まっています
⑫指先で押すとちょうど羊羹《ようかん》のような弾力！この状態がベストなんです
なんと言っても、まぐろは切り方が大事なんです
ここでは赤身の切り方を説明します
⑬まず切る前に、包丁は研いでから使いましょう
研ぎ器は100均ショップでも買えます
まぐろの身を包丁で切るときは、ノコギリみたいに何度も前後させてはいけません
切れ味の悪い包丁だと、何度も包丁を前後させるので、身の繊維がつぶれ、おいしさも半減してしまいます

⑭包丁の根元からクッと切りに行って、

⑮一度で手前に引く動作だけで切りきってしまうこと

⑯一太刀でスパッと切り落とし、

⑰スッと刃先で終わるように

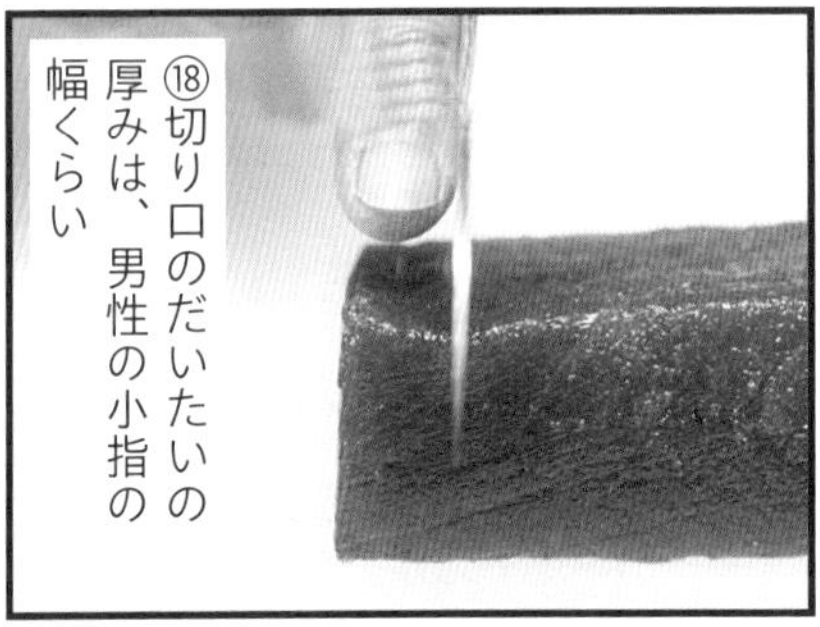
⑱切り口のだいたいの厚みは、男性の小指の幅くらい

×まだ薄い厚み

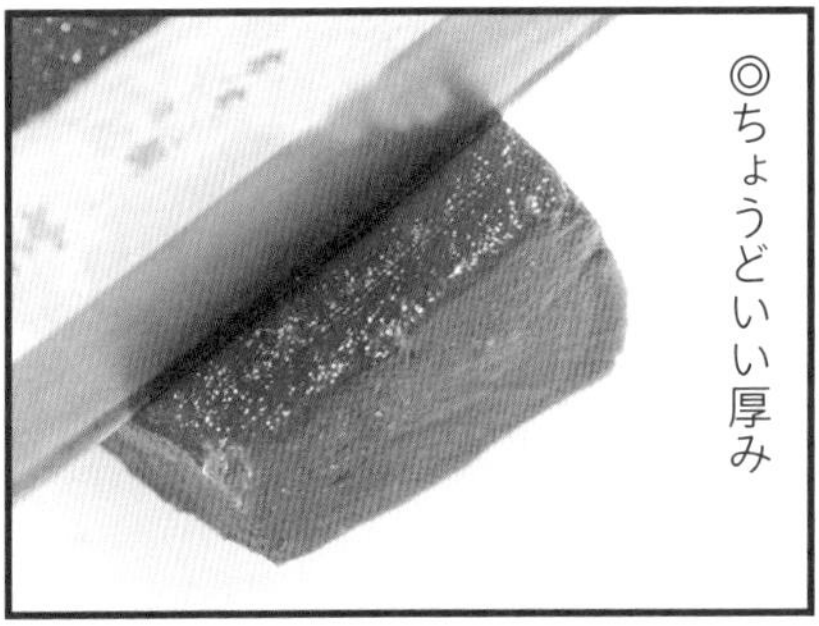
◎ちょうどいい厚み

だいたいこのくらいの厚みが理想的です

刺身のおいしさは
「刺身の厚み」が
じつはすごく
関係しているんです
厚みのある刺身は、何度も噛まなくちゃいけないから、
食感はもちろん、身の旨味をじっくり味わうことができて、ほおばったときの満足度が違うんです
わさびをのせて食べます
醤油はつけずにいっちゃってください
うめぇ
すでに塩の味が染み込んでいるし、まぐろの味をギリギリまで引き出すために切り方や厚みにこだわったので、醤油をかけないほうがまぐろ本来の味を味わえるんです
よけいな水分を抜かれたまぐろの身は、ねっとりとした舌触りに変化している
噛みしめるたびにまぐろの旨味がじんわりとあふれ出してくる
なによりまぐろの味がめちゃめちゃ濃い
応用のレシピもあります
応用レシピ1
オリーブオイルとレモンを絞ったものを黒胡椒で和えれば洋風のカルパッチョ
応用レシピ2
柵のままの塩まぐろを30分ほど酢で〆れば和風の塩まぐろ
応用レシピ3
切った塩まぐろをコチュジャンとごま油で和えて白髪葱をのせれば中華風塩まぐろ
応用もおいしそうですが
わさびだけで食べるのが一番おいしい食べ方かもしれませんね！

大分の「りゅうきゅう」はもっとマネされてほしいうまさだった　おかずによし、酒のアテにもよし！

文・撮影　白央篤司

『メシ通』記事へ

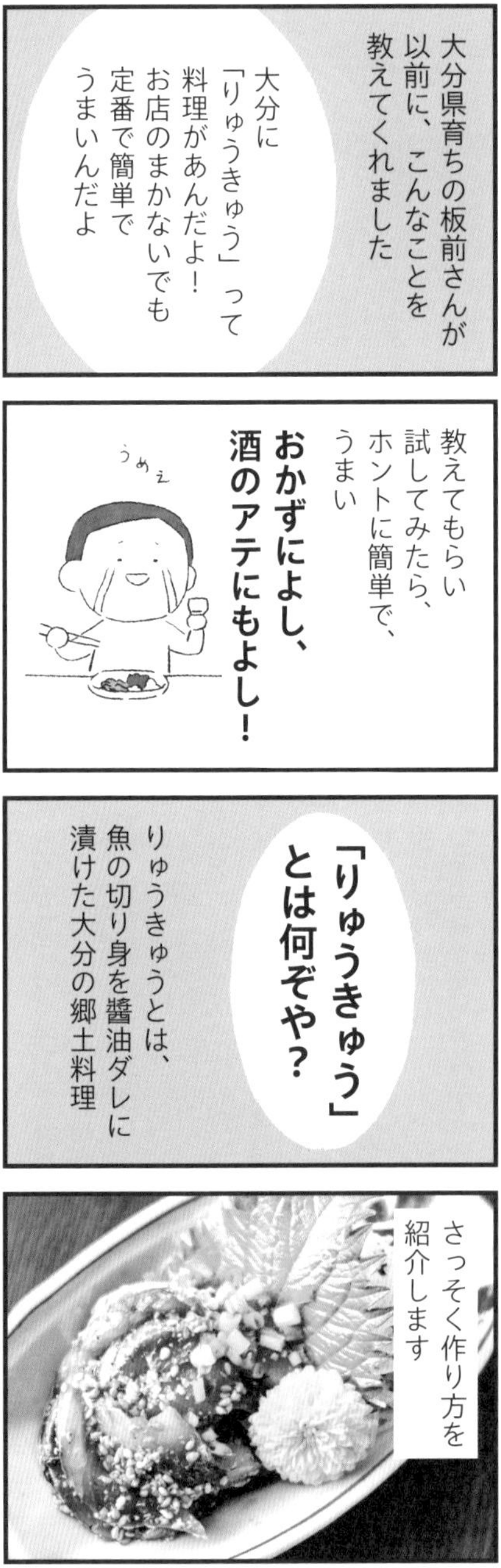
大分県育ちの板前さんが以前に、こんなことを教えてくれました
大分に「りゅうきゅう」って料理があんだよ！お店のまかないでも定番で簡単でうまいんだよ
教えてもらい試してみたら、ホントに簡単で、うまい
おかずによし、酒のアテにもよし！
うめぇ
「りゅうきゅう」とは何ぞや？
りゅうきゅうとは、魚の切り身を醤油ダレに漬けた大分の郷土料理
さっそく作り方を紹介します

材料 1人分

A［醤油（こいくち） 大さじ2
　［みりん 大さじ1

すりゴマ 少々

刺身 1人分

※好みの魚で可です

※刻みネギやおろし生姜、またはワサビなど、薬味類は好みで。カボスなどをしぼってもおいしいです

※あっさりめに作るなら、お酒大さじ1を加えてください

①Aを混ぜ、ゴマを入れ
漬けダレを作ります

②①に好みの魚を
数分漬ければ完成です

※手に入りやすいスーパーの刺身でOKですよ。

漬ける時間は

・**味わいさっぱり→漬け時間短め**
3〜5分程度
（タイなどの白身魚系）

・**脂がのってコッテリ→漬け時間長め**
5〜10分程度
（ブリ、カンパチ、ハマチなど）

アジはけっこう味が入りやすいです。あっさりが好きな人は1〜2分でも充分です。

※漬け時間は切り方にもよります。厚めなら長く、薄かったら1〜2分でOKです。

さて、どんな魚が合うの？

りゅうきゅうを教えてくれた板前さんいわく、
おすすめはアジ
脂がのって、値段が手ごろなときにぜひ試してほしいね

アジ

おお……
甘辛いゴマだれとのアジの相性、
確かにすばらしい
すばらしい
これはいい酒のアテになる

しっかり
脂がのってたので
「少し重たくなるかなあ」
なんて想像しましたが、
軽やかに裏切られました

うまい

大盛りご飯が
欲しくなる

スーパーで安かった
キンメダイ、内心、
「少しもったいないかな」
とも思ったんですよ

試してよかった

日本酒か焼酎を呼ぶなあ
素敵なつまみだ

スーパーで特売だった、
ビンチョウマグロ

すばらしい……

脂のノリ&身の張りは
イマイチな刺身でしたが
醤油に漬けることで
身がしまり、甘みプラス
で味ものります

りゅうきゅうは
いい魚で作ればおいしい
のはもちろんですが、
ちょっとイマイチな刺身
をよりおいしく食べるの
にも向いています

その他、
タイやブリにも
合いました

「刺身切落とし盛り合わ
せ」は、りゅうきゅう
初挑戦におすすめです

※5分を目安に漬けてみましょう。

りゅうきゅうを教えて
くれた板前さんいわく、
りゅうきゅうは
丼《どんぶり》にするのも
大分ではよくやるね
県南のほうでは
熱いお茶をかけて
食べるよ！
「あつめし」って
呼ばれている
丼にしてみました
そもそも何故
「りゅうきゅう」
と呼ぶのか？
・琉球《りゅうきゅう》（現在の沖縄）から
食べ方が伝わった
・ゴマ好きだった千利休《せんのりきゅう》
にちなんでつけられた
そんな説があるようです
「茶人の千利休はゴマを
料理によく使った」
とはよく聞きますね
ゴマ和えを利休和《あ》えと
呼んだりもするし
もとは漁師料理で、
食べきれない魚を
醤油に漬け、保存期間を
延ばそうとしたのが
はじまりと伝わります
どこが発祥というのでも
なく、福岡や宮崎にも、
海向こうの愛媛にも
魚の切り身を醤油やみり
んに漬けて、ゴマや卵黄
と一緒にいただく、似た
ような料理があります
古くから交流がいろいろ
あったんだろうなあ
今日のランチも
りゅうきゅう丼
大分では新鮮なサバの
刺身でもりゅうきゅうを
作るそうです。
大分でしかなかなか
食べられないので、
遊びに行ったら、
ぜひとも！
うめぇ

もうツナ缶が手放せなくなってしまう理由【缶詰博士】

筋トレマニアの必携アイテム

文・撮影・企画　増山かおり

1缶100円程度から買えるお手軽食材

ツナ缶

実は、筋トレマニアの間では常識のミラクルフードなのです

なぜならば、ツナ缶は

- **高たんぱく**
- **低糖質**
- **安い**
- **加熱不要で食べられる**

こんな食品の代表格だから！

1日のたんぱく質摂取量は成人男性の場合、体重1kgあたり1gが目安と言われています

つまり60kg男性なら、1日で合計60gのたんぱく質が必要ということ

筋肉量アップを狙う人や運動量の多い人なら、たんぱく質の必要量はより多くなることも

たんぱく源優秀度調査票

食品名	食品100gあたりのたんぱく質	たんぱく質量	調理の手間	一度に摂れる量	価格	保存性
鶏ささみ	約25g	◎	△	○	○	△
牛肉（もも・脂身つき）	約19g	◎	△	○	△	△
ツナ（まぐろ類・水煮）	約18g	○	○	○	○	◎
納豆	約17g	○	○	△	○	△
卵	約12g	△	△	○	◎	○
豆腐（絹ごし）	約5g	△	○	△	◎	△
牛乳	約3g	△	◎	△	◎	△

※増山かおり調べ

『メシ通』記事へ

筋トレやランニングに
励んでも、筋肉を作る
たんぱく質が足りないと、
必要な筋肉を保てません
基礎代謝が落ちて、
体重のリバウンドを
招くことにも
なりかねないのです
その点、ツナ缶は、
1〜2缶食べるだけで、
1食に必要なたんぱく質
をほぼ補える食材
なのです！
せっかくなので、
おいしくツナを
食べてダイエット
すべし！
そこで、日本缶詰・
びん詰・レトルト食品
協会公認〝缶詰博士〟
として活躍中の黒川勇人
さんに知恵をお借りし、
秘伝レシピを教えて
いただきました！
黒川さんいわくツナは
淡白な味付けでどんな
料理にも使えるうえ、
良質のたんぱく質、
ビタミンB群、EPA、
DHAなど、
さまざまな栄養が
含まれています
たんぱく質は
細胞と免疫物質を作る
役目を果たします
EPA、DHAは共に
血流を促す作用があると
いわれ、
DHAは脳まで直接届く
数少ない成分です
すなわち、
脳の働きを
活性化すると
いわれています
次ページから紹介する
レシピはどれも
ツナ1缶を使って
10分ほどでできてしまう
お手軽さ
筋トレの後に、
ダイエット中に、
ぜひ試してみてください

MEMO
黒川勇人さんは世界50カ国・数千缶の缶詰を食している世界一の缶詰通。2004年から「缶詰blog」を開始。
https://blog.goo.ne.jp/hayatinocans

レシピ①「ロンドン風ツナトースト」で朝食を

材料 1人分

油漬けタイプのツナ　1缶
※ファンシーやソリッドタイプ約80g
※「ファンシー」「ソリッド」は、フレーク状にほぐさず、加熱したまぐろの身をそのまま輪切りにして塊のまま缶詰にしているという意味。まるで肉のような食べ応えがある

食パン　2枚
バター　適量
黒胡椒　適量
※お好みで

EXTRA FANCY

ロンドンではブロック状のツナを皿に乗せてナイフとフォークで食べます
シンプルだけど飽きない味、ツナのうま味をあますことなく味わえる食べ方で、毎朝食べている人も多いらしいです

うめぇ

①食パンをトーストする

トースターがない場合は魚焼きグリルを使ってOK
弱火で片面につき1分を目安に様子を見ながら焼く

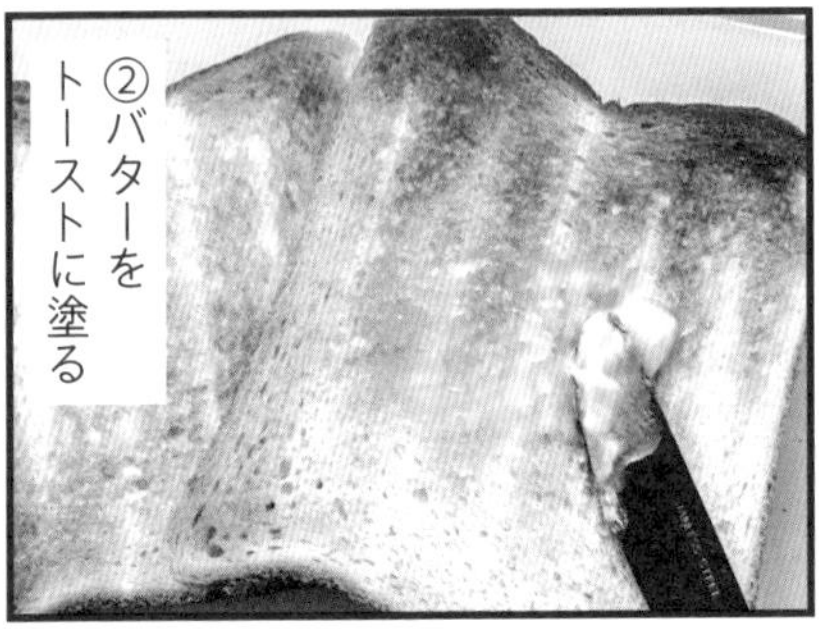
②バターをトーストに塗る

③油を切ったツナを②の上に広げ、黒胡椒を散らす

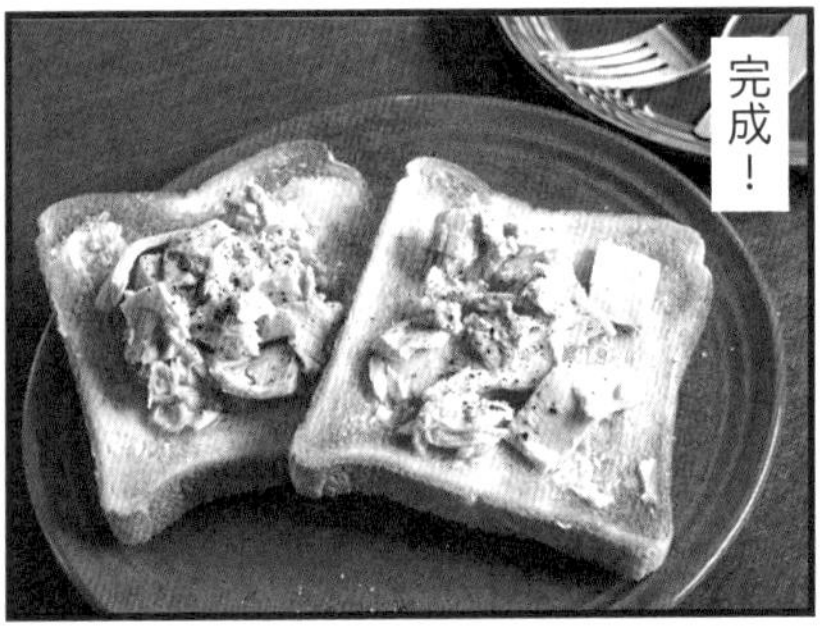
完成！

バターがしみこんだトーストに、肉みたいなボリュームのツナの岸壁が迫り来る！

レシピ②油も活かす「にんじんシリシリ」

材料 1人分

油漬けタイプのツナ　1缶
※フレークタイプ　約80g
ニンジン細切り　½本分
マヨネーズ　スプーン1杯
※好みで増量可
レモン汁　スプーン1杯
黒胡椒　少々
※スプーンは食事用

②ツナは油を半量切って①に加える。ほかの材料も加えてよく混ぜる

油漬けのツナには、良質な植物油が使われているので、その油も料理に使いましょう
炒め物などに使うと、油に溶け込んだツナのうま味も加わります
沖縄のソーメンチャンプルーも、ツナ缶を油ごと使って炒めています

③ツナには味が付いているので、調味料はニンジンに集中してなじませてみた

ニンジンに含まれるカロテンは、油と合わせることで効率よく摂取できます
そのため、油漬けのツナ缶を使うのがベター
また、レモン汁ではなく沖縄の柑橘・シークワーサーを使うと、より沖縄気分が味わえます

※カロテンは体内でビタミンAに転換される成分のひとつ。目や皮膚、粘膜の健康の維持に関わる成分。

ツナの油やうま味、果汁の酸味がニンジンになじむことで加熱しなくてもニンジン特有の青臭さを感じにくくなる
ニンジン嫌いにもぜひ試してほしいレシピだ

①ニンジンはなるべく細切りにしてボウルに入れる

※にんじんシリシリを作る専用のスライサーもあるが、通常のピーラーで幅が細くなるように削っても代用可能。

完成！
ダイエットに役立てたい人は、「ノンオイル」「水煮」タイプのツナを使おう

※たんぱく質量は油漬けタイプとほぼ同じで、脂質や糖質が少ない。ただし味の芳醇さがやや落ちる。

MEMO 「ライトツナ」は低カロリーを意味しているわけではなく、身の色を表しているので要注意。きはだまぐろ、めばちまぐろ、かつおを使ったものが「ライトツナ」と呼ばれる。

レシピ③ダイエットするなら「ツナあんの温野菜」

材料 1人分

水煮タイプのツナ　1缶
※フレークタイプ　約80ｇ
ブロッコリー　適量
玉ねぎ　適量
ニンジン　適量
めんつゆ　スプーン1杯
※ストレートタイプ
水溶き片栗粉
※水で片栗粉を溶く。それぞれスプーン1杯
水　100㎖
※スプーンは食事用

油の摂取を控えたいときは、水煮や野菜スープタイプを選びましょう
まぐろやカツオは〝節〟になるくらいうま味があり、ツナ缶もうま味のかたまり
めんつゆを足すだけで抜群においしいあんになります

①ブロッコリー、玉ねぎ、にんじんをひと口大にカット

※野菜はじゃがいも、かぼちゃなど好みのものでOK。

②時間短縮のためシリコンスチーマーを使う

※野菜の加熱にシリコンスチーマーを使うと、ゆでるのに比べ水溶性のビタミン類が逃げない利点もある。

③電子レンジで600Ｗで4分も加熱すれば充分

④ツナを鍋に入れ、水とめんつゆを加えてひと煮立ちさせる

⑤水溶き片栗粉を入れてとろみを付ける

⑥野菜を盛りつけた上に⑤のあんをかければ完成
たっぷりかけてスープのように味わいたい

レシピ④モルディブ料理「マスフニ」に挑戦

材料　1人分

水煮タイプのツナ　1缶
※ファンシーやソリッドの水煮約80g
ココナッツフレーク　ツナの半量
※菓子材料店などで購入可能
玉ねぎみじん切り　ツナと同量
ライム汁　½個分
※レモン汁でも可
タカノツメみじん切り　½本分

「マスフニ」は
モルディブの
家庭料理です
ココナッツとライムの
風味がエキゾチック
玉ねぎもたっぷり
食べられるので
健康的でもあります

①ボウルに汁気を切った
ツナを入れ、ほかの材料
をすべて加えたら手でよ
くもむようにして混ぜる

②もみ続けていると、
だんだん具材同士が
なじんでほろほろした
感触になってくる

③皿に盛りつければ
缶成！　パンと食べ
てもおいしい

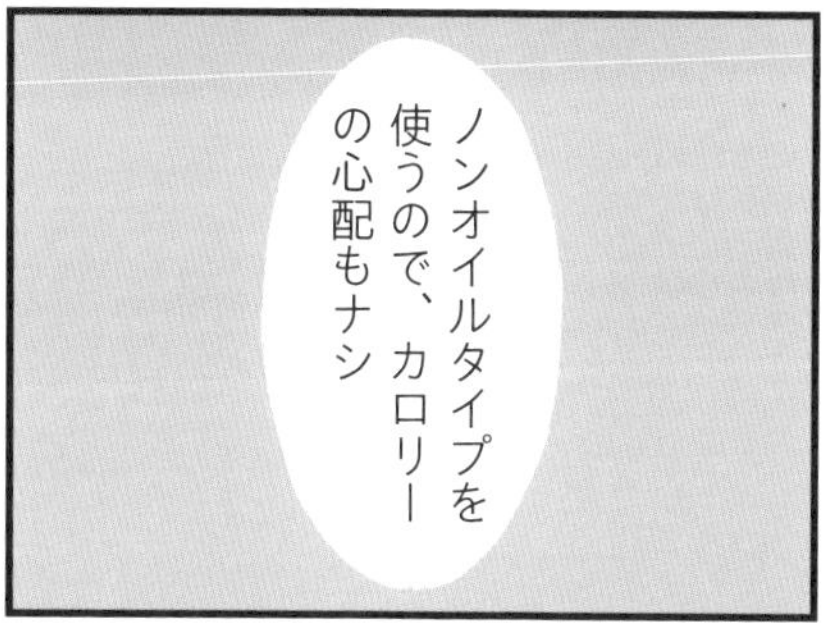
ノンオイルタイプを
使うので、カロリー
の心配もナシ

ふわふわ、
ほろほろとした食感が
不思議なサラダ
たっぷり入った
ココナッツと
ライムの香りが
なんともさわやかです

モルディブの美しい海で
泳ぐことを想像し、ダイ
エットの励みにしては

MEMO　ツナを使用した後の缶を洗ったり資源ごみの日まで取っておいたりするのが面倒という人には、レトルトタイプのツナがおすすめ。ごみ処理の手間が減るので、よりお手軽にツナライフを送ることができる。

1日に必要なたんぱく質はしっかり意識しない限り、意外と不足しがちです

成人男性にありがちな1日3食の献立に含まれるたんぱく質の量を見てみましょう

朝食：	カフェオレ1杯	7g
	バタートースト（6枚切）	6g
昼食：	チャーシュー麺	30g
夕飯：	ハンバーグ	15g
	白飯	4g
	サラダ	2g
	ビール1缶（350mℓ）	1.5g

たんぱく質の合計がやっと **65.5g**

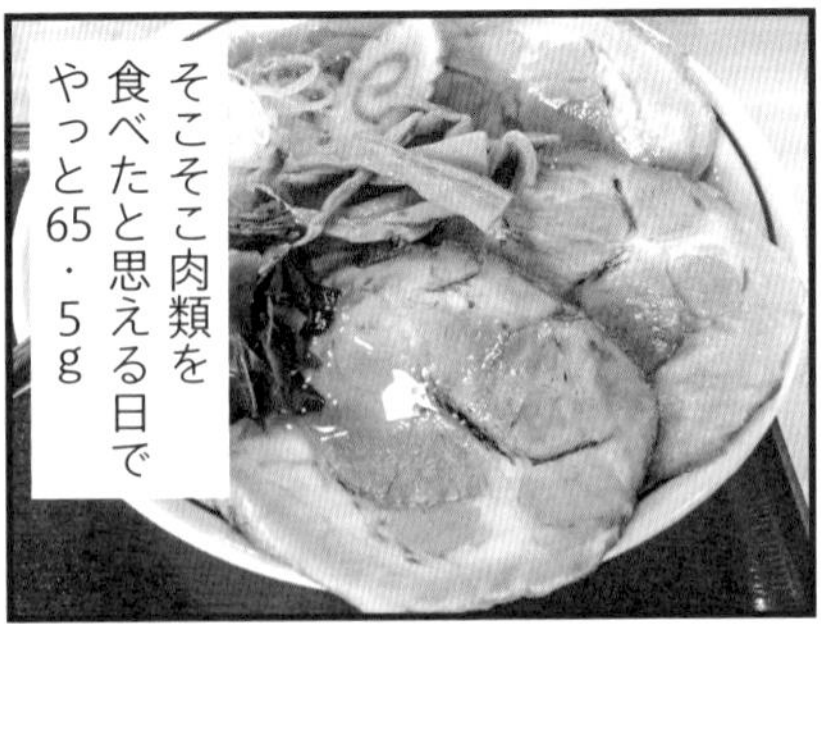

そこそこ肉類を食べたと思える日でやっと65・5g

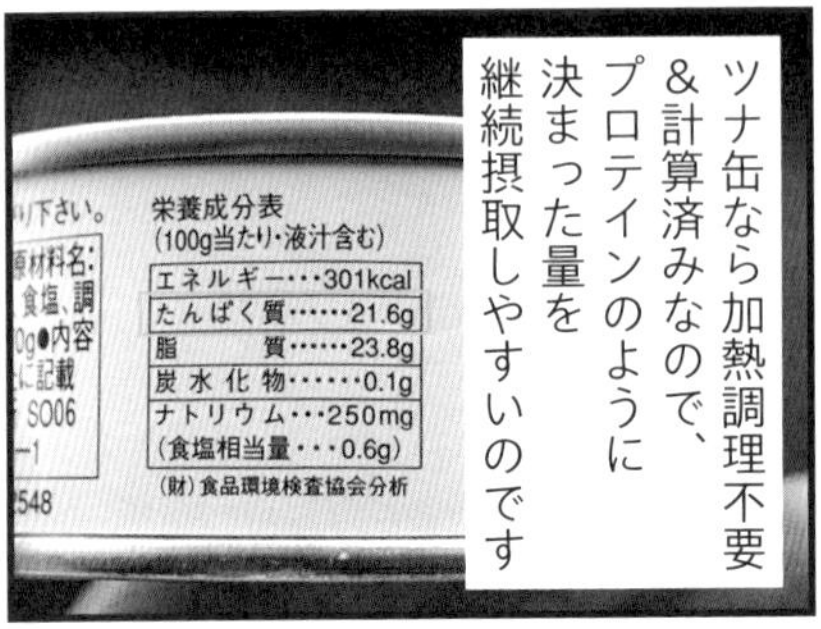

ツナ缶なら加熱調理不要&計算済みなので、プロテインのように決まった量を継続摂取しやすいのです
栄養成分表
（100g当たり・液汁含む）
エネルギー・・・301kcal
たんぱく質・・・・・・21.6g
脂 質・・・・・・23.8g
炭水化物・・・・・・・0.1g
ナトリウム・・・250mg
（食塩相当量・・・0.6g）
（財）食品環境検査協会分析

購入から常温で平均3年ほど保存できるので備蓄食糧を兼ねることもできます

高たんぱく食材の代表格である鶏ささみや牛肉は加熱必須で、冷凍しないと長期保存はできません。納豆は調理法や食べられる場が限られます。卵は非加熱で大量摂取しにくいのが弱点。豆腐や牛乳だけでたんぱく質を補うためにはかなりの量を摂らなければなりません。

ツナ缶のメリットがますます際立つと思いませんか？

「サーモンの花椒なめろう」はご飯にものっけたくなるやつです

花椒とサーモンの強めの脂が相性抜群

文・撮影　魚屋三代目
企画協力　レシピブログ

『メシ通』記事へ

食欲がない……
食えねぇ
そんなときに
おすすめしたいのが、

さっぱり食べられる
なめろう

ここでは手に入れやすい
サーモンの刺身を使った
「サーモンの
花椒《かしょう》なめろう」の
レシピを紹介します
うめぇ

サーモンのなめろうに、
花椒を加えて風味と
さわやかなしびれを
プラス

脂が強めにある
サーモンでも、飽きずに
おいしく食べられます

さらに、なめろうにも
合う旨辛の万能ダレの
作り方も紹介します

MEMO
なめろうはアジやさんまなどの青魚が定番ですが、
サーモンなら青魚が苦手な方にもおすすめですよ。

材料 2人分

サーモンの刺身　100g
※角切りにするのでサクでもOK

A
大葉（青じそ）　3枚
生姜（みじん切り）　小さじ1
青ネギ（小口切り、白ねぎでもOK）　大さじ1
輪切り赤唐辛子　適量
味噌（あれば白味噌）　大さじ1

花椒（パウダー）　小さじ⅓
※好みの量でOK

白いりごま　適量
キュウリ（せん切り）　お好みで
カイワレ大根（カイワレ菜）　お好みで

（旨辛ダレ）
ごま油　小さじ1
豆板醤　小さじ½
※好みの量でOK
にんにく（チューブ）　約1㎝
砂糖　小さじ2
醤油　大さじ1

①小鍋や小さめのフライパンに、ごま油と豆板醤を入れ中火で熱します

②香りが出てきたら火を止めて、にんにくを加え、余熱で混ぜ合わせます

※にんにくを入れると火を止めておいても油が飛び跳ねることがあるので注意してください。

③耐熱の器に移し、醤油と砂糖を加え、よく混ぜ合わせて粗熱をとります

旨辛ダレの完成です

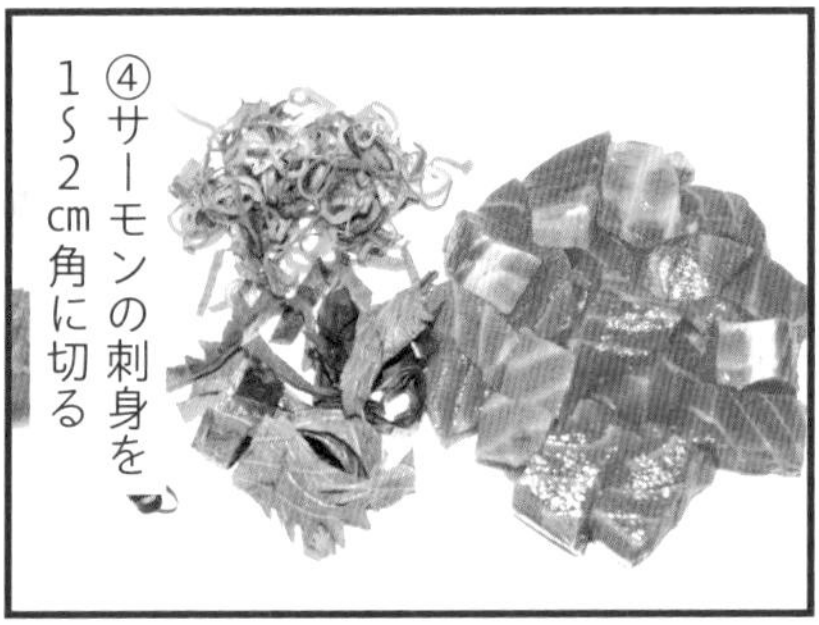
④サーモンの刺身を1~2㎝角に切る

※切る大きさはだいたいでOKです。

⑤大葉もサーモンと同じくらいの大きさに粗く刻んでおきます

⑥まな板にAをのせ、
包丁でたたき合わせます

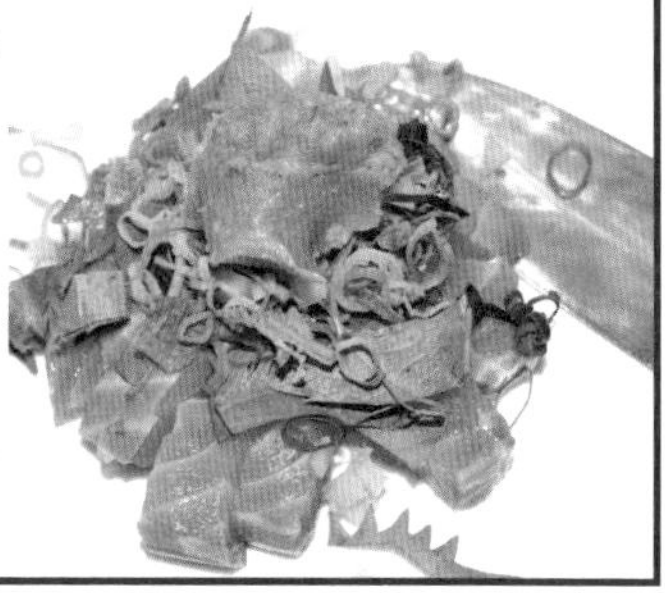

⑦たたきすぎず
サーモンの食感を残す
のがポイント

サーモンはやわらかく、
特に脂が強い部位は
すぐにペースト状になる
ので、たたきすぎると
なめろうとしての食感が
悪くなります

⑧最後に花椒を加え
混ぜ合わせましょう

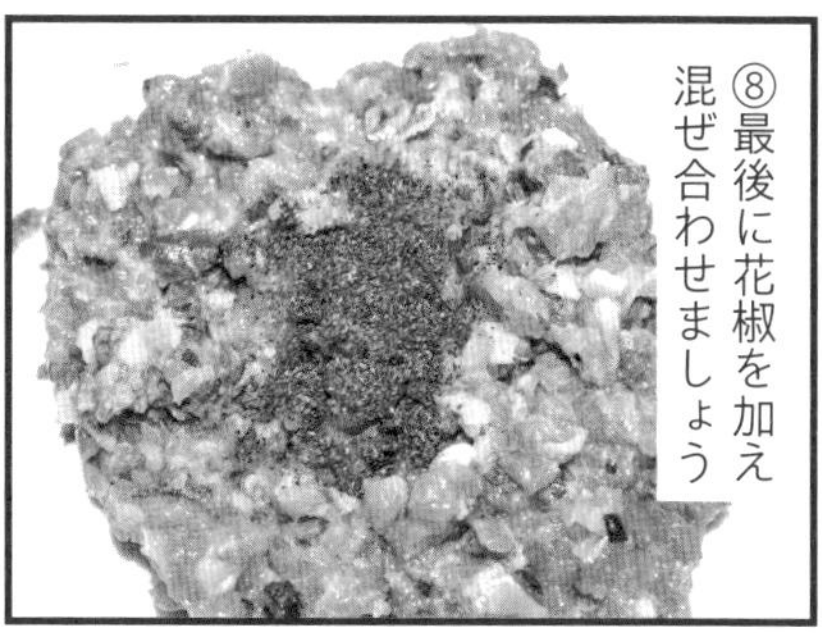

※花椒の量は味見をしながら
調節してください。

⑨器に盛り、お好みで
③の旨辛ダレをかけ、
せん切りして冷水に
さらしたキュウリや
刻んだカイワレ菜をのせ、
白いりごまをふって
お召し上がりください

完成!

なめろうをご飯にのせて
うずらの卵をトッピング
する絶品の丼も忘れずに

※丼に旨辛タレをサッと回しかければ、
なめろうとご飯がさらにおいしくつな
がってご飯が止まらくなります。

旨辛ダレは、
ユッケのタレような感じ
でお刺身はもちろん、
お肉料理やゆで野菜、
蒸し野菜などにも使えて
便利ですよ！
余ったタレでもいろいろ
楽しんでくださいね

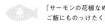

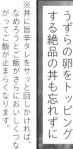

え、お茶っ葉で燻製？「しめサバの30秒燻製」が簡単ウマい！

燻製は緑茶の茶葉でも作れる！

文・撮影　筋肉料理人　藤吉和男
企画協力　レシピブログ

『メシ通』記事へ

燻製と言えば
「肉」というイメージ、
そして
手間がかかるイメージが
あるかと思いますが、

このレシピは
簡単です！

スーパーで
売っている
しめサバを
30秒で燻製に
しちゃいます

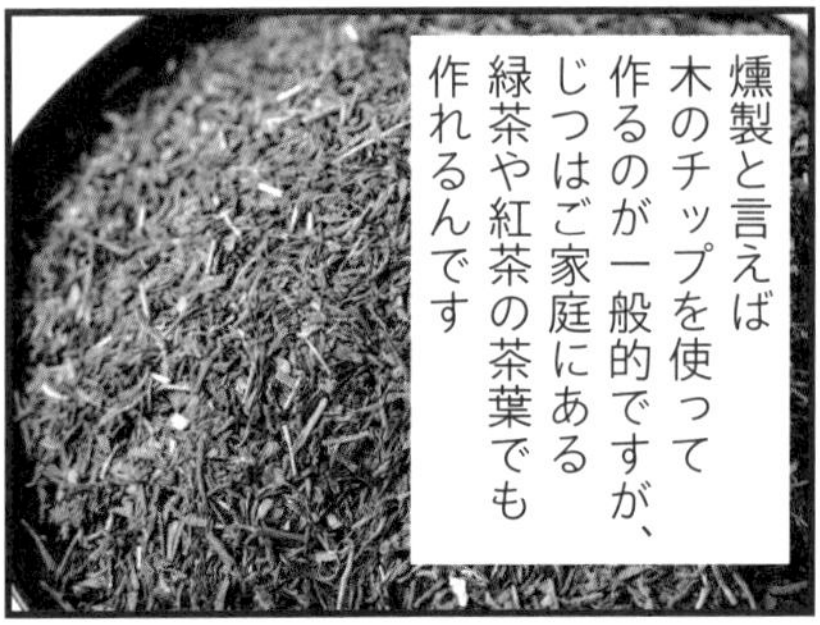

燻製と言えば
木のチップを使って
作るのが一般的ですが、
じつはご家庭にある
緑茶や紅茶の茶葉でも
作れるんです

木のチップは
ここで紹介するレシピの
ように中華鍋を使うと
煙が出るのに時間が
かかります

一方、薄くて細かい茶葉
は、短時間の加熱で煙が
出るので、簡単に燻製が
作れるんです

材料 2人前

市販のしめサバ　1枚
緑茶の茶葉　大さじ3
砂糖　小さじ1
カイワレ大根　1/4パック
醤油　お好みで
わさび　お好みで
おろしにんにく　お好みで

道具

鉄の中華鍋
金属製の網
※中華鍋の半分くらいの深さにはまるくらいのサイズ
アルミホイル
鍋にぴったり合うフタ
※ここではボウルをフタ代わりに使用
※道具は100円ショップを活用しよう

①しめサバはパックから出し

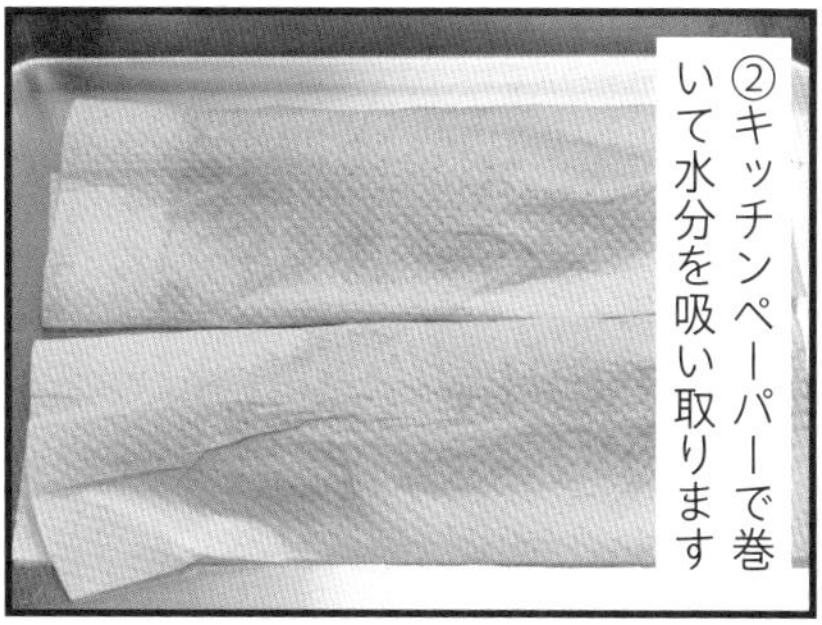

②キッチンペーパーで巻いて水分を吸い取ります

③ペーパーを何度か取り換えて、表面の水分をしっかり吸い取ってください
水分を吸い取ることで香りがつきやすくなります

④中華鍋にアルミホイルを敷き、緑茶の茶葉と砂糖を散らし、中火にかけます

※中火とは、コンロの火が鍋の底に当たるくらい。

⑤煙が出はじめたらしめサバを網にのせ

※換気扇をしっかり回し、火にかけているときは鍋から絶対に離れないこと。

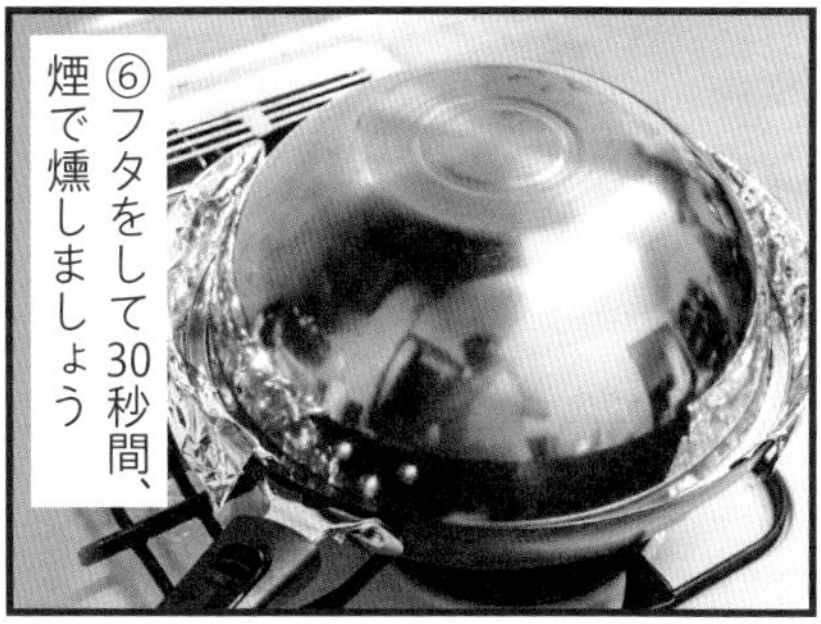

⑥フタをして30秒間、煙で燻しましょう

※加熱時間を守り、茶葉に火がつかないよう注意しましょう。砂糖には燻製の香りと色艶をよくする効果があります。

MEMO　ボウルを加熱に使用する際はくれぐれも火傷に気を付けてください。また、用いるボウルの注意書きなどをよく読んでからお使いください。

⑦30秒経ったら
火を消し、フタを外して
しめサバを取り出します

30秒燻製した
しめサバってどんな味？

⑧⑦を1㎝弱の幅に
切って皿に盛り付けます
刻んだカイワレ大根と
わさび、おろしにんにく
を添えたら、
わくわく

見た目は普通のしめサバ
と同じなのですが、
目の前に置くだけで
燻製の香りが！

たった30秒で

**こんなに香りが
つくの？**

というくらい
香りが強いです

「しめサバの30秒燻製」
の完成です！

食べると燻製の適度な
香りが口に広がり、
その後にしめサバの
甘酸っぱいうま味が
広がります
うめぇ
魚臭さが消えて
食べやすく
なっているのが新しい！

鍋やフタは高温になり、
また、
フタを外すときには
熱い煙が出てくるので
やけどに注意しましょう

使い終わった茶葉は
水をかけてから処分を

こういうのが
お店のお通しで
出てきたら、
うれしいだろうなあ
って思いました

**やけどに注意して
楽しんでください！**

老舗魚屋さんに聞く「ウマい煮魚」を作る2つのコツ
【煮込む必要なし！】

文・撮影　魚屋三代目
企画協力　レシピブログ

『メシ通』記事へ

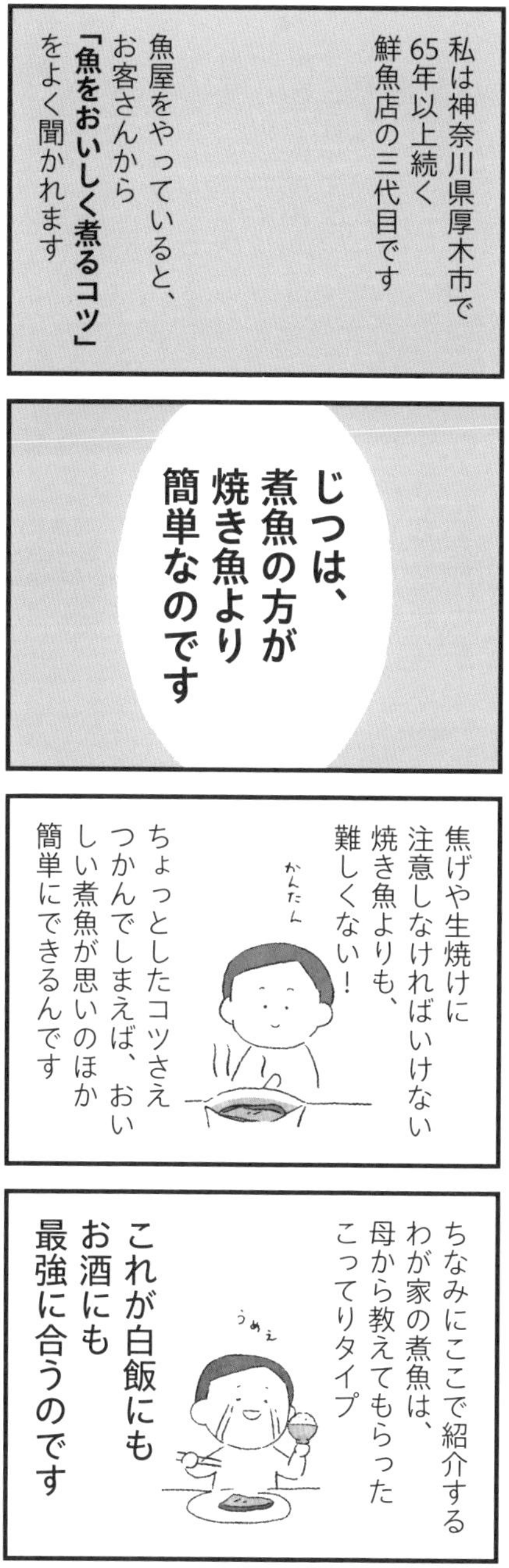
私は神奈川県厚木市で
65年以上続く
鮮魚店の三代目です
魚屋をやっていると、
お客さんから
「魚をおいしく煮るコツ」
をよく聞かれます
じつは、
煮魚の方が
焼き魚より
簡単なのです
焦げや生焼けに
注意しなければいけない
焼き魚よりも、
難しくない！
かんたん
ちょっとしたコツさえ
つかんでしまえば、おい
しい煮魚が思いのほか
簡単にできるんです
ちなみにここで紹介する
わが家の煮魚は、
母から教えてもらった
こってりタイプ
うめぇ
これが白飯にも
お酒にも
最強に合うのです

材料 1〜2人分

魚の切り身　2切れ
※ここでは銀ダラ
葉物野菜　適量
※添える用、ここでは菜の花をゆでました

A
醤油　大さじ3
みりん　大さじ3
砂糖　大さじ3
日本酒　大さじ1

水　50㎖

水を入れずに煮ていくとせっかくできあがりの味を先に決めたのに煮詰まって辛くなってしまいます

水を入れるのは「煮る時間の調節用」と考えてください

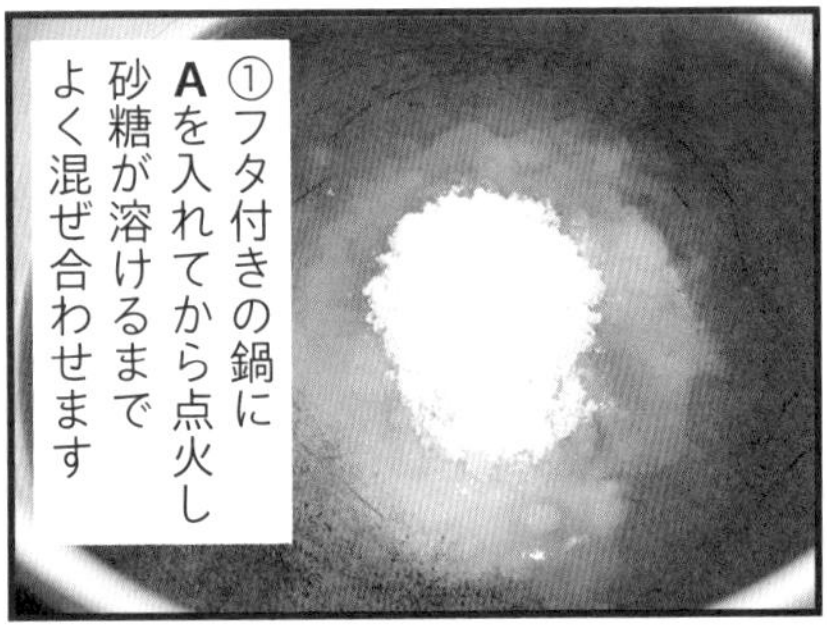

①フタ付きの鍋に**A**を入れてから点火し砂糖が溶けるまでよく混ぜ合わせます

②水を入れてひと煮立ちさせます

完成！

③魚の切り身を入れます

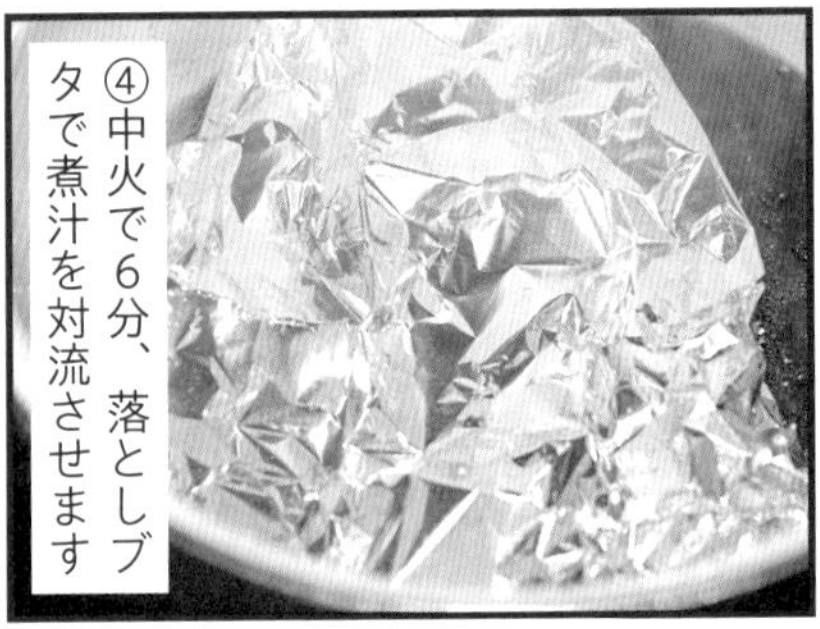

④中火で6分、落としブタで煮汁を対流させます

写真のように深い鍋の場合（このくらいの深さのものが多いかも）は、アルミホイルなどで落としブタをしてから鍋のフタをするといいでしょう

煮汁が対流して切り身を覆うように煮ることができます

※鍋が浅い場合は、フタをするだけでOKです。

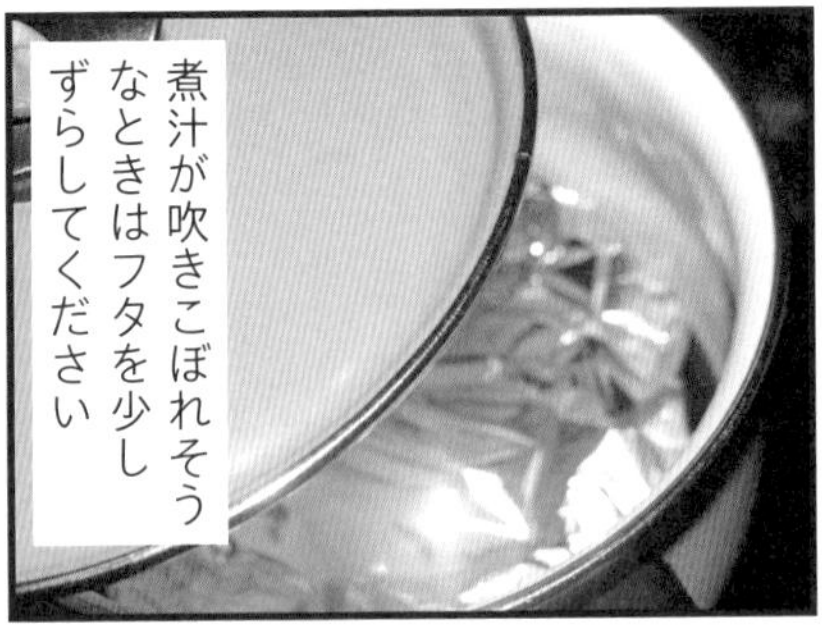

煮汁が吹きこぼれそうなときはフタを少しずらしてください

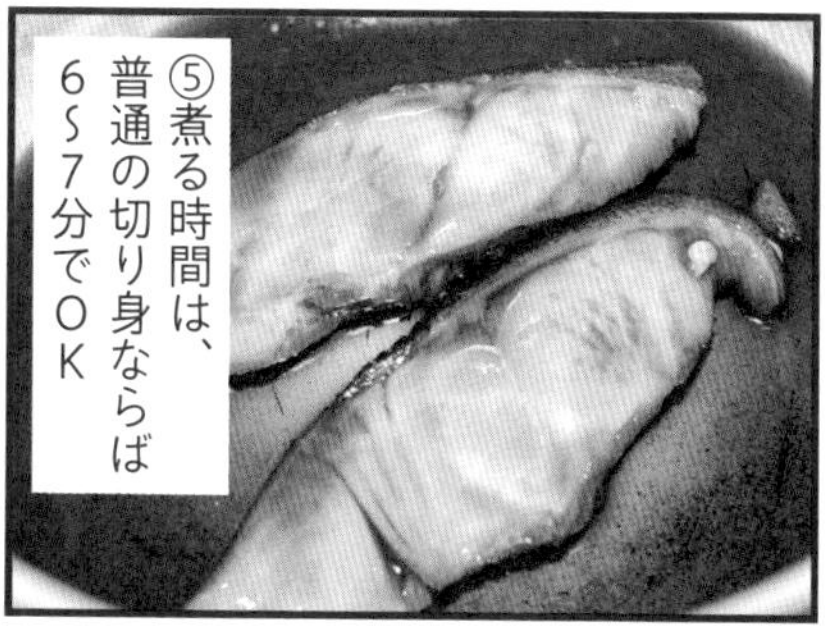
⑤煮る時間は、
普通の切り身ならば
6～7分でOK

一、煮汁は先に作り、煮汁が煮立ったら魚を入れる

一、フタ、または落としブタをして中火で6分煮る

この2つのポイントをおさえれば、

大きく厚い切り身でも
8～9分、
つまりは
たいてい10分以内で
煮上がります

それ以上煮ると
身が固くなったり、
パサついたり
してしまうんです

※ここでは約6分煮るのに水を50㎖。約9分煮る場合はさらに大さじ1～1半ほど加えてみてください

ふっくらおいしい
煮魚にしあがります

⑥皿に盛りつけ、残った
煮汁をかけたらお好みで
葉物野菜などを添えます

みなさんがお好きなのは
白身の魚の煮付け？
それとも青魚の煮付け？

白身ならば、
銀ダラや銀ムツ（メロ）、
カレイや金目鯛などが
おなじみ

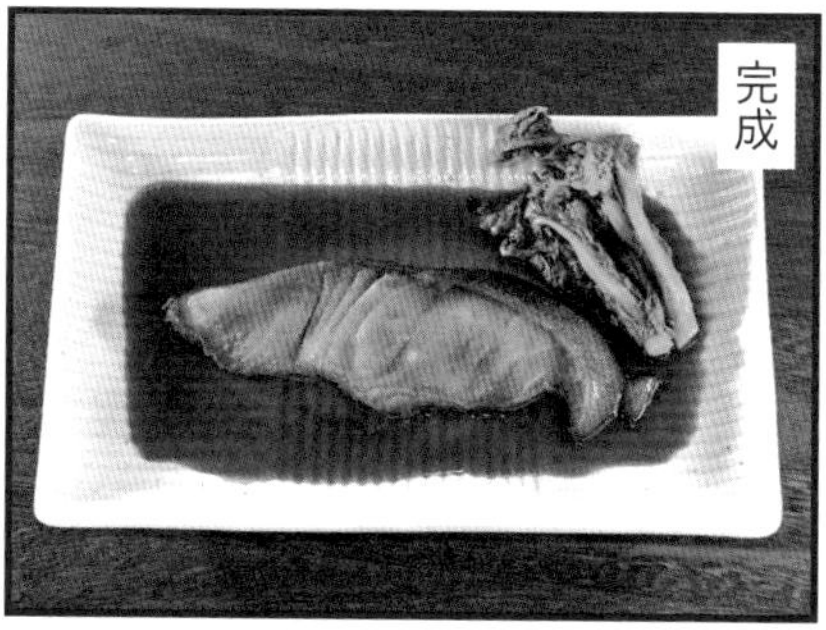
完成

青魚ならば、
イワシやアジ、サバ

サバは味噌煮が
多いでしょうか？

青魚はクセがあるので
生姜（1～2人分煮るのに
1片、チューブ生姜なら
4～5㎝）を入れるのが
おすすめです

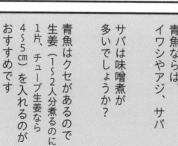

混ぜるだけで完成の「シラスオイル」がこんなに万能だったなんて
即席のドレッシング、うま味調味料的に使える！

文・撮影　白央篤司

『メシ通』記事へ

突然ですが、シラスってどうやって食べてます？
大根おろしにのっけるか卵焼きに入れるか……
それぐらいという人も多そうですね
オリーブ油と混ぜて「シラスオイル」にするの、
おすすめ
けっこうおすすめ
何か1品ほしいときに、かなり役立ってくれますよ
かんたん

材料

オリーブオイル　大さじ1
シラス　大さじ1
塩　小さじ1/6
※ひとつまみ程度
※シラスによって塩気が異なるので塩は少なめにしています。料理のアレンジによって味が薄い場合は、追い塩をパラッとかけてください

野菜にかける

オリーブオイルと塩を先によく混ぜてから、シラスを加えてください

①トマトにかける
単なる「切ったトマト」が、
ちょっとした副菜に、おつまみになりますよ

基本、混ぜるだけで完成！

私はこのシラスオイルを即席のドレッシング、というか、うま味調味料的にいろんなものにかけて使ってるんですよ

②キュウリにかける
私は黒胡椒をここにひくのが好きなんです

ちなみに、なるべくフレッシュな感じで楽しみたいので、私は都度使い切ってます

余った場合は冷蔵庫で3日ぐらいを目安に保存しましょう

さぁ
いろいろ
アレンジして
いきましょう

ピーラーで〝しま〟にむくと、青みがライトになって食べやすくなりますよ

MEMO シラス干し（半乾燥）の栄養にも注目。大さじ1（約5g）にたんぱく質が約0.8g、カルシウムが約26mgが含まれます（参考：文部科学省「日本食品標準成分表2020年版（八訂）」）。

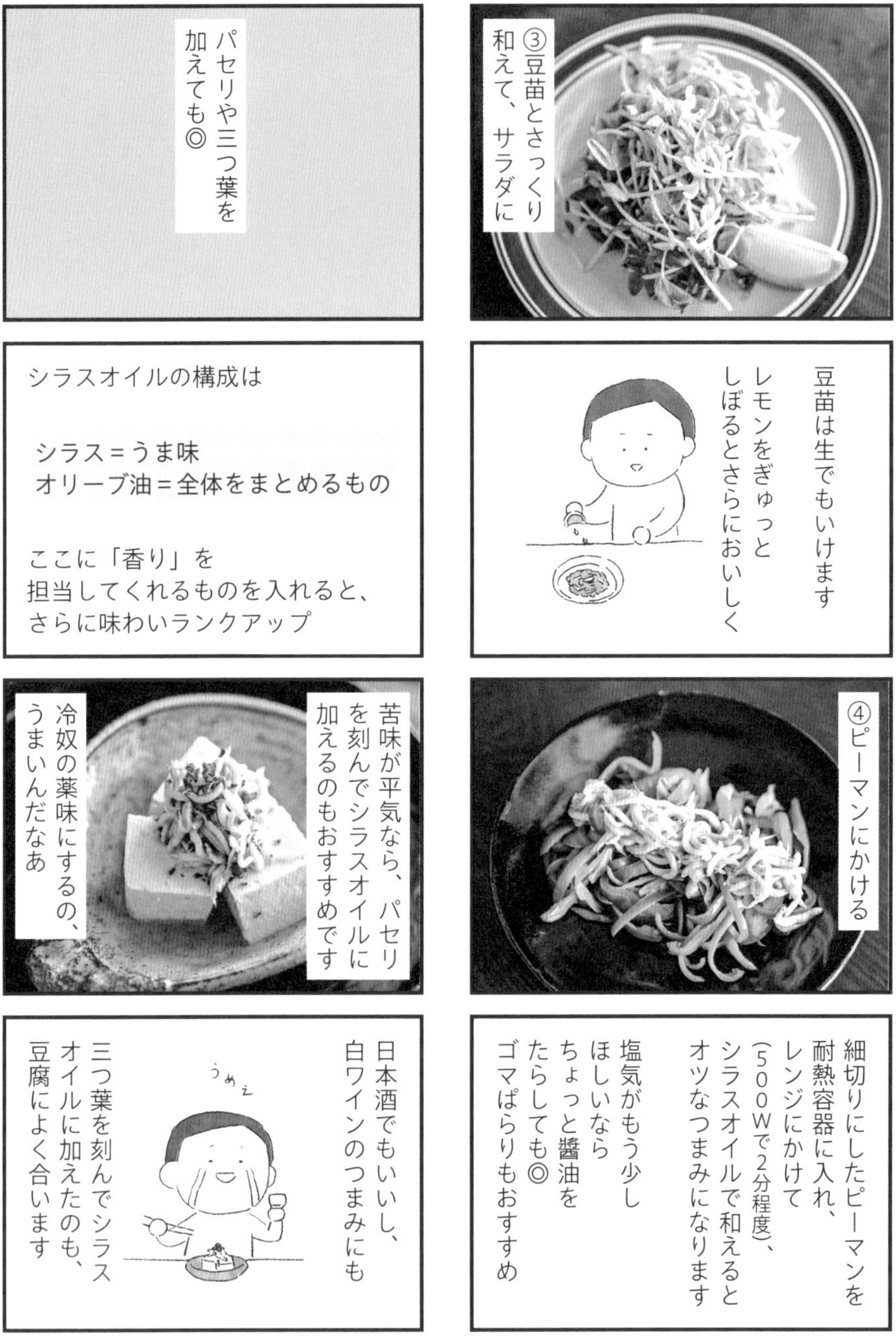
③豆苗とさっくり
和えて、サラダに
豆苗は生でもいけます
レモンをぎゅっと
しぼるとさらにおいしく
④ピーマンにかける
細切りにしたピーマンを
耐熱容器に入れ、
レンジにかけて
(500Wで2分程度)、
シラスオイルで和えると
オツなつまみになります
塩気がもう少し
ほしいなら
ちょっと醤油を
たらしても◎
ゴマぱらりもおすすめ
パセリや三つ葉を
加えても◎
シラスオイルの構成は
シラス＝うま味
オリーブ油＝全体をまとめるもの
ここに「香り」を
担当してくれるものを入れると、
さらに味わいランクアップ
苦味が平気なら、パセリ
を刻んでシラスオイルに
加えるのもおすすめです
冷奴の薬味にするの、
うまいんだなあ
日本酒でもいいし、
白ワインのつまみにも
うめぇ
三つ葉を刻んでシラス
オイルに加えたのも、
豆腐によく合います

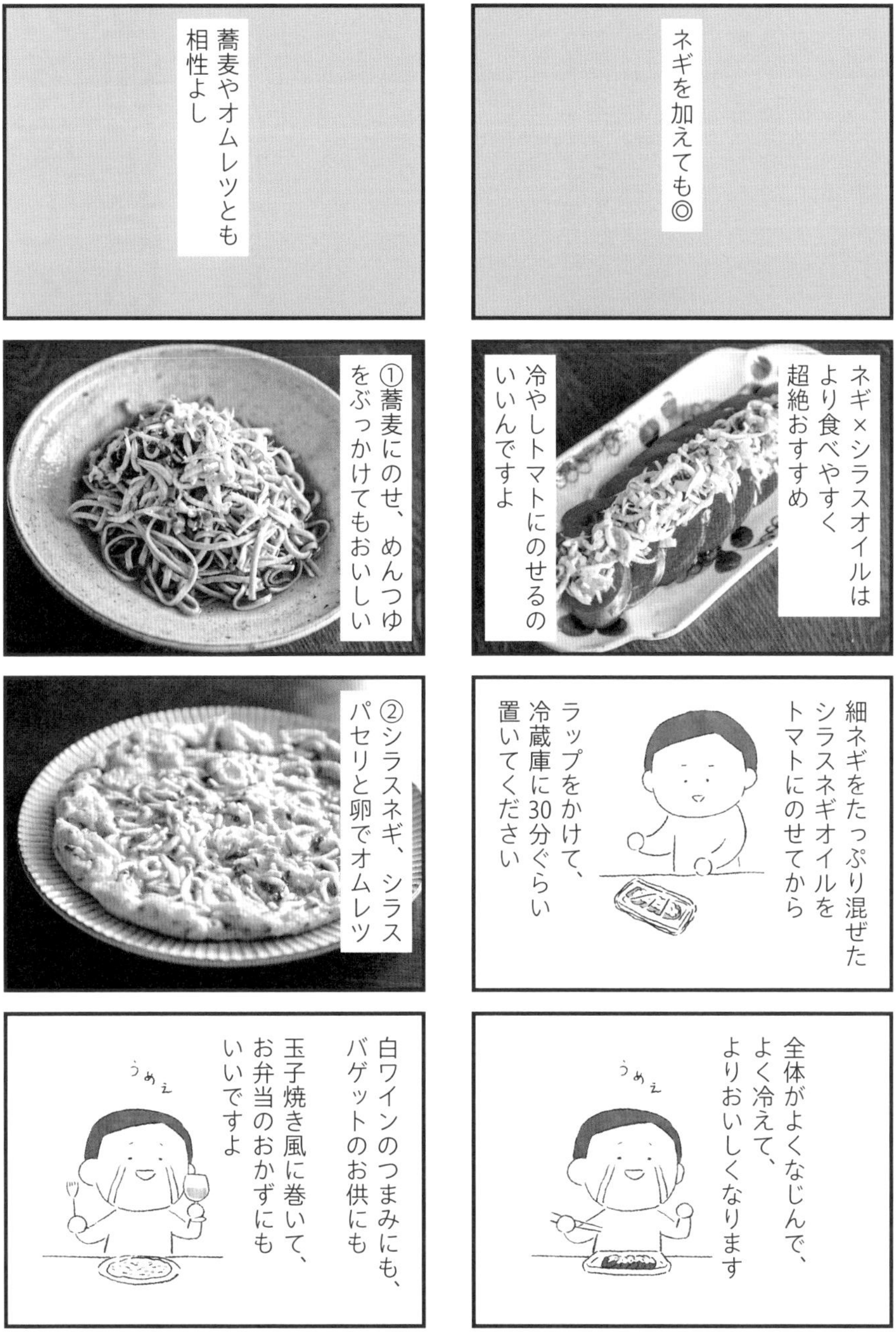
ネギを加えても◎
ネギ×シラスオイルはより食べやすく超絶おすすめ
冷やしトマトにのせるのいいんですよ
細ネギをたっぷり混ぜたシラスネギオイルをトマトにのせてから
ラップをかけて、冷蔵庫に30分ぐらい置いてください
全体がよくなじんで、よく冷えて、よりおいしくなります
うめぇ
蕎麦やオムレツとも相性よし
①蕎麦にのせ、めんつゆをぶっかけてもおいしい
②シラスネギ、シラスパセリと卵でオムレツ
白ワインのつまみにも、バゲットのお供にも
玉子焼き風に巻いて、お弁当のおかずにもいいですよ
うめぇ

※さらにミョウガ、刻み海苔を加えてもおいしいです。

イカを楽しく解剖しながら部位別においしく食べる方法

日本いか連合員が手とり足とり教えます

文・撮影　佐野まいける

『メシ通』記事へ

スーパーでよく見かける
「丸ごと一杯のイカ」

買って食べたことの
ある人は意外に
少ないのでは？

「スーパーで手軽に手に
入る」
「どの家にもある道具で
簡単に解剖ができて
勉強になる」
「最後はおいしく
食べられる
最高の生き物」
それがイカなのです

イカのびっくりな
体の仕組みと味わいを
一緒に堪能しましょう

まずはイカをスーパーで
選ぶところから始めます

全国的にスーパーに
並ぶのはスルメイカ、
ヤリイカなどでしょう
ここでは通年買いやすく
安価なスルメイカを購入
他のイカより
肝が大きいので、
肝を使った料理を
楽しめるのも
良いところです

買う際の注意は解凍品ではなく、「生」を選ぶこと

え？
色素胞がまだ動いてる？
それは超新鮮な
イカです！

即買ってください！

イカは冷凍しても
味がほとんど劣化しない
優秀な食材ですが、
解剖する場合は
生（もしくは船凍イカ）
がおすすめです
内臓がしっかりしていて
観察しやすいからです

※船凍イカとは釣り上げてすぐに高鮮度の状態で瞬間冷凍したもの。

道具

まな板、もしくはトレー
※イカが乗る大きさ
ハサミ
※刃が小さめのもの
（以下はもしあればでOK）
ピンセット
ビニール手袋
小皿
※各パーツの観察用

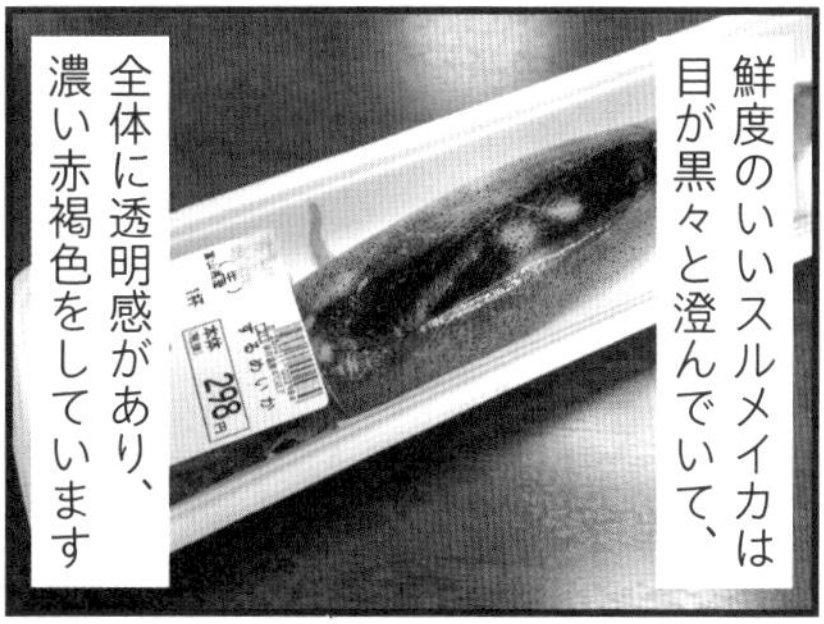
鮮度のいいスルメイカは
目が黒々と澄んでいて、
全体に透明感があり、
濃い赤褐色をしています
298円

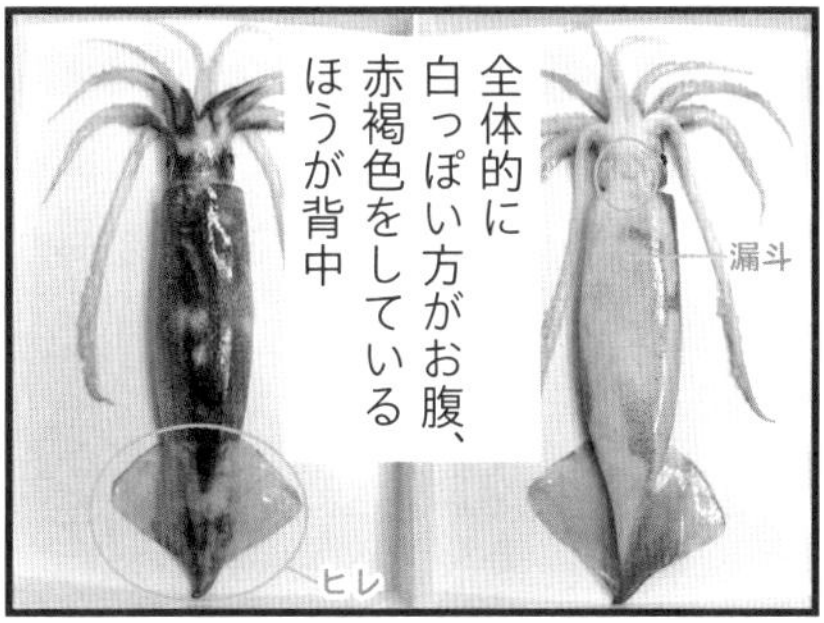
全体的に
白っぽい方がお腹、
赤褐色をしている
ほうが背中
漏斗
ヒレ

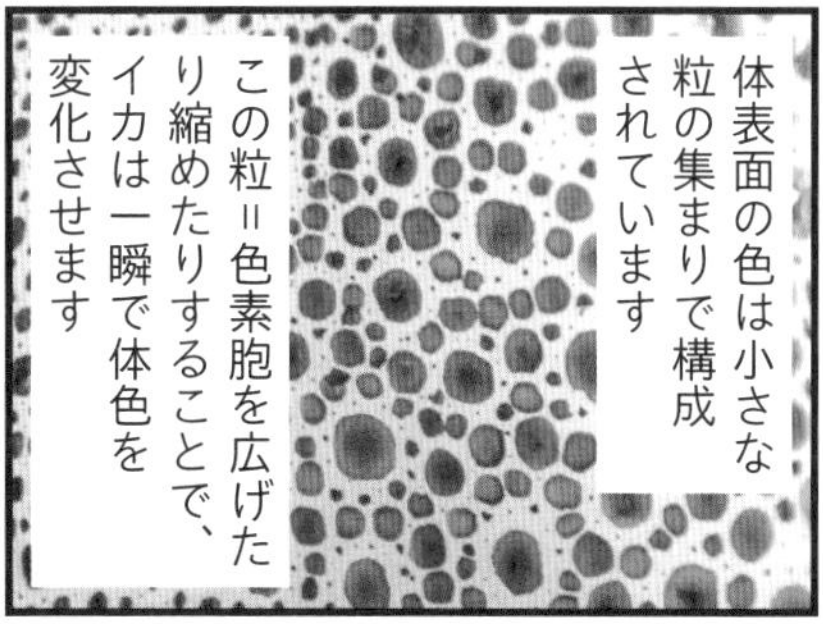
体表面の色は小さな
粒の集まりで構成
されています
この粒＝色素胞を広げた
り縮めたりすることで、
イカは一瞬で体色を
変化させます

あ、もしかして
画像の上下が逆だと
思いました？
イカの体は
腕（足）と頭と胴
胴より頭が上なので、
正しい向きなんです
一般にイカの「足」と
呼ばれる部分は学術的
には「腕」と呼びます

左第Ⅳ腕
左第Ⅰ腕
左第Ⅱ腕
左第Ⅲ腕
左 触腕
右第Ⅳ腕
右第Ⅰ腕
右第Ⅱ腕
右第Ⅲ腕
右 触腕

開くとき、ちょっと抵抗を感じませんでしたか？

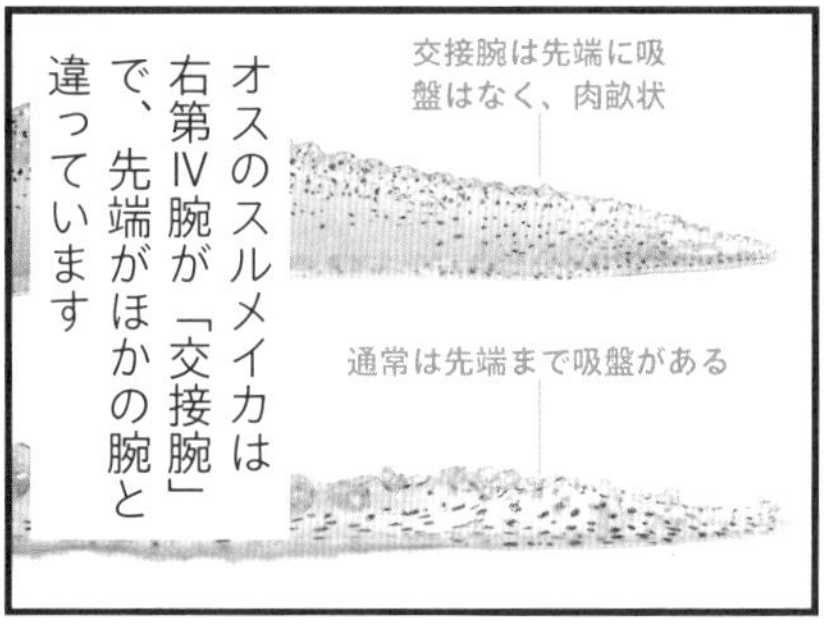
オスのスルメイカは右第Ⅳ腕が「交接腕」で、先端がほかの腕と違っています
交接腕は先端に吸盤はなく、肉畝状
通常は先端まで吸盤がある

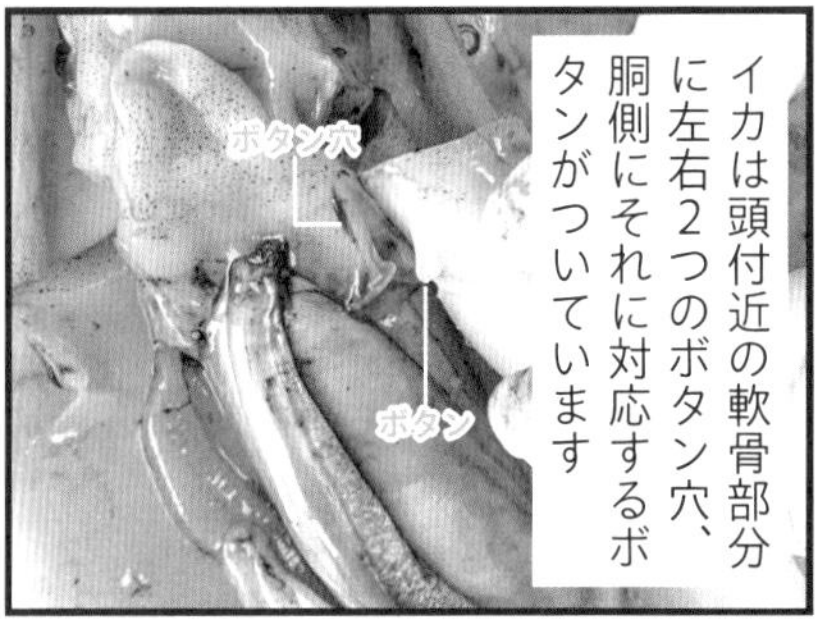
イカは頭付近の軟骨部分に左右2つのボタン穴、胴側にそれに対応するボタンがついています
ボタン穴
ボタン

※ボタンは背側にもある。

オスのイカは精子が入っている「精莢《せいきょう》」というカプセルを、交接腕を使ってメスの体に植え付けます

精莢は少しの刺激で中の精子が飛び出してしまうので、交接腕は吸盤がなく、優しく精莢を扱えるようになっているのでした

なぜこの部分が着脱可能になっているのかは、まだわかっていないんですって

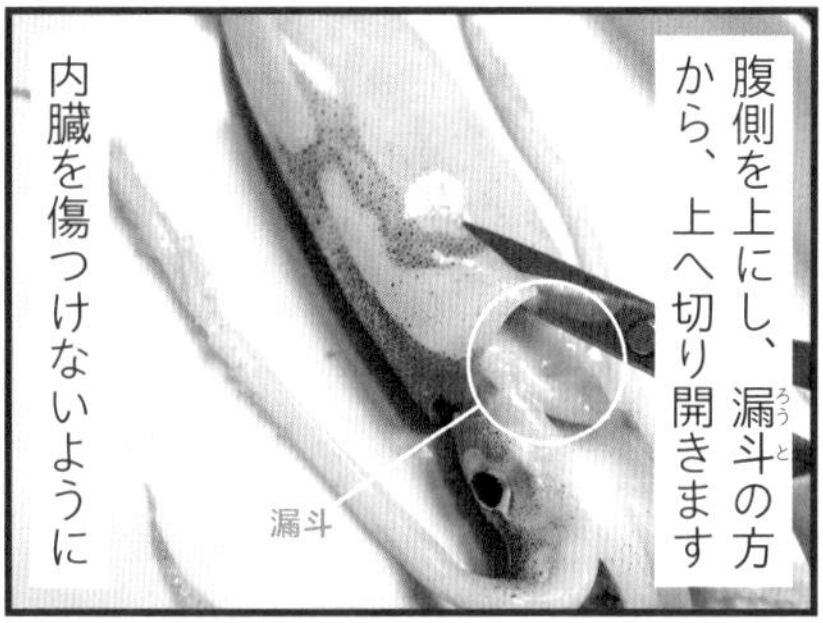
腹側を上にし、漏斗《ろうと》の方から、上へ切り開きます
内臓を傷つけないように
漏斗

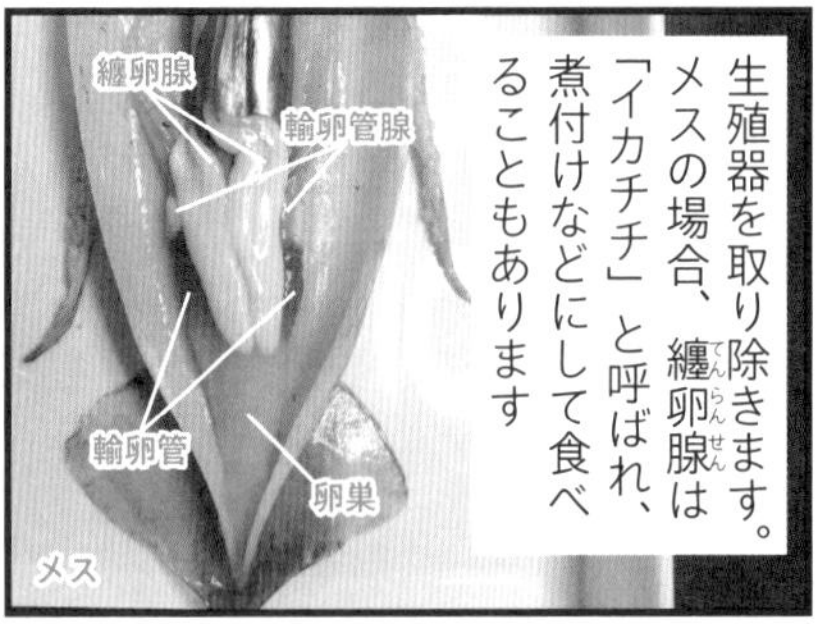
生殖器を取り除きます。メスの場合、纏卵腺《てんらんせん》は「イカチチ」と呼ばれ、煮付けなどにして食べることもあります
纏卵腺
輸卵管腺
輸卵管
卵巣
メス

新鮮なイカチチの煮付けはちょっとモチっとした食感でおもしろいですよ

※写真はカミナリイカのイカチチ。スルメイカのイカチチは一般的にあまり食べられていない。

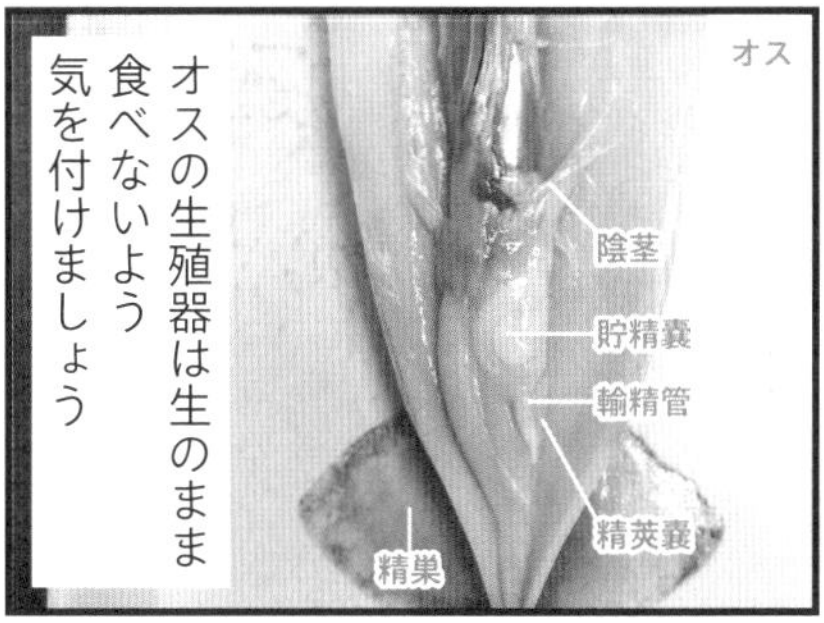
オスの生殖器は生のまま食べないよう気を付けましょう
オス
陰茎
貯精嚢
輸精管
精莢嚢
精巣

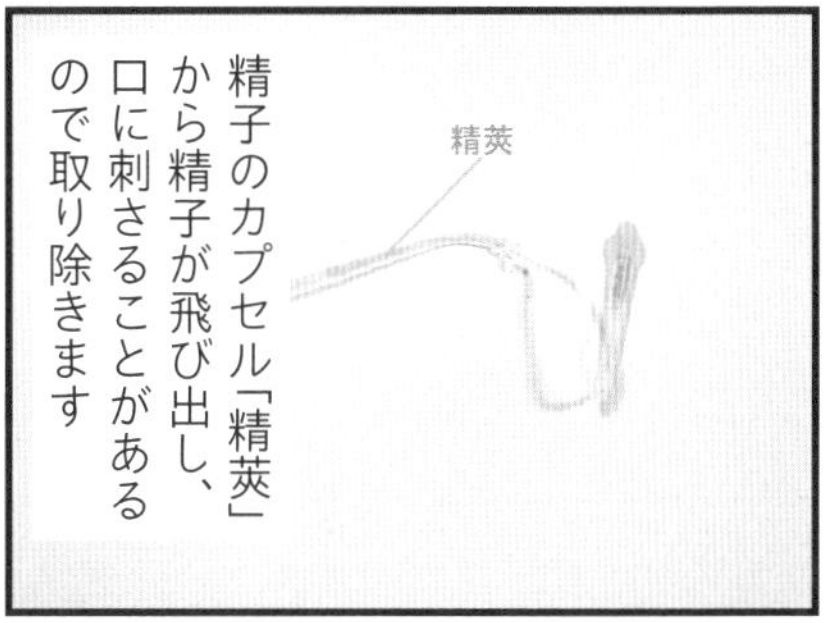
精子のカプセル「精莢」から精子が飛び出し、口に刺さることがあるので取り除きます
精莢

※写真は精莢から精子塊が飛び出したところ。

そういえば解剖しているのに血が出ません

イカの血液に含まれるヘモシアニンは、酸素と結びつくと青色、酸素を手放すと透明になります

イカが新鮮だと、青い血液が見える場合もあるんです
青い血液が流れる血管

そして、イカにはなんと心臓が3つもあるのです!

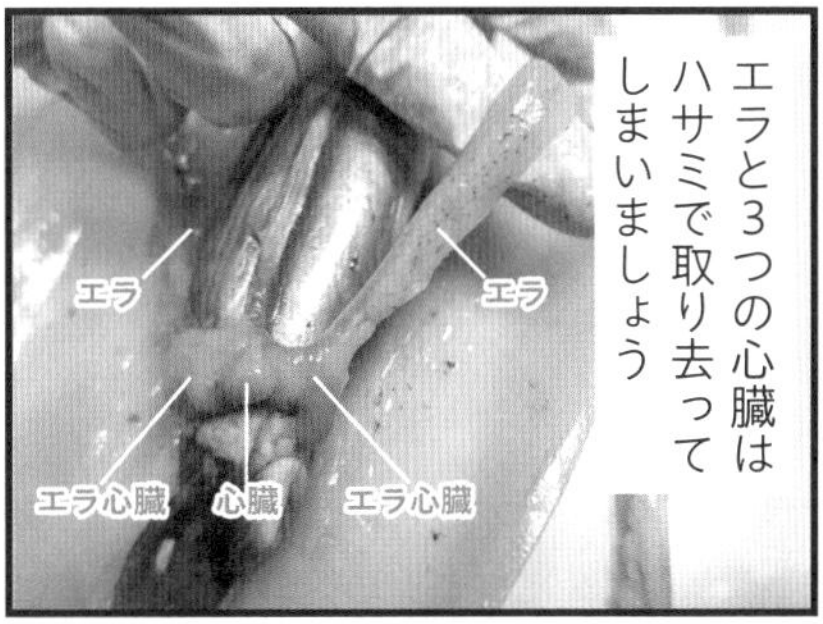
エラと3つの心臓はハサミで取り去ってしまいましょう
エラ
エラ
エラ心臓
心臓
エラ心臓

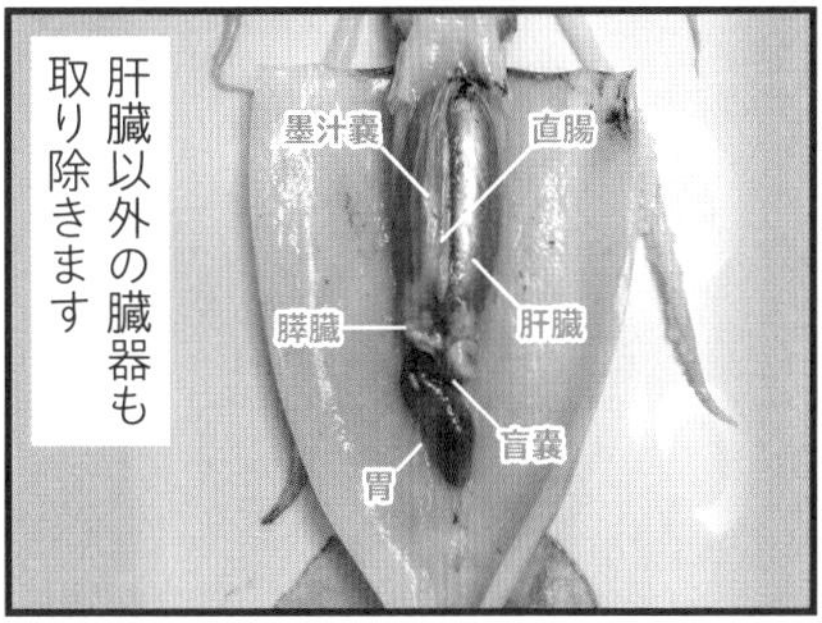
肝臓以外の臓器も取り除きます
墨汁嚢
直腸
膵臓
肝臓
盲嚢
胃

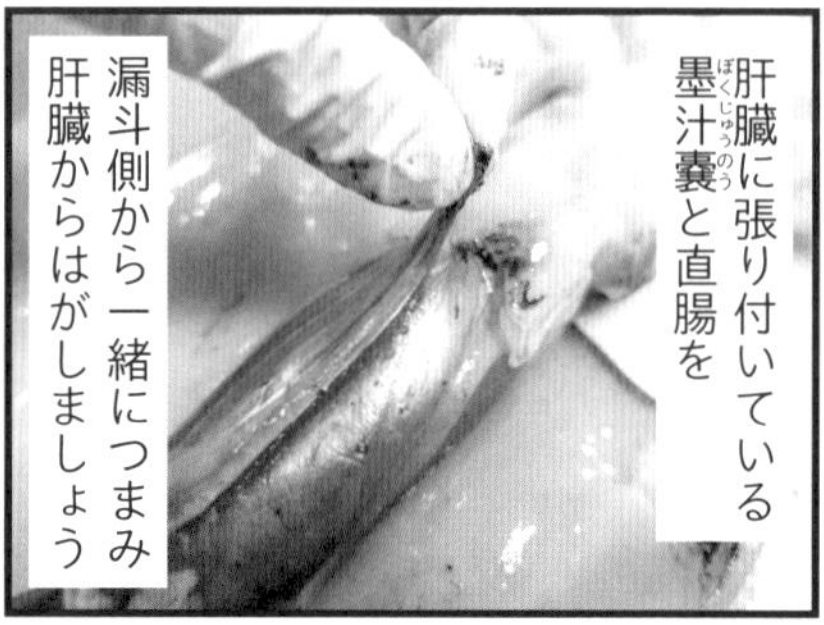

肝臓に張り付いている墨汁嚢《ぼくじゅうのう》と直腸を漏斗側から一緒につまみ肝臓からはがしましょう

肝臓は塩辛の材料となるところです

傷つけないように注意しましょう

墨汁嚢は名前のとおり墨を貯めておくところです

そのまま肝臓以外の臓器（盲嚢、胃、肝臓の裏側の食道）を取り除きます

筆者はいつも直腸から食道までを途切れさせずに取り出すのを密かなミッションにしています

かなり達成感があります

肝臓を外した胴の縦中央に、プラスチックのようなもの「軟甲」があります

こうしてみると人間の消化器とけっこう似ていると思いませんか？

イカは無脊椎動物で人間とは離れたグループに属する生き物ですが、こうして共通点があるのを見つけるとうれしくなってしまいますね

イカは貝と同じ軟体動物というグループに属していて、この軟甲は貝類で言えば貝殻にあたるところなんですよ

軟甲は食べないので取り外します

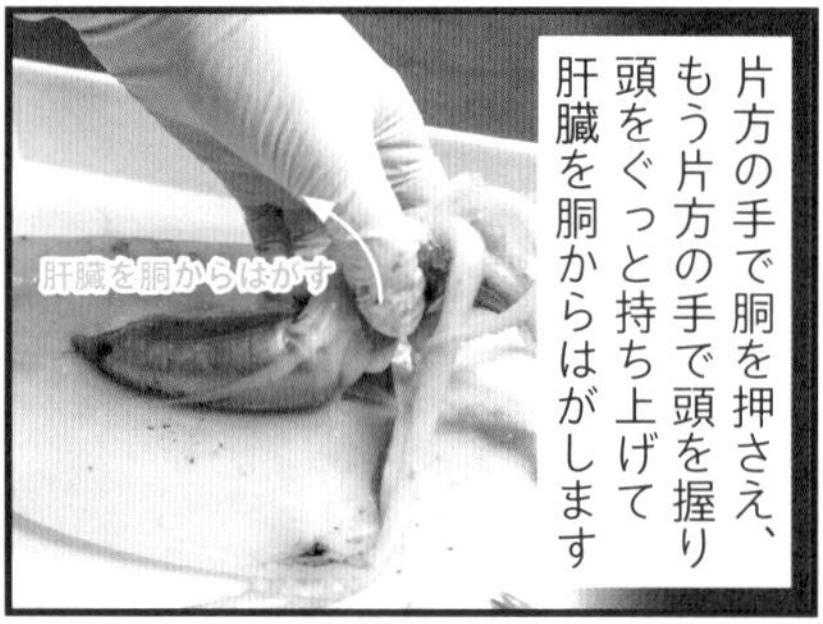

片方の手で胴を押さえ、もう片方の手で頭を握り頭をぐっと持ち上げて肝臓を胴からはがします

肝臓を頭から切り離します

※目の少し上にハサミを入れましょう。軟骨があるので少し硬いです。

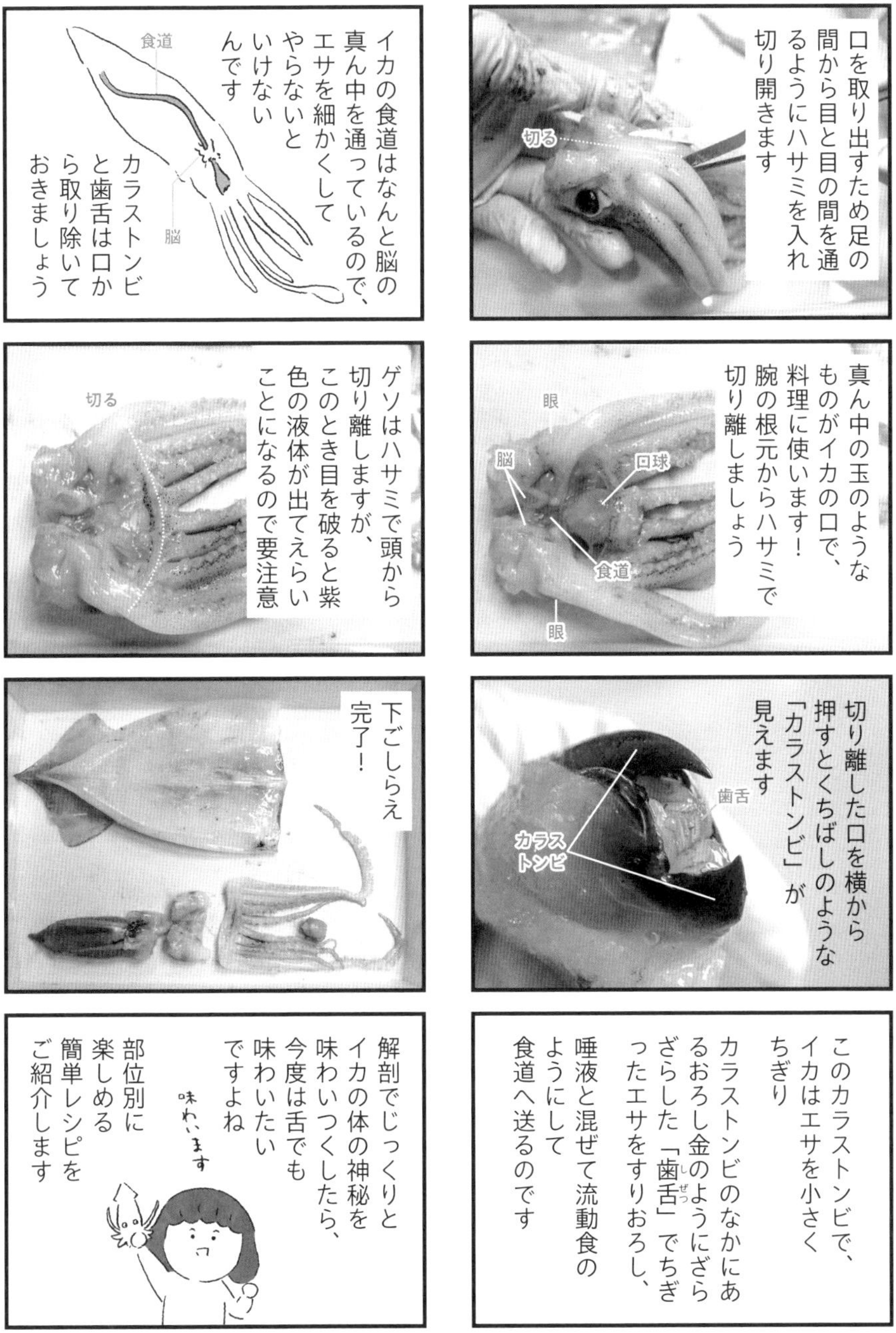
口を取り出すため足の間から目と目の間を通るようにハサミを入れ切り開きます
切る
真ん中の玉のようなものがイカの口で、料理に使います！腕の根元からハサミで切り離しましょう
眼
脳
口球
食道
眼
切り離した口を横から押すとくちばしのような「カラストンビ」が見えます
歯舌
カラストンビ
このカラストンビで、イカはエサを小さくちぎり
カラストンビのなかにあるおろし金のようにざらざらした「歯舌《しぜつ》」でちぎったエサをすりおろし、唾液と混ぜて流動食のようにして食道へ送るのです
イカの食道はなんと脳の真ん中を通っているので、エサを細かくしてやらないといけないんです
食道
脳
カラストンビと歯舌は口から取り除いておきましょう
ゲソはハサミで頭から切り離しますが、このとき目を破ると紫色の液体が出てえらいことになるので要注意
切る
下ごしらえ完了！
解剖でじっくりとイカの体の神秘を味わいつくしたら、今度は舌でも味わいたいですよね
味わいます
部位別に楽しめる簡単レシピをご紹介します

レシピ①イカ刺しは縦に切るべし

新鮮なイカなら、まずはお刺身で食べたいところ

切り方のちょっとした工夫でぐっとおいしくなりますよ!

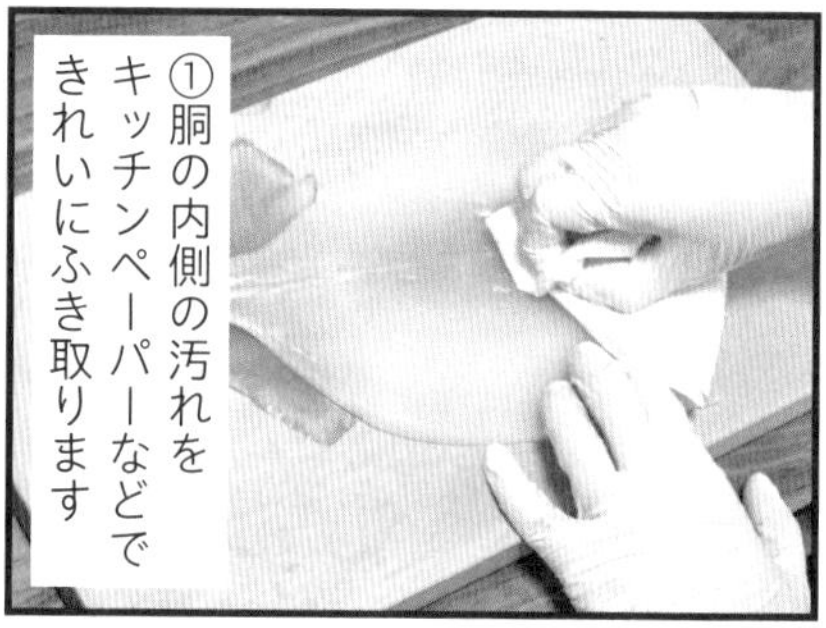

①胴の内側の汚れをキッチンペーパーなどできれいにふき取ります

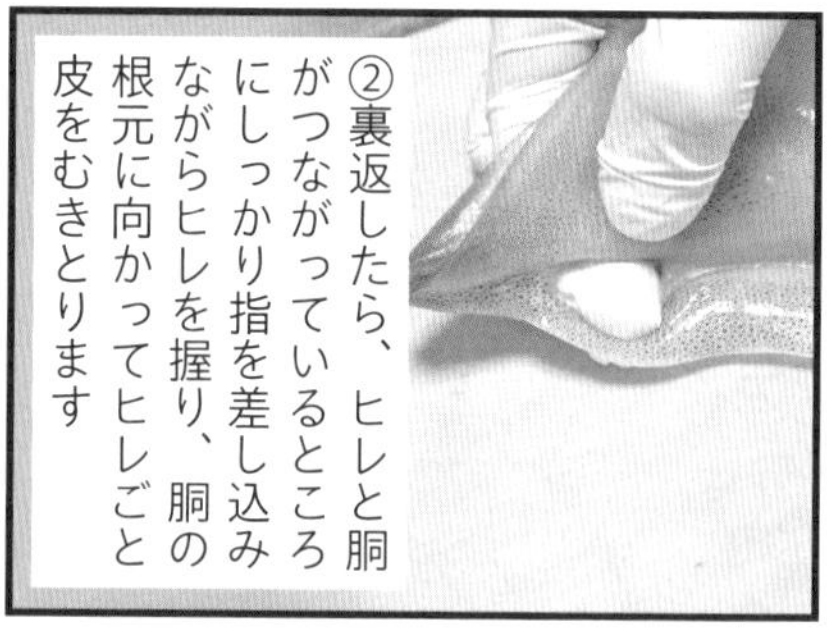

②裏返したら、ヒレと胴がつながっているところにしっかり指を差し込みながらヒレを握り、胴の根元に向かってヒレごと皮をむきとります

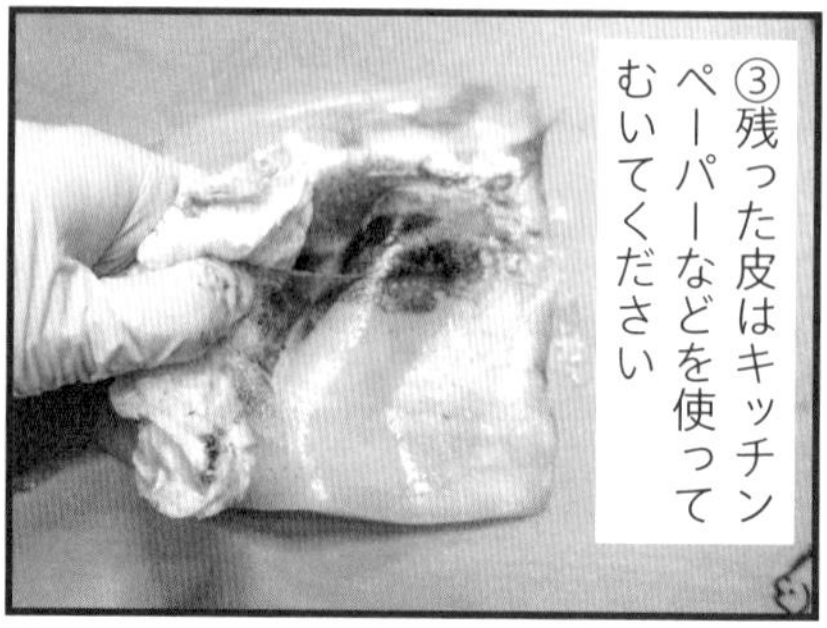

③残った皮はキッチンペーパーなどを使ってむいてください

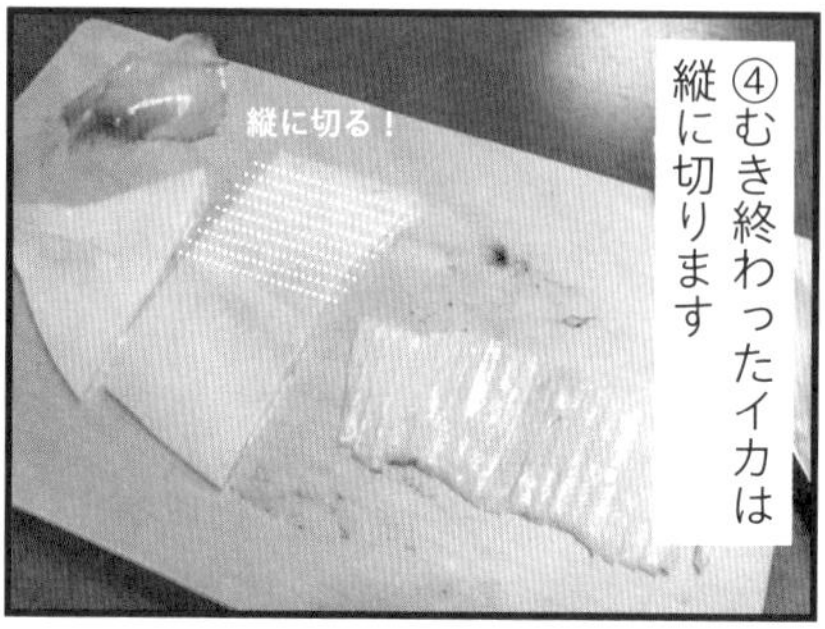

④むき終わったイカは縦に切ります

イカの繊維は胴に対して横向きに入っているので、それを断ち切るように縦に切ることで、旨味を感じやすくなるんです

イカの町で有名な函館の市場でもこのようにイカを切っているんですよ

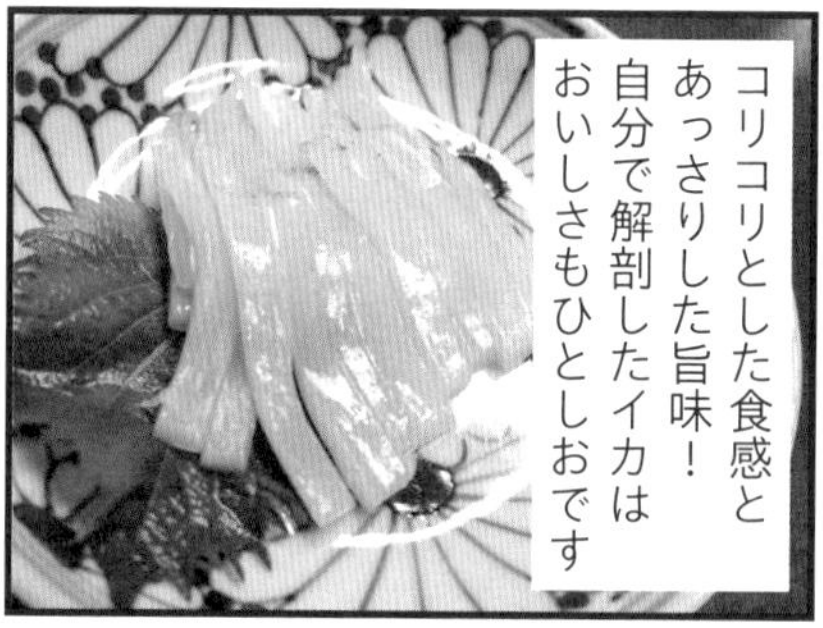

コリコリとした食感とあっさりした旨味!自分で解剖したイカはおいしさもひとしおです

イカ刺しを作るときは、アニサキスには気を付けて!筋肉のなかに埋まっていることもあるので、身を光に透かして見るとよいでしょう

心配な場合、アニサキスはマイナス20℃で24時間以上冷凍することで死滅します

一度冷凍すると少しねっとりした食感になりますが、おいしさは損なわれません

MEMO お刺身にする場合は、イカを冷やしながらすばやく解剖しましょう。解剖に時間がかかってしまった場合は、バター醤油炒めなどにしてもおいしいです。

レシピ②意外に簡単なゲソの一夜干し

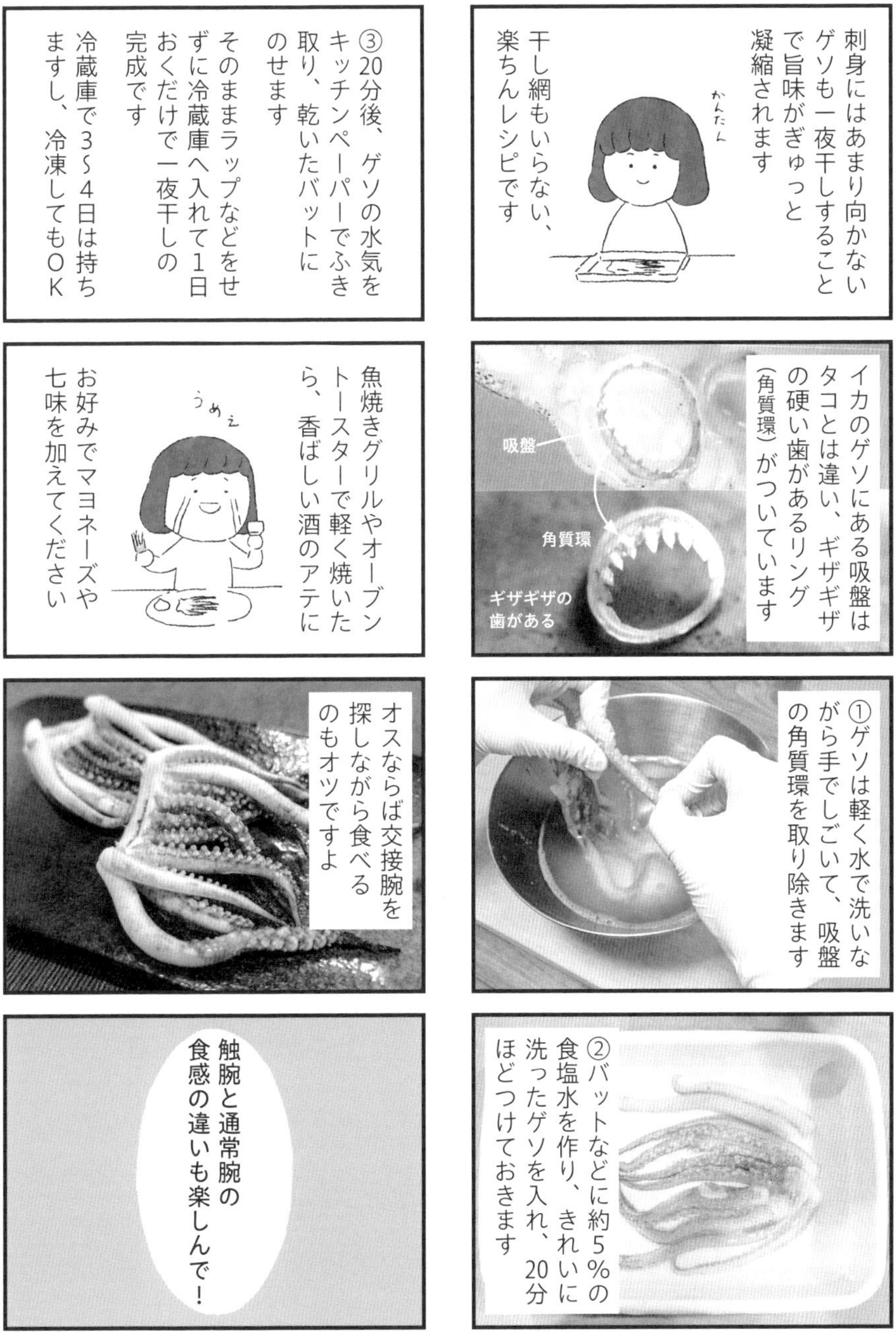

刺身にはあまり向かないゲソも一夜干しすることで旨味がぎゅっと凝縮されます
かんたん
干し網もいらない、楽ちんレシピです
イカのゲソにある吸盤はタコとは違い、ギザギザの硬い歯があるリング（角質環）がついています
吸盤
角質環
ギザギザの歯がある
①ゲソは軽く水で洗いながら手でしごいて、吸盤の角質環を取り除きます
②バットなどに約5％の食塩水を作り、きれいに洗ったゲソを入れ、20分ほどつけておきます
③20分後、ゲソの水気をキッチンペーパーでふき取り、乾いたバットにのせます
そのままラップなどをせずに冷蔵庫へ入れて1日おくだけで一夜干しの完成です
冷蔵庫で3～4日は持ちますし、冷凍してもOK
魚焼きグリルやオーブントースターで軽く焼いたら、香ばしい酒のアテに
うめぇ
お好みでマヨネーズや七味を加えてください
オスならば交接腕を探しながら食べるのもオツですよ
触腕と通常腕の食感の違いも楽しんで！

レシピ③酒泥棒、肝のルイベ

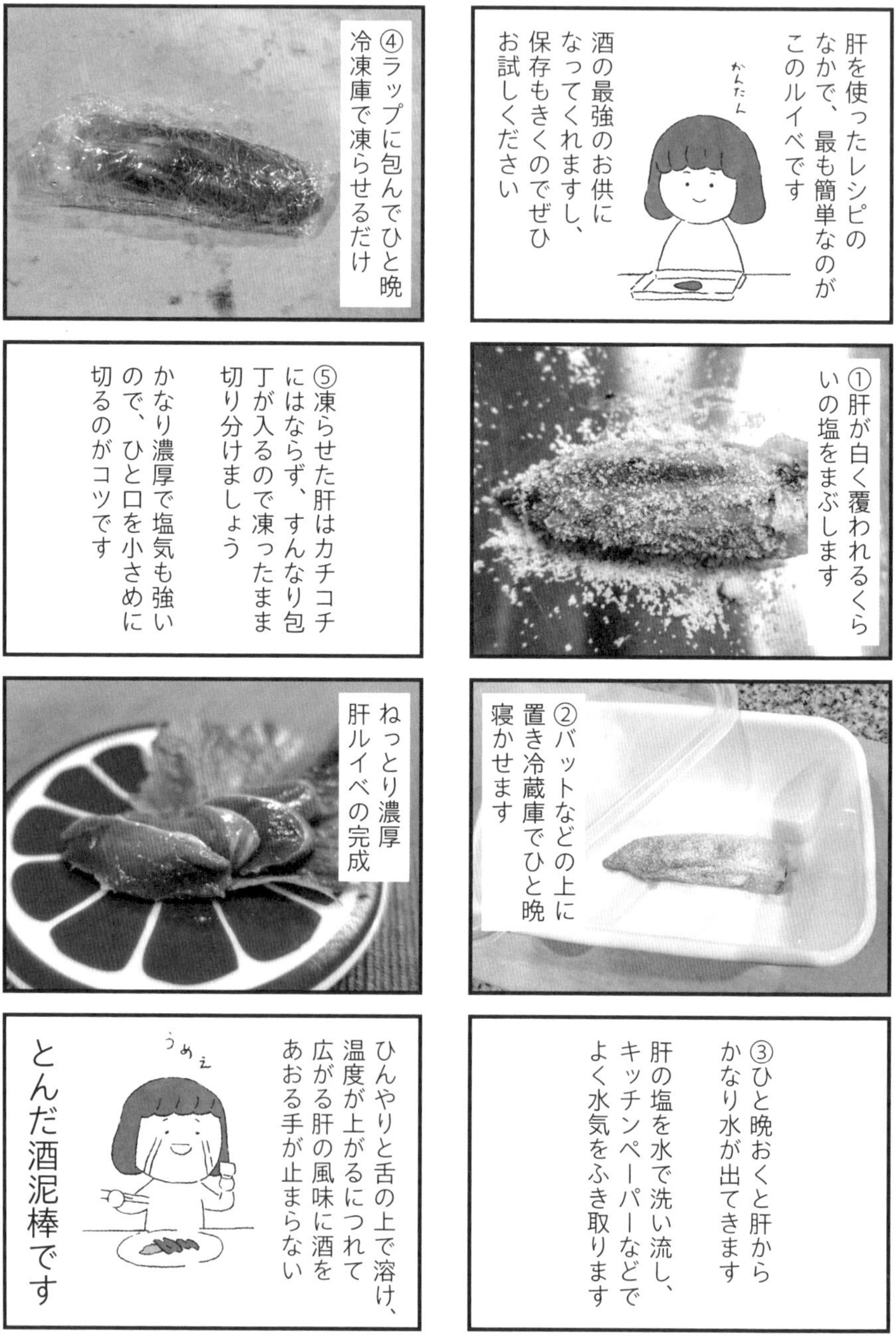
肝を使ったレシピのなかで、最も簡単なのがこのルイベです
かんたん
酒の最強のお供になってくれますし、保存もきくのでぜひお試しください
①肝が白く覆われるくらいの塩をまぶします
②バットなどの上に置き冷蔵庫でひと晩寝かせます
③ひと晩おくと肝からかなり水が出てきます
肝の塩を水で洗い流し、キッチンペーパーなどでよく水気をふき取ります
④ラップに包んでひと晩冷凍庫で凍らせるだけ
⑤凍らせた肝はカチコチにはならず、すんなり包丁が入るので凍ったまま切り分けましょう
かなり濃厚で塩気も強いので、ひと口を小さめに切るのがコツです
ねっとり濃厚肝ルイベの完成
ひんやりと舌の上で溶け、温度が上がるにつれて広がる肝の風味に酒をあおる手が止まらない
うめぇ
とんだ酒泥棒です

レシピ④塩辛だって作れちゃう

もっと手の込んだことができるぞという方は、一夜干しとルイベの作り方を応用して、塩辛を作ってみましょう

自分で作る塩辛は格別ですよ

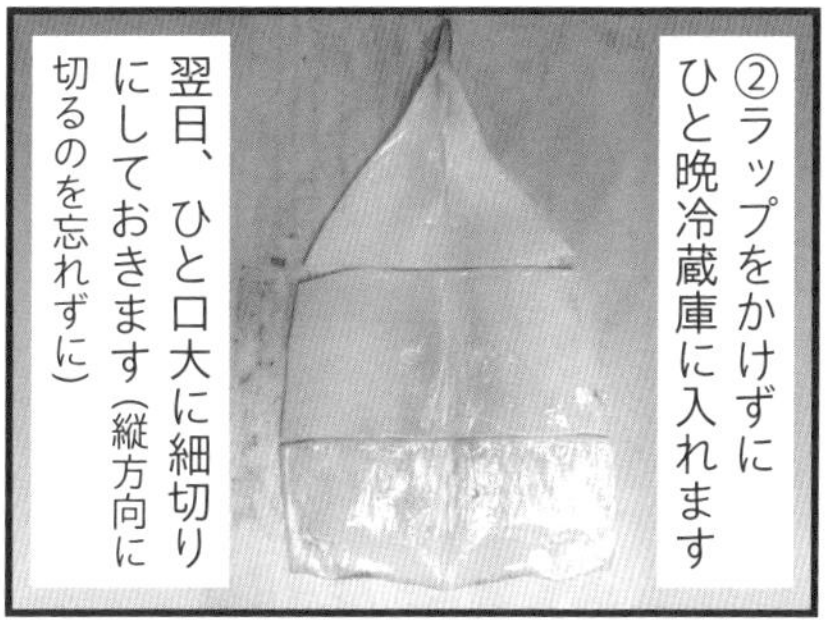

①1杯分の肝に対して、胴は⅔杯分くらいの量を用意します

胴は軽く塩をふって約20分置き、表面に浮き出た水気をふき取ります

②ラップをかけずにひと晩冷蔵庫に入れます

翌日、ひと口大に細切りにしておきます（縦方向に切るのを忘れずに）

③肝も塩をまぶしてひと晩冷蔵庫においた後、水で塩を洗い流します

胴も肝も、余計な水分を抜くことがおいしい塩辛の秘訣です

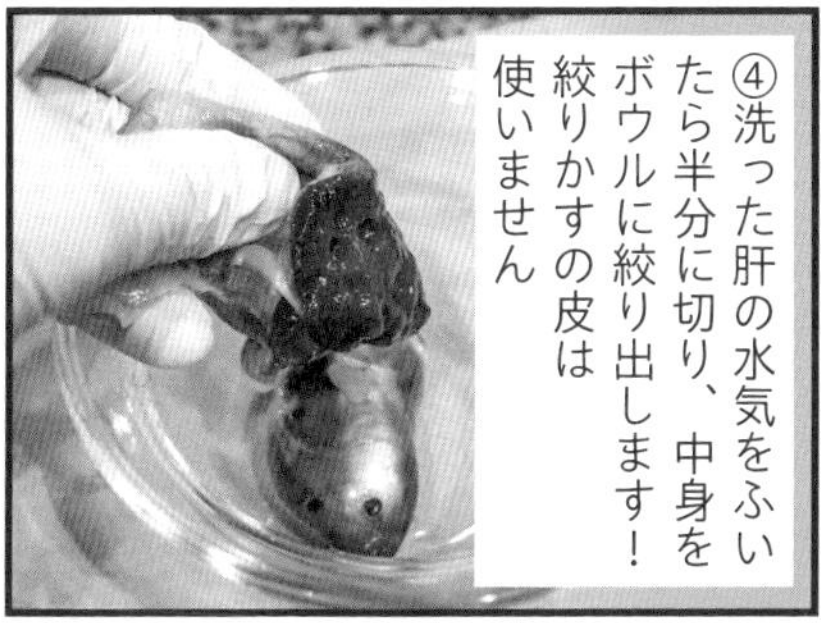

④洗った肝の水気をふいたら半分に切り、中身をボウルに絞り出します！

絞りかすの皮は使いません

⑤④をよく混ぜ、細切りにした胴を加えてさらに混ぜます

そのままでもいいですし少量の醤油やみりんで味を調えてもいいです

⑥ひと晩、冷蔵庫で寝かせたら完成

ゆずの皮を加えたり、ごま油をひと回ししたりとアレンジは無限大！酒だけでなく白飯にも合うおかずになります

塩辛も冷凍保存できるので、まとめて作って冷凍しておき、食べる分だけ解凍すれば、いつでも自家製塩辛を食べられますよ

レシピ⑤希少部位！ イカの口の串焼き

イカの口は1杯から
ひとつしかとれない
希少部位
1つだけ調理するのも
淋しいので、
イカを解剖するたびに
袋へ入れて冷凍します

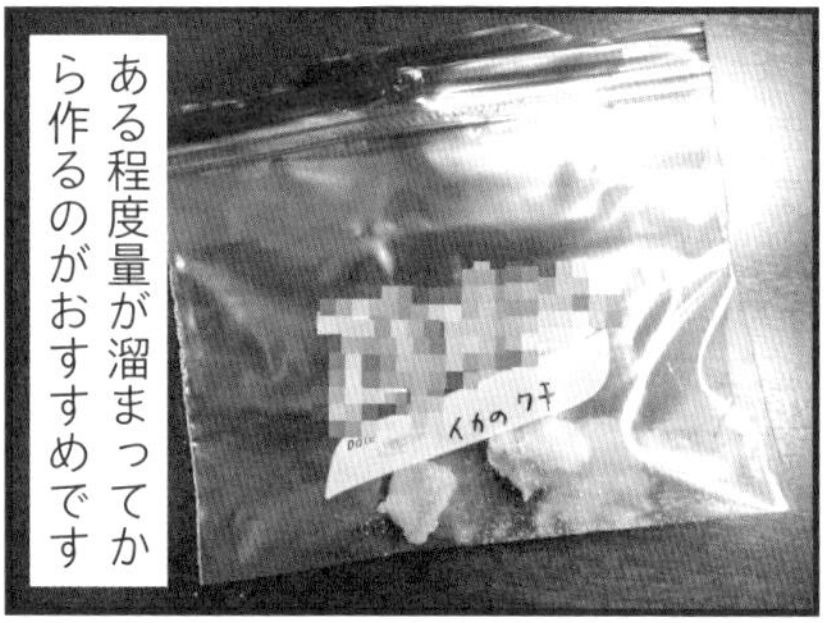
ある程度量が溜まってか
ら作るのがおすすめです
イカのクチ

イカの口を串にさし、
魚焼きグリルなどで
焼き目がつくまで
焼くだけ

食べる前に塩をぱらり
コロッとしていて
かわいいですね

焼いたイカの口は、
ギュギュっと
筋肉質な食感が楽しく、
噛みしめるほど
味が出ます

私は大好きなイカと
キスする気分で
うっとり食べています

うめぇ
解剖を振り返りながら、
自分で作ったイカ料理に
舌鼓を打つのは最高！

濃密なイカ時
間をお過ごし
ください

普段見慣れていると
思っていたイカも、
改めて観察すると
不思議な魅力に溢れて
いることがおわかり
いただけたでしょうか

スーパーでイカを見かけ
たら、勇気を出して
手に取ってみてください

奥深いイカの世界が
あなたを待っています

第6章 甘味編

丸ごとすくって食べたい
失敗なしの固いプリンレシピ
夢の「固いプリン」を作るにはバットを使え！

文・撮影　鈴木麻友子
企画　河瀬璃菜

『メシ通』記事へ

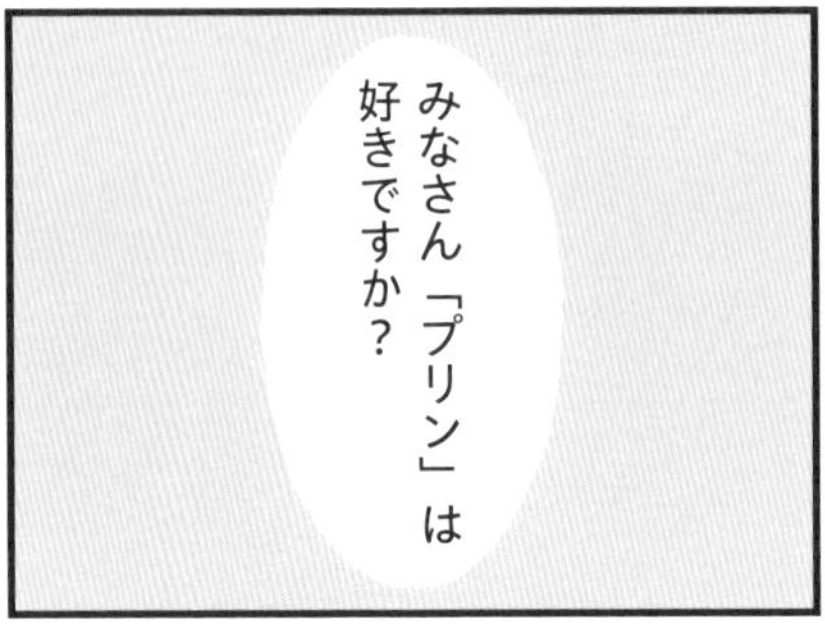
みなさん「プリン」は
好きですか？

口のなかで
とろけるプリンも
もちろん美味しいですが、
いま流行りなのは
喫茶店のような、
卵感のしっかりある
「固めプリン」

スプーンですくったとき
のしっかりとした固さと
なめらかさ、
ほろ苦いカラメルが
たまらないですよね
うめぇ

ここで紹介するレシピは、
特別なプリンの型も
オーブンも使いません
琺瑯《ほうろう》バットに
卵液を流し込み、
フライパンで蒸すので
手軽に作ることが
できますよ

レシピ①琺瑯バットで作る喫茶店の固めプリン

琺瑯バットは、下ごしらえから盛り付けの器まで、幅広く活用できる優れもの。オーブンに入れたり、直火にかけたりすることもできますし、冷蔵庫や冷凍庫で冷たいものを作ったり、保存したりする際にも使えるので、とにかく便利です。料理からの匂い移りが少ないのも、うれしいポイントですね。

材料 21cm×15cmの型1個分

卵　4個
グラニュー糖　60g
牛乳　350mℓ
バニラエッセンス　5滴
A（カラメルソース用）
- グラニュー糖　40g
- 水　大さじ1
- 熱湯　大さじ1

①琺瑯バットに**A**のグラニュー糖、水を入れ、中火にかける

②グツグツと泡立ったら左右に揺らしてカラメル色になるまで煮詰める

※余熱でどんどん色が濃くなるので好みの色味の少し手前で火から離します。

③火から下ろし、熱湯を入れてヘラで混ぜ、軽く火にかけてなじませて、

※熱湯を入れるときはハネやすいのでシンクなどに移動して行うと安心です。

④火を止めて冷ます

⑤鍋に牛乳、グラニュー糖を入れ、沸騰しないように温めて、粗熱をとる

⑥ボウルに卵を割り入れ白身を切るようにして、泡立てないように混ぜる

MEMO 手順⑥では、泡立て器を左右に動かしながら卵を混ぜること。ホイップする感覚で強く混ぜてしまうと空気が入って"す"が立ちやすくなり、プリンの舌触りが悪くなってしまいます。

⑦⑤を2度に分けて⑥に入れ、バニラエッセンスを加えて、混ぜ合わせる

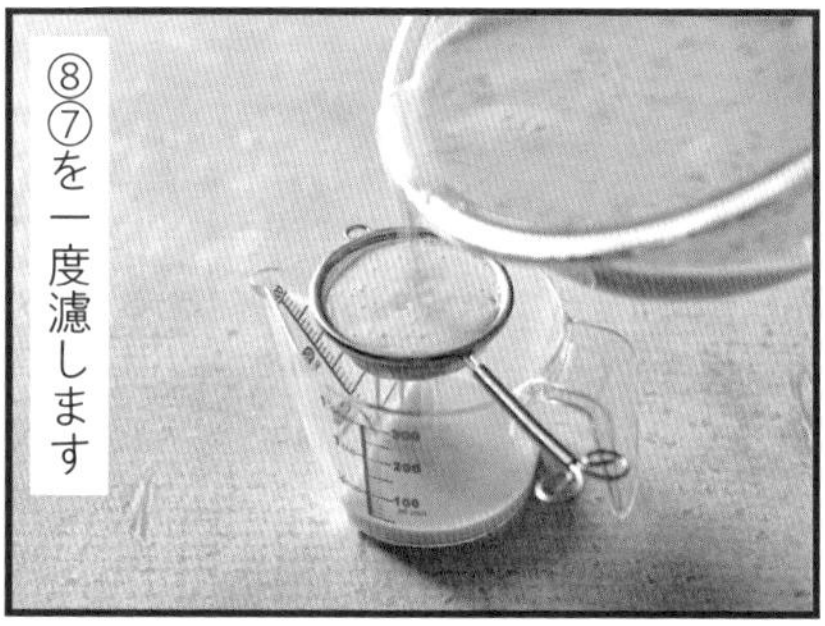

⑧⑦を一度濾します

⑨バットのカラメルソースが冷えてしっかり固まっているのを確認して、

⑩⑧をバットに入れます

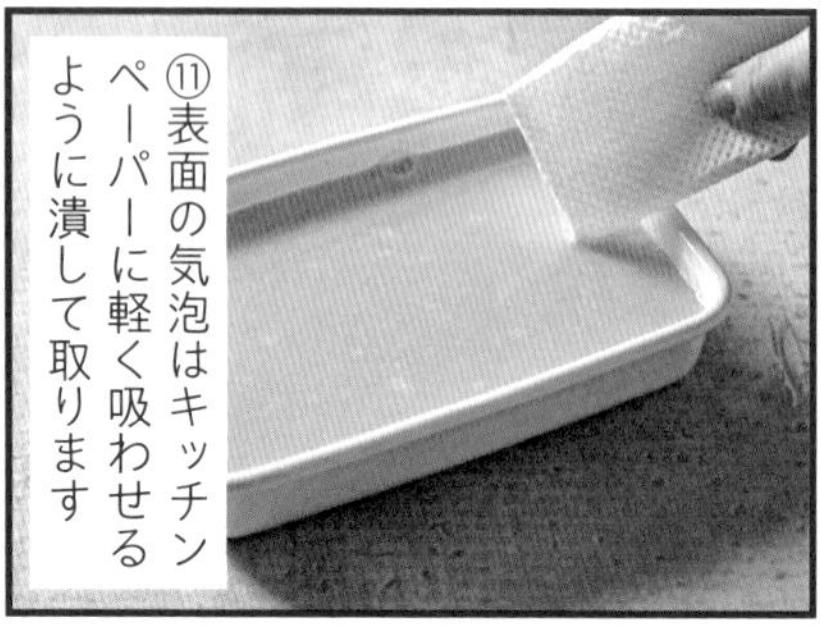

⑪表面の気泡はキッチンペーパーに軽く吸わせるように潰して取ります

⑫アルミホイルをかける

⑬フライパンに布巾を敷いてバットを置き、熱湯を⅔の高さまで注ぐ

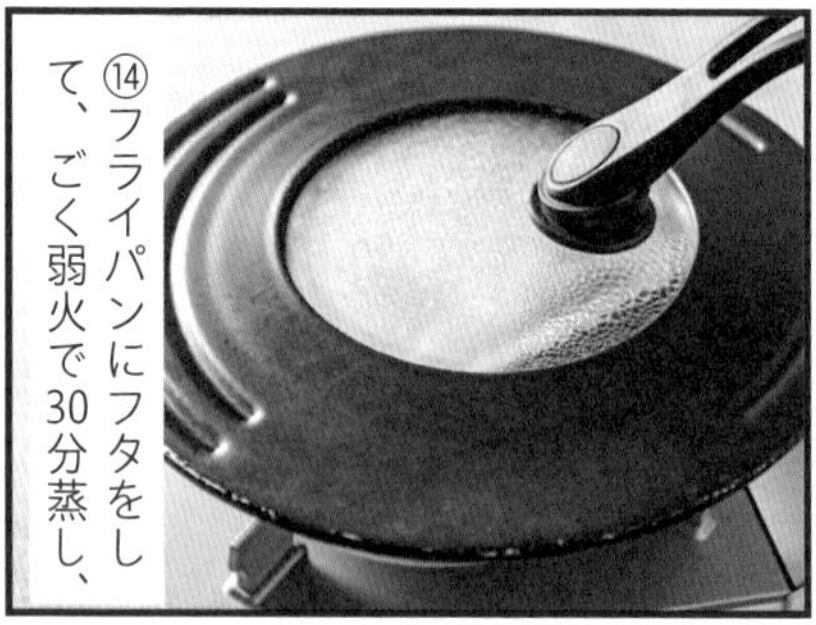

⑭フライパンにフタをして、ごく弱火で30分蒸し、

※煮立たせると「す」が立ちやすく、舌触りが悪くなります。

MEMO 手順⑨でプリン液をバットに流し込むときは、カラメルソースが冷えてしっかり固まっているのを確認すること。固まっていないと、プリン液とカラメルソースが混ざってしまいます。

⑮火を消して
さらに10分蒸し、
粗熱が取れたら冷蔵庫で
しっかり冷やします

蒸し立てはふるふるとし
ていて、まだやわらかい
ので、半日から1日ほど
冷蔵庫で冷やすこと

しっかりとコシのある
固さになります

全卵を4個使った
このレシピで
「固すぎかな〜」と
感じたのであれば、

全卵3個に黄身1つで
作ると、やや固めに
しあげることができます

完成です！　まるで
夢のような光景……

反対に、もっと固めに
しあげたい場合は、

全卵4個に黄身を1つ
足すとよいでしょう

好きな分だけスプーンで
すくって食べる贅沢が
できるのも手作りなら
ではですよね

お好みの固さを
見つけてみてくださいね

生クリームをのせても
おいしいですよ

次に

**「琺瑯バットを
持っていない！」**
そんな人のために、
マグカップでできる
プリンのレシピを
紹介します

材料は琺瑯バットと
同じ分量です

レシピ②マグカップで作る喫茶店の固めプリン

①鍋にAのグラニュー糖と、水を入れ、中火にかける

②グツグツ泡立ってきたら左右に揺らしてカラメル色になるまで煮詰める

※余熱でどんどん色が濃くなるので好みの色味の少し手前で火から離します。

③火から下ろし、熱湯を入れてヘラで混ぜ、軽く火にかけてなじませて、

※熱湯を入れるときはハネやすいのでシンクなどに移動して行うと安心です。

④マグカップに流し、冷ます

⑤鍋に牛乳、グラニュー糖を入れ、沸騰しないように温めて、粗熱をとる

⑥ボウルに卵を割り入れ白身を切るようにして、泡立てないように混ぜる

⑦⑤を2度に分けて⑥に入れ、バニラエッセンスを加えて、混ぜ合わせる

⑧⑦を一度濾してから、④のマグカップに入れる

⑨アルミホイルをかける

⑩鍋に布巾を敷いてマグ
カップを置き、熱湯をカ
ップの2/3の高さまで注ぐ

⑩フタをして、
ごく弱火で20分蒸し、
火を消して10分蒸す

⑪粗熱が取れたら冷蔵庫
で半日から1日ほど
しっかりと冷やします

⑫マグカップのふちに
竹串を入れて、ぐるっと
回せばお皿に出すことも
できます

⑬完全にひっくり返し

夢の「喫茶店風・
固いプリン」

コツさえつかめば誰で
も簡単に作ることが
できるので、
ぜひお試しくださいね

【なぜ固まる？】ゼラチンなしで作れる「生姜牛乳プリン」【中国の神秘】薑汁撞奶

文（よ）

『メシ通』記事へ

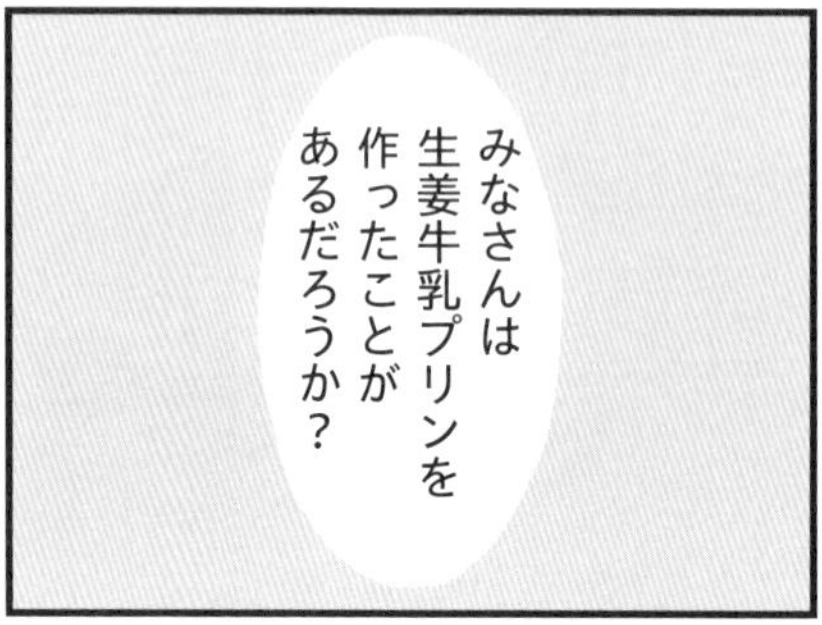
みなさんは
生姜牛乳プリンを
作ったことが
あるだろうか？

ゼラチンなどを使わずに、
凝乳酵素
ジンジバイン（システイン
プロテアーゼ）を含む
生姜のすりおろし汁で
牛乳を固めて
プリンにするという
人気スイーツだ

そして……

じつは自作したときの
失敗率の高さでも
知られており
「レシピ通りにやっても
牛乳が固まらない～！」
という**悲鳴が絶えない**
じっ

私も最初は
なかなか固まらず、
悩みに悩んで
試行錯誤を繰り返した
経験がある
はじめて牛乳が
「ぷるるんっ」
と固まったときは、
うれしさのあまり
小躍りした

MEMO 東京・高田馬場の広東スイーツ専門店「良縁糖水」で、本場出身の人が作る、本場の薑汁撞奶が手軽に楽しめる。Twitter：@ryouen_sweets

それをさじですくって
口にはこび、
生姜のスパイシーな
風味と牛乳のやわらかな
甘味があいまった、
なんとも言えない
おいしさを味わった
ときの感動は、
いまでも
忘れら
れない

うめぇ

生姜牛乳プリンは
中国・広東省広州市発祥
スイーツ「薑汁撞奶《キョンジャッソンナーイ》」が
オリジナル
本来は水牛のミルク
で作る香港やマカオ
でも定番のデザートだ

私が初めて生姜プリンを
食べたのは、
義順牛奶公司《イーションアウナイコンシー》マカオ本店

※写真は義順牛奶公司の香港支店。

茶碗蒸しくらいのやわら
かな固まり具合である

材料 1人分

牛乳　130㎖
※成分無調整、乳脂肪分3・5％以上
生クリーム　50㎖
※乳脂肪分47％
砂糖　大さじ1
※好みの量で
生姜汁　大さじ3

①生姜をすりおろし、
茶こしなどで濾す

②大さじ3の
生姜汁を容器に注ぐ

③砂糖を混ぜた牛乳
を鍋で70℃に温める

※調理用の温度計を用いて、なるべく正確に計る。

MEMO
牛乳は70℃～80℃を目安に温めます。食材、器具、気温などで結果が異なるので、70℃でうまく固まらなかった場合は「牛乳を75～76℃くらいに温める」「生姜の皮をむかない」「砂糖を入れない」などいろいろ試してみてください。

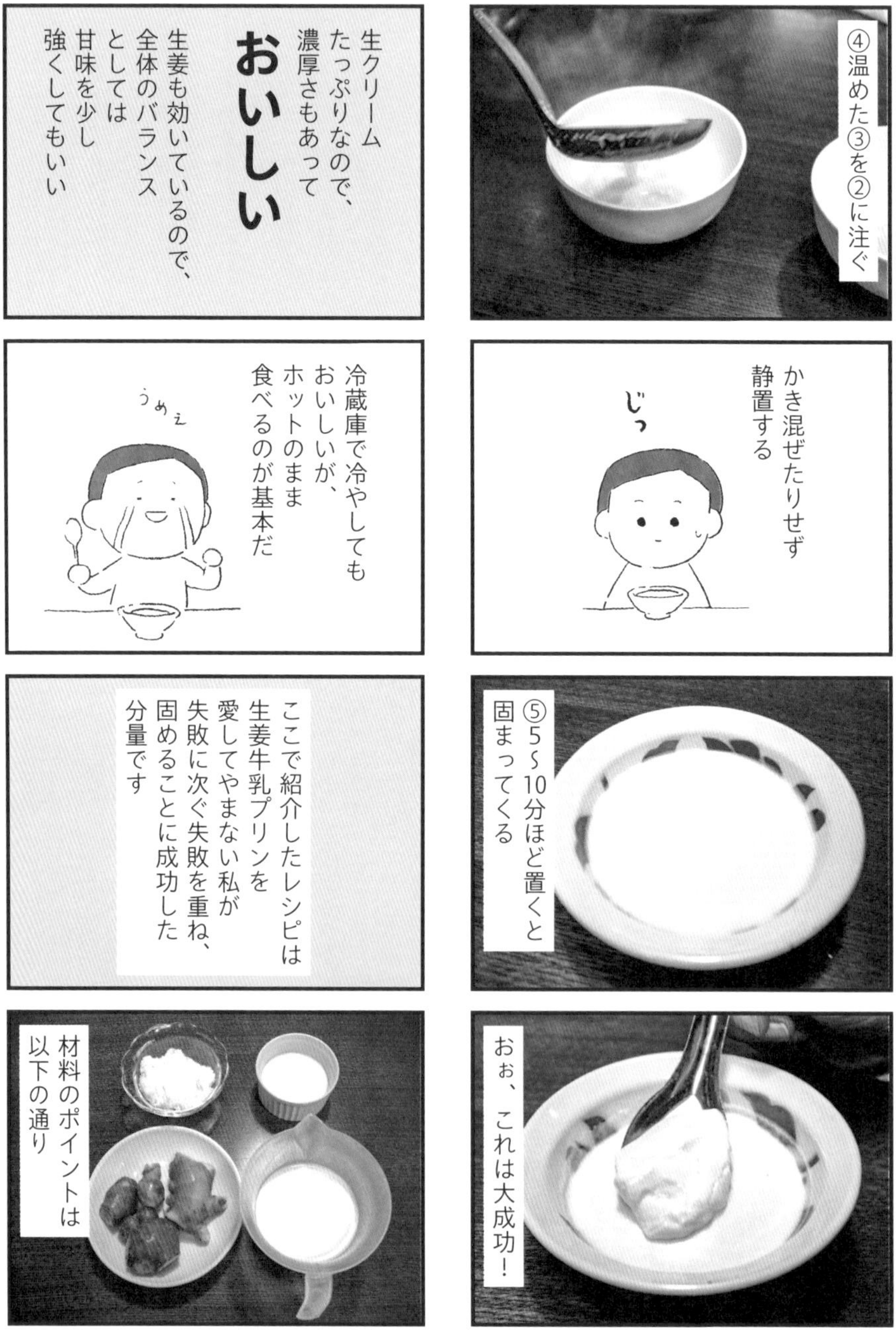

④温めた③を②に注ぐ
かき混ぜたりせず
静置する
じっ
⑤5~10分ほど置くと
固まってくる
おぉ、これは大成功!
生クリーム
たっぷりなので、
濃厚さもあって
おいしい
生姜も効いているので、
全体のバランス
としては
甘味を少し
強くしてもいい
冷蔵庫で冷やしても
おいしいが、
ホットのまま
食べるのが基本だ
うめぇ
ここで紹介したレシピは
生姜牛乳プリンを
愛してやまない私が
失敗に次ぐ失敗を重ね、
固めることに成功した
分量です
材料のポイントは
以下の通り

※15~20分待って固まらなければ、残念ながら失敗とみていい。

乳脂肪分4・5%で
カルシウムを多く含む
ジャージー牛乳が
固まりやすい、という
研究結果がある

ここではスーパーや
コンビニで普通に買える
成分無調整、乳脂肪分が
3・5%の牛乳を使った

失敗すると、単なるホット生姜牛乳ができますが
これはこれでおいしく、

オリジナルの
「薑汁撞奶」で使う
水牛のミルクは、
牛乳よりたんぱく質と
脂肪分が多く
含まれる

ここでは乳脂肪分47%の
生クリームを用い、
たんぱく質と脂肪分を
補った

風邪のときなんかは
体に良さそうな
ドリンクでは
あるんだが、

私はもうこれまで
何度も飲んでおり、
いいかげん
飽きているので（笑）、

じつは「しょ糖」を混ぜ
ると固まりにくいという
研究データもあった

ここではシンプルに
白砂糖を使ったが、
練乳やハチミツで甘味を
つけるレシピもある

固まらない場合は
砂糖を使わず、甘味は
後から追加する方法も
試してほしい

紅茶の茶葉を煮出して
チャイにしてみたりした

生姜の品質によって、
固まり方が違うが、
手に入りやすく、
過去に試して固まり
やすかった、高知県産を
スーパーで買ってきた

生姜は皮の近くに
栄養成分が多いので、
固まらない場合は
皮をむかずに試すと
いいかもしれない

ちょっと化学実験みたいな意外性も楽しいプリン、
手作りしてみてください

※新生姜は牛乳を固める性質がないか、極めて低く、成熟した生姜の汁が固まりやすいという研究データがある。

【なぜ固まる？】ゼラチンなしで作れる「宮廷牛乳プリン」【中国の神秘】宮廷奶酪

文（よ）

宮廷牛乳プリン（宮廷奶酪《ゴォンティンナイラオ》）の「奶酪」とは、中国語で「チーズ」の意味

実際食べてみるとまさに牛乳プリンと言えるプルンとした食感

北京の宮廷料理にルーツを持つ伝統スイーツだ

宮廷牛乳プリンと言えば北京の有名店「奶酪魏《ナイラオウェイ》」

プレーン味以外にもカスタードやストロベリーなどのフレーバー付きもある

「文宇奶酪店《ウェンユーナイラオディィエン》」や「奶酷酪坊《ナイクゥラオファン》」も有名店

『メシ通』記事へ

ほかにも、
たとえば焼売専門店の
デザートとしてメニュー
にのっていたり、
宮廷牛乳プリンは
北京市内いたるところで
味わえる定番スイーツ
という感覚だ
しかし、なんで甘酒で
牛乳が凝固する
のだろう？
じっ
謎は
残るが、
モノは試し、
日本の甘酒で
代用してみたが、案の定
ぜんぜん固まらない
宮廷牛乳プリンは
冷やして提供される
ヨーグルトのような
酸味と甘みがさわやか、
かつプリン的な楽しい
食感で病みつきに
うめぇ
さらなる調査のため、
宮廷牛乳プリンを提供し
ている東京都内の北京宮
廷料理店に食事に行って
みた
さわやかな酸味と甘みが
あり、甘酒っぽい味わい
は……特に感じられない
念のため、牛乳を何で
固めているのかサービス
のスタッフに訊ねてみた
自宅で味わいたい！ と
調べてみたところ、
多くのレシピでは、
中国の甘酒である
「酒醸《ジョウニャン》」をしぼって
濾した液を牛乳に混ぜ、
それを器ごと
蒸し器で
蒸し
プリン状
に固める
手順だった
お酢です
この中国甘酒には
呼び名がいくつかあり、
宮廷牛乳プリンの本場
北京では「米酒《ミージョウ》」と
呼ばれている。
米酒の名のとおり、
蒸したもち米に中国の麹
を混ぜて甘く発酵させる、
まさに甘酒だ。
北京のスイーツ店の
スタッフに訊ねたところ、
やはり米酒を使っている
のだと言っていた。
なんと！
お酢でも
いいのか！
さっそく
酢で固める
バージョンの
宮廷牛乳プリンを
自作してみた

材料（1人分）

牛乳　180㎖
砂糖　好みの量で
酢　小さじ1〜2
※ここでは米酢を使用

①材料を混ぜたものを
器に入れる

②鍋の水を加熱しない
状態で、材料の入った
器を蒸し器にセット

中国式の蒸籠《せいろ》である
必要はまったくなく、
蒸すことができれば
どんな道具でもＯＫ

③蒸し器のフタをして、
加熱スタート

④加熱を始めてからは
器は動かしたり、材料
をかき混ぜたりしない、
必ず器を静置すること！
蒸し上がりの目安は、
水が沸騰してから
10〜15分

※揺らしたり、かきまぜたりすると
おぼろ豆腐のごとく凝固する。

⑤プリン状に固まったら
蒸し器から取り出し、
粗熱をとって冷蔵庫に

⑥冷たくなったら
食べる！　おいしい〜

しかし、
北京の宮廷牛乳プリンは
なんで甘酒で
牛乳が凝固するの
だろう？

ニホンコウジカビの
糖化酵素は
活性温度帯が比較的高く、
60℃前後で活発に
デンプンを糖に変える

日本の甘酒を作るとき
保温するのはこのためだ

一方、中国の麹は約30℃
の常温で米のデンプンを
糖化する

酒や麹《こうじ》などに
詳しい専門家に
きいてみたところ

「牛乳が固まるのは
酸のせいではないか」

とのこと

常温の場合、カビの
糖化酵素だけでなく、
乳酸菌など他の微生物も
活発に働くため
乳酸などの酸も生成され、
その結果、
酸っぱい甘酒に
なりやすいのだそうだ

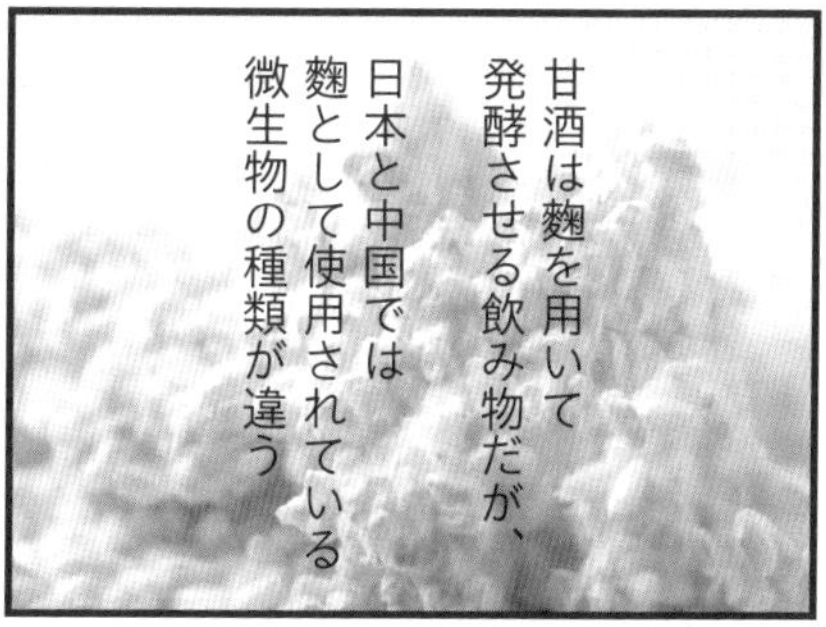

甘酒は麹を用いて
発酵させる飲み物だが、

日本と中国では
麹として使用されている
微生物の種類が違う

つまり、
酸を含む中国の甘酒なら
牛乳が固まるが、
酸をあまり含まない
日本の甘酒では難しい、
ということだろうか？

宮廷牛乳プリンのレシピ
に中国甘酒にプラスして、
酢も加えるものもあるの
は牛乳を凝固させる酸を
強めるためかもしれない

日本の麹は
ニホンコウジカビ
(Aspergillus oryzae)を
選択的に利用する一方、

中国の麹には主に
クモノスカビ
(Rhizopus属)や
ケカビ（Mucor属）など
複数の微生物が
混在している

砂糖ではなく日本の甘酒
をしぼった汁で甘味をつ
け、酸味づけと牛乳を固
めるために酢を入れる、
というハイブリッドレシ
ピもよいかもしれない

牛乳プリンの
試行錯誤は
まだまだ続きます！

ヨーグルトコーヒーは先入観を打ち砕かれるうまさ【ベトナムで大流行中】

文（よ）

『メシ通』記事へ

みなさんに試してほしい
飲みものがあるんです
それは

ヨーグルトコーヒー

「え〜っ!? ヨーグルトとコーヒーなんて、合うわけないじゃん!!」

と思った読者が
全体の約70%ほどは
存在すると思うのですが、
いやホント、
ダマされたと思って、
一度、試してみて
ほしいんですよ

めっちゃウマなんで

ヨーグルトコーヒーの
発祥は北の古都、ハノイ
「スアチュア・ダインダー・ヴォイ・カフェ」という
名で、15年前くらいから
ベトナムの人たちに
親しまれてきました
最近でも
「コンカフェ」と呼ばれる、
カフェの定番メニュー
として人気です

スアチュア・ダインダー・ヴォイ・カフェ

★ ECODA HÈM ★
Chúc Quý Khách Dùng Ngon
ベトナム料理店「ECODA HÈM」の店主、足立さんにレシピを尋ねると……

そして、コンカフェでの新しいスタイルのヨーグルトコーヒー

袋に氷を入れ、たたきはじめました！　クラッシュされた氷の完成

※袋はベトナムのカフェで使われている、ぶっかき氷づくり専用のもの。

コンカフェ＝共産カフェの意味で、ポップコミュニズム的な店舗デザインが人気
CỘNG CAPHE

足立さんによると

スアチュア　＝　ヨーグルト
ダインダー　＝　ぶっかき氷
ヴォイ　　　＝　with
カフェ　　　＝　コーヒー

ブロックアイスではダメで、細かいぶっかき氷だからこそ雰囲気が出るのだとか

ベトナムではヨーグルトを使うデザートが人気でベトナム語で「スアチュア・ネップカム」と呼ばれる赤米とヨーグルトのデザートなども流行っており、

そんな流れでヨーグルトコーヒーも好評を博しているんだそう

次に、足立さんに教わったヨーグルトコーヒーの家庭用アレンジレシピをもとに実践してみます

自宅でもカンタンに作れるのでぜひお試しを

かんたん

MEMO
江古田ヘム（ECODA HÈM）東京都練馬区旭丘１丁目74－9　https://www.instagram.com/ecodahem/
ヨーグルトコーヒーは通年のメニューではないので、提供しているかどうか事前に店舗へご確認されることをおすすめします。

材料 1人分

ブロックアイス　4〜5個
※一般的な製氷皿で作る
水　大さじ3
インスタントコーヒー
大さじ1
無加糖プレーンヨーグルト
大さじ6（約100g）
※酸味の少ないものがおすすめ
練乳　大さじ2
砂糖　大さじ1と½
※練乳がない場合は砂糖を大さじ3に増やす

道具

がんじょうなまな板
ジッパー付き保存袋
氷をたたく棒状のもの
※すりこぎなど

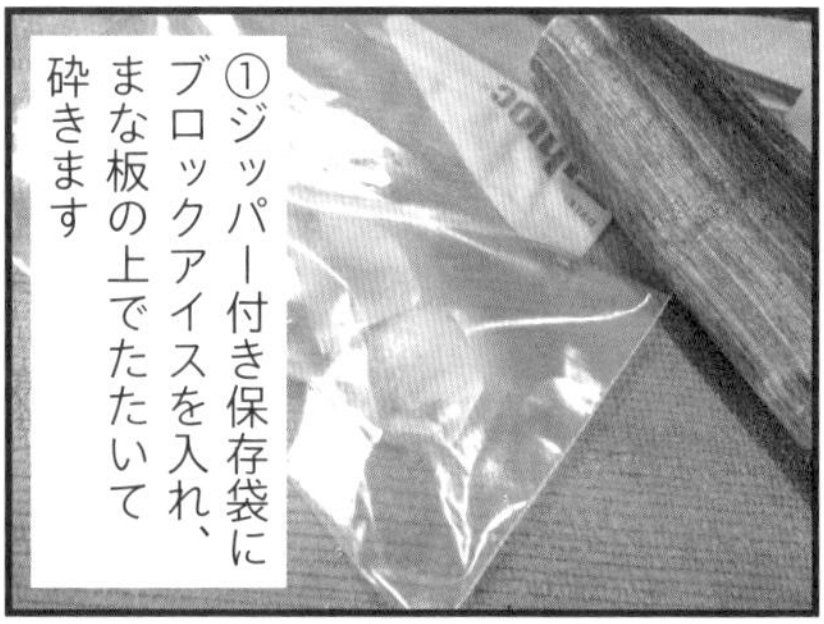

①ジッパー付き保存袋にブロックアイスを入れ、まな板の上でたたいて砕きます

②ぶっかき氷をしあげたら、冷蔵庫に入れておきます

※溶けた水が切れるように、ザルにぶっかき氷を入れてボウルに重ねておく。

③ヨーグルトに練乳を入れます

④③に砂糖を入れてよくかき混ぜる

⑤分量の水とインスタントコーヒーを合わせます

※ベトナムコーヒーがある場合は大さじ4で。冷やしてから使います。

コーヒーが濃い目であることがポイント

※濃いイタリアン・エスプレッソでも、かなりおいしいと思います。

⑥練乳と砂糖を混ぜた
ヨーグルトを
グラスに注ぎます

⑦⑥にコーヒーを
注ぎます

⑧ヨーグルトとコーヒー
の層がきれいに分離する
よう静かに注ぎましょう

⑨冷蔵庫に入れていたぶ
っかき氷をグラスに盛り

完成！

よく混ぜながら
飲むのがポイントです

うめぇ

最初のほうは
濃くて苦いコーヒーと、
甘くて酸っぱい
からみあって濃厚ですが、
ヨーグルトが
しだいに氷が溶けて、
全体がゆるくなってくる
感じも味わってください
こんな楽しみ方も
ベトナム式なんです

あっさり先入観を
打ち砕く、
そして慣れてくると、
ちょっとした
デザート感覚でも
楽しめる
「ベトナム式
ヨーグルトコーヒー」

オススメです

著者プロフィール

（記事掲載順）　※情報は2023年3月現在のものです

鷲谷憲樹

ワシヤ ノリキ

note
https://note.com/nwashy

フリー編集者。ライフハック系の書籍編集、専門学校講師、映像作品のレビュアー、社団法人系の広報誌デザイン、プラスチックモデルのパッケージデザイン、カードゲーム「中二病ポーカー」エバンジェリストなど落ち着かない経歴を持つ器用貧乏。『メシ通』ではキッチンハック系のアイデアレシピ、地域の食文化、インタビュー記事を得意とする。『四川料理のスゴい人 自宅でつくる本格中華レシピ』（三才ブックス）構成担当。

●**最近お気に入りの食あれこれ**　その場所に行かないとできない「地元の食体験」について興味を持っています。ババヘラアイス、ガサエビ、呼子のイカ、激安フグ刺し、シシャモの寿司、瓶ドン、唐津の松露、モウカの星など。バンバン取材しますのでどんどんお声がけください。

下関マグロ

シモノセキ マグロ

Twitter：@maguro_shimo
Instagram：@maguro_shimonoseki
本名にてオールアバウトの散歩ガイド
https://allabout.co.jp/gm/gp/668/
アメブロ
https://ameblo.jp/maguro1958
町中華探検隊のブログ
https://machichuka.com/

1980年代から雑誌を中心に原稿を書いているフリーライター。2005年より散歩関係の記事をネットを中心に書き始める。2014年より町中華探検隊のメンバーとして東京を中心に町中華を食べ歩き、記録している。主な著書に『歩考力』（ナショナル出版）、『町中華とはなんだ 昭和の味を食べに行こう』（北尾トロ・竜超と共著／角川文庫）、『ぶらナポ～究極のナポリタンを求めて』（駒草出版）などがある。また、本名の増田剛己で『思考・発想にパソコンを使うな』（幻冬舎新書）、『もしかして大人のADHDかも？と思ったら読む本』（PHP研究所）などの著作がある。

●**最近お気に入りの食あれこれ**　コロナによって自粛していた取材活動も少しずつ再開しております。原稿執筆などお仕事の依頼をお待ちしております。maguro1958@gmail.com

椿あきら

ツバキ アキラ

Twitter：@panjawin
Instagram：@panjawin

硬いものから柔らかいものまで書くフリーライター。猫の写真集づくりに関われるとき幸せを感じます。自衛隊取材など国防関連はライフワーク。著書に『神は賽子を振らない　第32代陸上幕僚長火箱芳文の半生』（アルゴノート）、『オリンピックと自衛隊1964-2020』（並木書房）など。

●**最近お気に入りの食あれこれ**　手作り味噌をいただいてそのおいしさに感激し、自分でも挑戦。冬に仕込んだ味噌がまもなく完成するので楽しみです。

秋葉 実

アキバ ミノル

上野や赤羽、大宮での一人呑みを愛するおっさん。より情緒のある一人呑みを求めてソロキャンプを始め、焚き火しながらの飲酒が至福のとき。所有する焚き火台が増え続け、現在13台に。

●**最近お気に入りの食あれこれ**　埼玉県ときがわ町にある「とうふ工房わたなべ」の豆腐がうますぎる！　塩だけでイケる！

工藤真衣子

クドウ マイコ

Instagram : @kudohmaiko

Photographer、時々ライター。人物、料理、商品など被写体そのものの魅力を伝える写真の撮影を心がけている。広告、雑誌、テレビ·映画のスチールなど多方面で活動中。写真館（スタジオアトリーチェ HP:https://attrice.jp/　Instagram:@studioattrice）経営。WEBマガジン『メシ通』連載中。

●**最近お気に入りの食あれこれ**　日本国内で食べられる世界中の色々な国·地方の料理を探して食べ歩いています。特に現地度が高い店が好き。

多部留戸元気

タベルコ ゲンキ

（株）モジラフ
https://mogiraf.com/

編集者、コピーライター。本名·三宅大介。編集プロダクション（株）モジラフ代表。たまに「多部留戸元気」名義で食関連の記事執筆も。

●**最近お気に入りの食あれこれ**　最近、静岡に行った際に食べた「からすみそば」が絶品でした。二八蕎麦の盛りにすりおろしたからすみをパスタのようにあえるだけというシンプルなものでしたが、とにかくこれがお酒とぴったり。いいからすみさえ手に入ればかんたんにつくれますので、ぜひ試してみては？

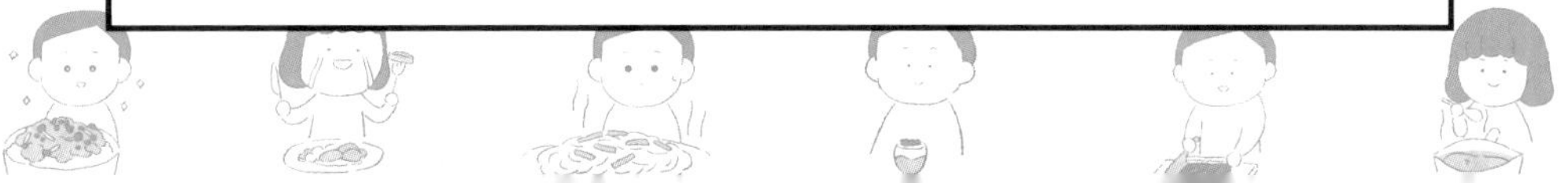

筋肉料理人
藤吉和男

キンニクリョウリニン
フジヨシ カズオ

Twitter : @kinniku
YouTube
https://www.youtube.com/筋肉料理人
メインブログ
http://dt125kazuo.blog22/fc2.com/

身近な食材、調味料で、コスパ良く絶品レシピ！　をモットーに、初心者でも簡単に作れる料理レシピを紹介。ゆる筋トレ歴34年、料理ブログ歴17年の調理師です。料理は居酒屋バイトから始めました。バランスのいい筋トレメシ、魚のさばき方、魚料理も是非ご覧ください！　筋トレ、バイク、キャンプ、熱帯魚も好きです！

●**最近お気に入りの食あれこれ**　料理ブロガーの他に、地元で料理教室の講師、料理イベント、テレビ出演もしています。料理教室は高齢者向け、食育関係、親子料理教室、若者向け等です。どの料理教室も受講生さんの新鮮な反応があって楽しいです。サガテレビさんの料理番組出演は、今年で14年目に入りました。出演者の中では一番の古株になりましたが、今も楽しんで出させてもらっています。料理はめっちゃ楽しい！

星☆ヒロシ

ホシ ヒロシ

夫婦で食べ歩きが趣味。食べる担当は夫で、呑む担当は妻。若いころは海外へも足を運んだが、最近は日本の良さを再認識し、旅をしながらその土地ならではの美味しいものを食べ歩く。

●**最近お気に入りの食あれこれ**　釣ってきた魚を、ご近所さんが育てた野菜と交換。

キンマサタカ

Twitter : @nada_y_nada

編集者・ライター・写真家。尿酸値13の痛風持ち。足を引きずりながら立ち飲み屋の取材をしたことも。好きな女性のタイプは人見知り。好きな動物は柴犬。好きな酒はチューハイ。『週刊実話』(日本ジャーナル出版)で「売れっ子芸人の下積みメシ」、「婦人画報プレミアム」(ハースト婦人画報社)で「小宮山雄飛の街さんぽ」、「WEB UOMO」(集英社)で「おい、濃い毛」などの連載を担当。著書に『通風の朝』(本の雑誌社)、『文春にバレない密会の方法』(太田出版)、『本当は怖い昭和30年代』(双葉文庫)など。日本立ち飲み協会大使も務める。

●**最近お気に入りの食あれこれ**　スーパーで売ってるわさび漬け(数の子が入ったやつ)が好きなのですが、ある日、数の子だけを買って、「追い数の子」したら最高にハッピーでした。痛風待ったなしです。

白央篤司
ハクオウ アツシ

フードライター、コラムニスト。暮らしと食、ローカルフードをテーマに執筆する。最新刊は『台所をひらく　料理の「こうあるべき」から自分をほどくヒント集』(大和書房)。

●**最近お気に入りの食あれこれ**　お好み焼きをもっと「お好み」に自由に作ることにハマっている。あと和菓子の奥深さとおいしさを再確認。

山口紗佳
ヤマグチ サヤカ

Twitter : @aka_22
Instagram : @sayakayama.r1

編集／ライター／ビアジャーナリスト。1982年愛知県出身、大分県在住。名古屋でブライダル情報誌、東京で編集者、制作ディレクターとして企業広報、教育文化、グルメ、健康美容、趣味、アニメなど多媒体の制作に携わり、静岡でフリーライターに。全国各地のビールの魅力を伝え、ブルワリーやブルワーの広報・PR活動をサポートするビアジャーナリストとしても活動中。

【制作実績】ビール専門雑誌『ビール王国』、フリーペーパー『静岡クラフトビアマップ県Ver.』クラフトビールのECサイト『ビールの縁側』(「ブルワーとはなす」インタビュー) https://beer-engawa.jp/blog/talk/

●**最近お気に入りの食あれこれ**　大分名産のかぼすと九州醤油を使った自家製ポン酢にハマりました。材料は厚切り鰹節と昆布、別府の「カトレア醤油」、本みりん、かぼす果汁とシンプルですが、1年ぐらい配合比率を追求し、ついに黄金比の自家製かぼすポン酢が完成。口当たりまろやかで、清涼感たっぷりの柑橘風味を楽しめる万能ポン酢は鍋、刺身、冷奴、サラダ、唐揚げ、天ぷらと、何にでも使えます。使います。

魚屋三代目
サカナヤ サンダイメ

Twitter : @nsakanaya
Instagram : @noboru_uotakeshouten
ブログ
「魚屋三代目日記アメーバブログ」
https://abeblo.jp/sakanaya-sandaime/

本名・柳田 昇 (やなぎた のぼる)。神奈川県厚木市の田舎で65年以上年続く鮮魚店・魚武商店の三代目。鮮魚店・魚武商店の三代目。鮮魚店と併設した惣菜店「noboru 魚武商店」も展開。
家族で店を営み、旬の魚介を皆様に美味しく楽しく食べていただこうと簡単な料理や捌き方をブログ「魚屋三代目日記」で紹介。毎朝、魚市場で仕入れる魚介の種類も写真で説明しています。レシピ本などの書籍やテレビ、webでも幅広く活動中。

●**最近お気に入りの食あれこれ**　お酒好きなので、酒の肴を作るため、魚介に合わせる食材を求めて作るスーパーの野菜売り場を不審者のように行ったり来たり。これがほぼ毎日の日課になっています。あと町中華が好き。厨房から響く中華鍋と玉杓子の重ね合う音が聞こえてくると、ワクワクが止まらなくなってしまう。できれば昭和を感じるお店がいい。

ちみを

Twitter : @chimiwo

飯と酒をとっても美味しく飲み食いする才能を持つ北海道生まれ、日々の食事をTwitterに粛々とアップする日々を送る。好きな言葉は牛飲馬食。最近は低炭水化物食志向。

●**最近お気に入りの食あれこれ**　最近は罪に問われない程度に焼きの甘いレバーを出してくれるお店を探してます。情報求む。

双六屋カゲゾウ

スゴロクヤ カゲゾウ

Twitter : @kagezou268

Instagram : @kagezou268

ブログ

「育児屋カゲゾウの
今日は子どもと何にしよう!」
http://blog.livedoor.jp/kagezou883/

1974年生まれの一男二女の父親ライター。共働きの奥さんと家事を分担し、主に料理担当。「ウマいものはマネしよう！」をモットーに、料理本やメディアで紹介されたレシピを作ることはもちろん、外で食べた料理も自宅で再現。家族と懐のために「家めし、家BAR、家居酒屋」を推進中。「双六屋カゲゾウ」名義でボードゲーム系のライターとして活動中。「育児屋カゲゾウ」名義で子育てブログも更新中。

●**最近お気に入りの食あれこれ**　トーストにスライスチーズを敷き、さらにその上にシュレッドチーズ、パルメザンチーズ、カッテージチーズを乗せオリーブオイルを一垂らし。オーブトースターで焼いてチーズが程よくとろけ焼き色がついたら、仕上げに粗挽きコショウと蜂蜜をかければ完成！　これが我が家の朝の定番になりつつある「なんちゃってクワトロ·フォルマッジ」になります。

藤田佳奈美

フジタ カナミ

Twitter : @yakou_chuu_

Instagram : @knm_ykuc

夜、隅田川を歩きながら宝焼酎ハイボールドライを飲むのが好きなひと。お仕事はWEBメディアのあれこれを包括的に担う企画ディレクター、編集ライター。サイト立ち上げ時のコンセプトメイクから体制構築、企画·編集·ライター·タイアップ·SNS運用·ログ分析·メディアグロースなどメディア運用全般に関わる。月間2000万PV規模のドコモ女性向けメディア編集長や、doda女性向けメディア、マイナビの看護領域メディア、広告会社にて複数のメディアを横断したアドバイザー、マガジンハウスのメディア事業部ディレクターなどの経験を持つ。ジャンルは雑食。会議中に愛鳥が乱入しがち。
実績：https://drive.google.com/file/d/1yIKJoGDbRurW0hrF1lOcLyiQoLO2Sce2/view

●**最近お気に入りの食あれこれ**　「パセリの卵とじ」にハマっています。細かく切ったパセリと溶き卵を混ぜ合わせ、そこに白だしとオリーブオイルとにんにくチューブ少々を投入。レンジで3分チンで完成。ズボラレシピなのにオシャレな味わい。白ワインが捗ります。

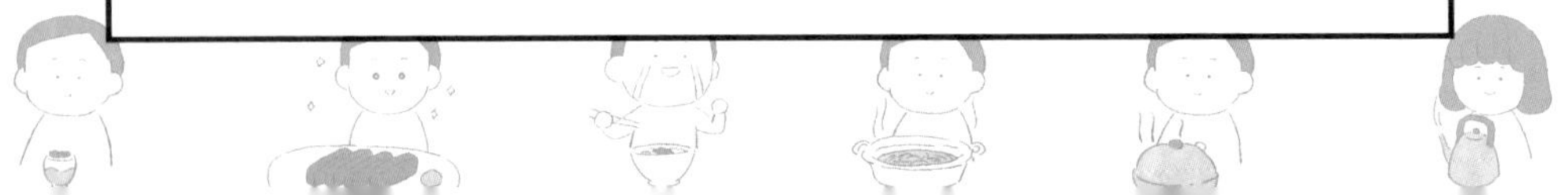

なかむらみつのり

Twitter：@JETNAKAMURA

1998年、『週刊ヤングマガジン』（講談社）にてデビュー。著書に『出版社すっとこ編集列伝』（アスキー・メディアワークス）など。「思い出食堂」「アウトドアご飯」（共に少年画報社）、「俺流！　絶品めし」（ぶんか社）、「MONOQLO」（晋遊舎）、『メシ通』（リクルート）で連載中。

●**最近お気に入りの食あれこれ**　とにかくカツオが大好きで自宅でも藁焼きをして食べます。

増山かおり

マスヤマ カオリ

Twitter：@ishikaki28

HP

https://ishikakicom.wixsite.com/mysite

フリーライター。1984年青森県七戸町生まれ、東京都江東区育ち。かわいい・レトロ・人間の生きざまが守備範囲。道を極めている人を書くことで応援するのがモットー。自分の体で本当に感じたことだけを書くよう心がけている。好きな飲食店ジャンルは町中華、ロシア料理。好きな街は高円寺。著書『東京のちいさなアンティークさんぽ レトロ雑貨と喫茶店』（エクスナレッジ）、共著『町中華探検隊がゆく！』（交通新聞社）、『町中華名店列伝』（自由国民社）など。

●**最近お気に入りの食あれこれ**　脂身の多いひき肉を買ってしまったとき、以前は悲しみに暮れるしかなかったのですが、最近は出てきた脂を取っておいて炒め油として使うようになりました。自家製ラード&ヘットというわけです。冷えると固まるので、冷蔵庫でバターのように保存しています。卵焼き、野菜炒め、チャーハンなどがおいしくなるし、どんなひき肉に当たっても心穏やかでいられておすすめです。

佐野まいける

サノ マイケル

Twitter：@_maicos_

Instagram：@_maicos_

ブログ

「キリンはハマグリのなかま」

https://www.michael-sepio.com/

プロフィール詳細

https://www.michael-sepio.com/2021/05/04/22/3819

イカ好きの会社員。食べ物としてというより生き物としてイカを愛好し、最近はイカを解剖することに執心している。日本いか連合に所属。イカを多角度から楽しむ同人誌「いか生活」編集長。特に好きなイカはホタルイカ。

●**最近お気に入りの食あれこれ**　食べ物に入っているイカの欠片からイカの種類を推定することにハマっています。食感、身の厚み、吸盤の配列や旬などを考慮すると意外とわかるものです。バリエーションとして、10本のうちのどの腕なのかを推定する遊びもあります。先日は自分で作ったヤリイカ飯の中から交接腕を引き当てて最高の気分でした。おすすめ。

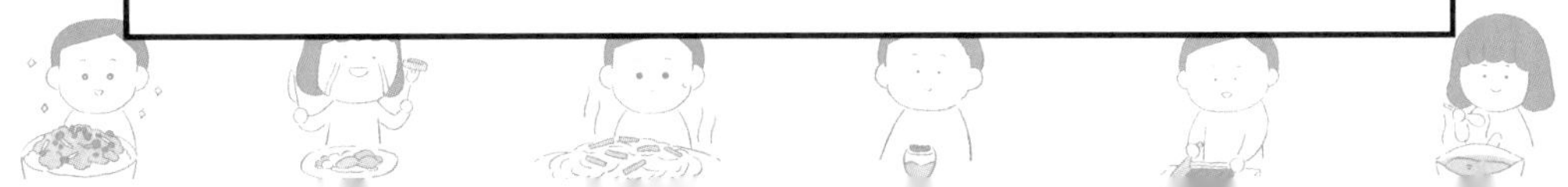

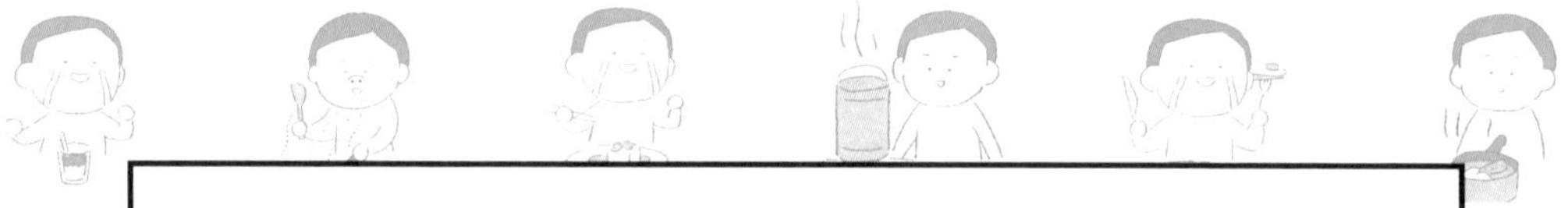

鈴木麻友子
スズキ マユコ

フードスタイリスト。桑沢デザイン研究所卒業。祐成クッキングアートセミナー フードコーディネーターコース修了。書籍、広告、雑誌などのフードスタイリングを中心に、レシピ考案やコラムなど幅広く活動中。

●**最近お気に入りの食あれこれ**　次女の離乳食が始まり、バーミキュラのお鍋でゆっくりコトコト野菜を煮てポタージュ作りにハマっています。かぼちゃ、人参、玉ねぎなど出汁の出る野菜たちと素材の甘さに改めて美味しさを感じています。味付けはお塩だけ、あとは生クリームでコクを出したり。シンプルな美味しさを子どもたちと一緒に食を楽しんでいます。

（よ）

Twitter : @oishiisekai
@fermentbooks
Instagram : @fermentbooks

編集者。「ワダヨシ」名義でも活動中。マイクロ出版社／編集翻訳ユニットの ferment books（ファーメント・ブックス）を翻訳者の和田侑子と運営する。『ガパオ』『発酵はおいしい！』『フードペアリング大全』『ナンプラーマン　魚醤男』『サンダー・キャッツの発酵教室』『味の形　迫川尚子インタビュー』など食にまつわる書籍やZINEを制作。座右の銘は「メタファーとしての発酵」(by サンダー・キャッツ)。

●**最近お気に入りの食あれこれ**　東芝・酒かん器（カンペット）で剣菱などの日常酒を燗つけして晩酌。グッドデザインな昭和のヴィンテージ家電で、お燗中はポット底部のオレンジ・ランプが灯って、ちょっと良い眺め。

企画協力：レシピブログ

テレビや雑誌で活躍する人気料理家やフーディスト・17,000名が参加する料理ブログのポータルサイト。毎日のおかずやお弁当、お菓子など120万件のレシピを無料で検索できる。

ウェブサイト : レシピブログ
Twitter : @recipe_blog
Instagram : @comu.recipeblog

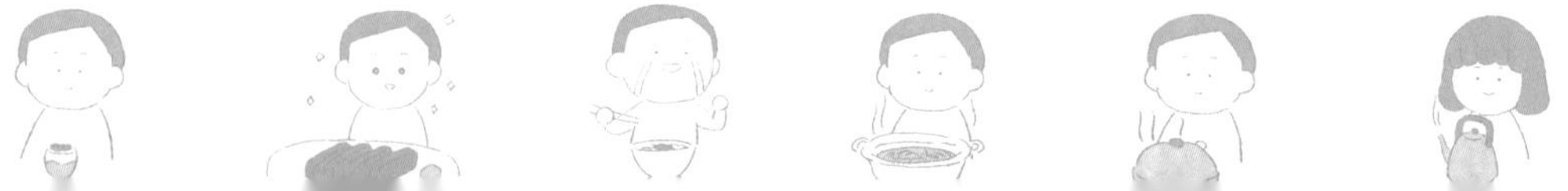

な

は

た

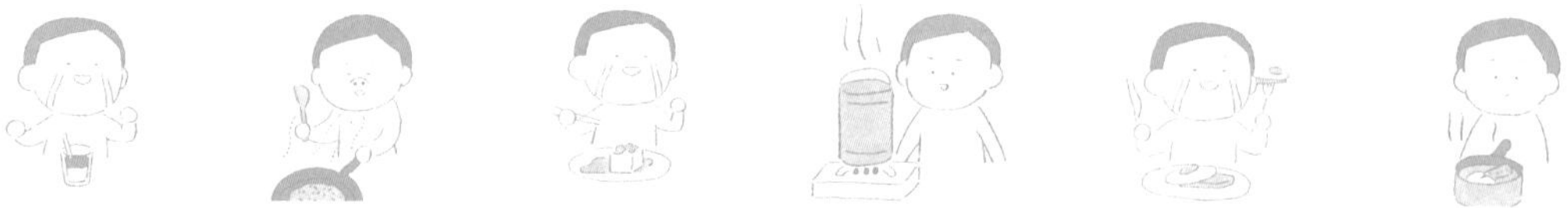

さ

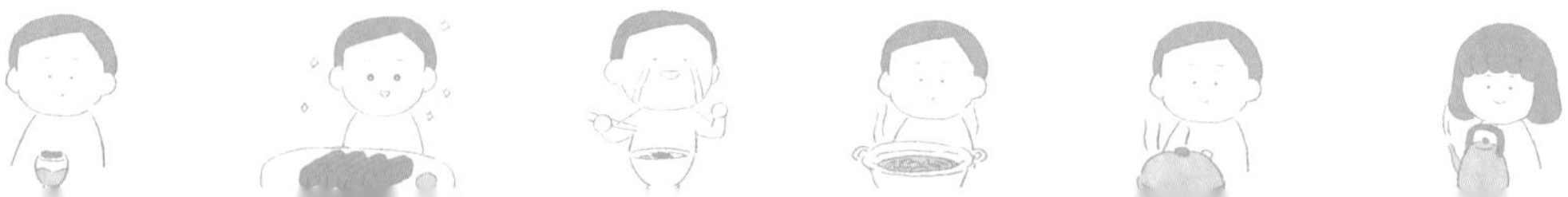

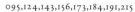

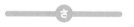

食材 さくいん

あ

か

参考文献

・山田徳広, 生姜汁による牛乳ゲルの形成に及ぼす牛乳種の影響, 帝塚山大学現代生活学部紀要10,49～56.（2014）

・山本誠子, 杉内麻里子, 矢作有貴, 為積沙奈絵, 松岡博厚, 良質の乳カード形成に向けての生姜搾汁の牛乳凝固性についての研究（第2報）, 十文字学園女子大学人間生活学部紀要8,29–38.（2010）

・西村公雄, 後藤昌弘, 牛乳生姜プリン（薑汁撞奶）のゲル形成に関与するプロテアーゼ種の同定とビタミンCの影響, 日本家政学会誌61（8）, 463–471.（2010）

・山本誠子, 奥村麻里, 大場智美, 為積沙奈絵, 松岡博厚, 良質の乳カード形成にむけての生姜搾汁の牛乳凝固性についての研究, 日本調理科学会誌Vol. 42,No.5,309～314.（2009）

協力　株式会社リクルート
企画協力　インフォバーン、レシピブログ
ブックデザイン　平塚兼右（PiDEZA Inc.）
イラスト　みの理
画像協力　PIXTA、フーズリンク

spacial thanks
お茶の水、大勝軒 BRANCHING、日進ワールドデリカテッセン、
一般社団法人日本燻製協会、Taiwan kitchen Kanoka、
スープカレーカムイ、株式会社GLOW、泉銀、江古田ヘム、宗像幸彦

メシ通《つう》レシピ
自宅《じたく》でつくるといいことしかない！

監　修　『メシ通《つう》』編集部《へんしゅうぶ》

発行所　株式会社 二見書房
東京都千代田区神田三崎町 2-18-11
電話 03（3515）2311［営業］
振替 00170-4-2639

印　刷　株式会社 堀内印刷所
製　本　株式会社 村上製本所

2023, Printed in Japan.
ISBN978-4-576-23042-9
https://www.futami.co.jp/

二見書房の食の本

土を喰らう
十二ヵ月の台所
著　中江裕司　土井善晴

美しい和菓子の図鑑
監修　青木直己

わくわく
ほっこり和菓子図鑑
著　君野倫子

イカす！
よっちゃんレシピＢＯＯＫ
監修　よっちゃん食品工業 株式会社

おやさい妖精とまなぶ
野菜の知識図鑑
著　ぽん吉

日本橋木屋
ごはんと暮らしの道具
監修　木屋

イギリスのお菓子と暮らし
著　北野佐久子

イギリスのお菓子とごちそう
アガサ・クリスティーの食卓
著　北野佐久子

パンのペリカンのはなし
著　渡辺陸